文化吉林

洮南卷

弘揚長白山文化
打響吉林特色地域文化品牌

王儒林

　　吉林有文化，而且吉林文化有底蘊、有潛力、有特色、有希望。從前郭縣王府屯距今約一百萬年的石製工具到距今十六萬年的樺甸仙人洞和距今三萬年的榆樹人，從燕趙文化東進到漢武帝設四郡，從扶餘、高句麗、渤海文明的興衰更替到遼金、清朝問鼎中原，從抗日烽火、解放硝煙到新中國老工業基地的紅色記憶，從二人轉、吉劇、長影到吉林期刊、吉林歌舞和吉林電視劇現象，勤勞智慧、淳樸善良、勇於開拓的吉林人民在白山松水間創造出絢麗多彩的地域文化，成為中國文化版圖上一道獨特風景。

　　文化與山素來結緣，正如泰山之於魯，嵩山之於豫，黃山之於皖，長白山是吉林的象徵、吉林的品牌。吉林文化始終與長白山難捨難分、血脈相連，集中體現於長白山文化之中。長白山文化發源和根植於吉林沃土，是包容吉林各民族文化、蘊含吉林發展歷史、反映吉林人性格特質、凸顯吉林氣派的「大文化」，是中華民族「多元一體」文化的重要組成部分，源遠流長、博大精深，構成了吉林文化的骨骼和脊梁。在地域文化越來越受到人們關注、文化軟實力越來越成為衡量一個地區核心競爭力的重要指標的當今時代，大力弘揚作為吉林文化標誌性符號的長白山文化，把這份寶貴的文化資源保護好、挖掘好、利用好、開發好，對於打響吉林特色地域文化品牌，鑄造極具時代內涵的吉林精神，提升吉林文化軟實力，凝聚吉林改革發展正能量，無疑具有十分重要的現實意義。

近年來，我省大力推進以優秀吉林地域文化為主要內容的長白山文化建設，出台了《長白山文化建設規劃綱要》，啟動實施了長白山文化建設工程，在長白山文化資源保護研究、挖掘整理、開發利用等方面做了大量工作，取得了顯著成績。我們要進一步加強長白山文化理論研究，豐富長白山文化內核和外延，進一步加強長白山文化遺產的發掘、保護和展示推介力度，擴大長白山文化的影響力，進一步加強對長白山文化內涵的拓展和提升，把長白山文化資源更好地轉化為文化產品、文化事業和文化產業，推動長白山文化建設躍上新台階，推動吉林文化大發展大繁榮，為實現富民強省目標、中華民族偉大復興、中國夢做出貢獻。深入挖掘、研究、整理長白山歷史文化，既是一項宏大浩繁的系統工程，又是一項功在當代、利在千秋的基礎工程。希望有更多有識、有志之士投身長白山文化建設事業，讓這份寶貴的文化資源更好地服務於當代，惠澤於未來。

　　由省委宣傳部組織編撰的《長白山文化書庫》系列叢書，是長白山文化建設工程的重要標誌性成果。叢書從基礎研究、地方特色、主要藝術門類三部分，對長白山文化的歷史資源進行了全面細緻的挖掘和整理，堪稱長白山文化研究與普及的鴻篇巨製，不僅對研究和宣傳長白山文化大有裨益，而且對培育吉林文化品牌、樹立吉林文化形象也將產生積極的促進作用。在叢書即將付梓之際，謹表祝賀並向全體工作人員致以問候。

主編寄語

莊嚴

　　長白奇迤蘊靈秀，松江悠長毓文傑。千百年來，雄渾壯美的白山松水賦予了肥沃豐饒的吉林大地以生機和活力，滋養了吉林人民勤勞睿智、堅韌進取、寬容開放的精神品格，積澱了多元融合、底蘊深厚、色彩斑斕的地域文化。這獨具魅力的吉林特色地域文化猶如一株馥鬱芳香的花朵，在中華民族文化百花園中爭妍綻放。

　　文化是經濟發展之根，是社會發展之源。省委、省政府高度重視文化建設，制定出臺了《長白山文化建設規劃綱要》，把吉林省歷史文化資源工程列入宣傳思想文化工作「六大工程」之一。省委宣傳部深入貫徹落實省委、省政府的要求，開展《長白山文化書庫》建設，啟動實施了《文化吉林》叢書編撰工作，將其作為全省宣傳思想文化工作的重要舉措，周密部署，精心組織，強力推進，取得了預期成果，為全省人民奉獻了一份珍貴的精神食糧。

　　《文化吉林》叢書是《長白山文化書庫》中全景展現特色地域文化的重要組成部分。年初以來，我省廣大宣傳文化工作者以對家鄉、對歷史、對文化事業的高度責任感和使命感，不畏繁難，勤勉執著，嚴謹認真，精益求精，在資料收集、遺產挖掘、書稿撰寫等方面付出了大量艱辛的努力，進行了許多開創性的探索和實踐，圓滿完成了這次編撰任務。叢書編撰秉承傳播和弘揚吉林文化的理念，梳理總結吉林文化資源，提煉昇華吉林文化精髓，激發增強吉林人的文化自覺、文化自信，使優秀文化更好地服務於吉林的發展振興。

《文化吉林》內涵豐富，圖文並茂，辭美情摯，引人入勝，是人們認識吉林、瞭解吉林、研究吉林的概覽長卷，是吉林文化走向全國，面向國際的真誠心聲。叢書真實勾勒了吉林文化歲月滄桑的歷史縱深，生動展現了吉林文化多姿多彩的時代律動，帶我們走進吉林地域文化演進的舞臺，親身感受風雲激盪的文化事件，出類拔萃的文化人物，領略淵深源遠的文化景觀，妙趣橫生的文化傳說，體驗琳瑯紛呈的文化產品，淳樸濃郁的文化民俗。叢書將吉林文化的發展脈絡、現狀和未來，客觀詳盡地展現給廣大讀者，是一部能夠讀得進去、傳播開來、傳承下去的佳作精品。

　　鑒往以勵志，展卷當奮發。《文化吉林》這套融史料性、知識性、可讀性於一體的叢書，為我們進一步保護、研究、開發吉林地域特色文化提供了重要史料資源。作為後繼者，當代吉林人有責任、有義務肩負起將吉林文化充分融入社會主義核心價值觀，推動吉林文化發展進步的歷史使命，讓優秀傳統文化在繼承中創新，在創新中前行，在全國文化發展大格局中唱響吉林「聲音」，打造吉林文化品牌，樹立文化吉林形象。

弘揚長白山文化　打響吉林特色地域文化品牌

主編寄語

第四章　文化景址

第一章

文化發展概述

洮南，歷史悠久，文化源遠流長。蜿蜒流淌的洮兒河、蛟流河水滋養了這方膏腴的土地、秀美的草原和鐘靈的山川。美麗動人的八百里瀚海、洮兒河、鬧牛山、寶貝坑等傳說，帶給人們對上古時期的無限追尋和遐想。新石器時期遺存，鐫刻下幽深的文明印痕；十餘處古墓群，埋不住先人生息奮進的足音；歷代古城遺址，昭示著光彩奪目的崢嶸歲月……

新時期，圖書、戲劇、廣播、影視等社會文化事業的大發展、大繁榮，助推了縣域經濟的跨越式發展，給人以教育、啟迪和陶冶；一個以文化藝術活動為內容的社會歷史現象，在洮南大地生發開來。

▌歲月留痕話滄桑

　　洮南，位於吉林省西北端，地處大興安嶺東麓低山丘陵區與松嫩平原西部交界地帶。東經121°38'-123°20'，北緯45°02'-46°01'。東與大安市接界，西、西北與內蒙古自治區科爾沁右翼中旗、突泉縣、科爾沁右翼前旗接壤，南與通榆縣毗鄰，北、東北與洮北區相連。

　　洮南因坐落在洮兒河南岸而得名──始名「沙吉蓋毛都」（喜鵲棲樹之意）──曾用名「雙流鎮」，素有「千年古城，百年府縣」之稱。全市幅員5103平方千米，人口46萬，轄16個鄉（鎮）、8個街道辦事處、221個行政村，是全國科技先進縣（市）、全國雙擁模範城、全國老齡工作先進縣（市）、全國新能源示範市、吉林省省級衛生城，享有中國「辣椒之鄉」「粉條之鄉」「西瓜之鄉」等美譽。

▲ 蜿蜒的洮兒河

早在四千年前的新石器時期，洮兒河兩岸已經有了人類。這裡的人們依草原而生，逐水草而居，營造了獨特的草原文化。經文物普查發現，洮南新石器時期遺存有十處之多，主要集中在東部沿河或沼澤、水泡周圍的崗地上。遺物主要是陶製日用生活器皿和各種「細石器」生產工具。陶器皆為手製夾砂陶，胎質粗糙、疏鬆，由於燒製火候不均，器表多呈黃褐和紅褐等不同顏色。除略經打磨的素面陶以外，還有篦點、錐刺、刻畫、掐印花紋和附加堆紋，個別見有瓦棱狀紋和壓印「之」字紋。器型多為圓唇直口的罐、缽一類小型器。雙塔遺址還發現有鬲、豆、壺等殘片。

　　「細石器」種類較多，一般琢製精美，主要有刮削器、切割器、尖狀器、

▲ 新石器時期的石器

▲ 新石器陶器殘片

▲ 新石器時期的石器

鏃和石核、石片等。此外，還出土有斧、鋤、犁等少量的大型磨製農業生產工具。

從西元前五世紀的春秋時代開始，經歷戰國、秦、漢，直至魏晉南北朝的千餘年間，這茫茫草原一度是東胡、鮮卑等古代民族活動的舞台。橫貫全市的洮兒河，早在《魏書》等古籍中就有記載。史載一五〇〇年前的勿吉派遣使者乙力支前往北魏首府洛陽貢獻方物，他曾「沂難河（今嫩江）西上至漆河（即今洮兒河）」。這段文獻表明，洮兒河在那個時代就是東北與內地的一條水上通道。據城區附近出土的與通榆興隆山墓地相似的幾件紅衣陶器推測，當時這裡大致屬於鮮卑人活動範圍。而那些磨製精美的碧玉大斧和碧玉扳指的出土，又令人信服地表明了這一地區同中原的密切連繫和交往。

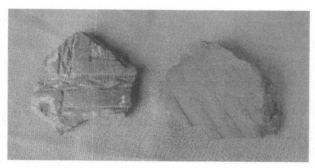

▲ 新石器紅陶殘片

西元十世紀，契丹族統治階級建立了遼朝北方區域性政權，為了加強這一地域的統治和經營，以契丹二十部游牧之地設泰州，據中國近代著名史學家王國維考證，遼泰州，亦即金舊泰州，「當在今洮兒河之南，洮南縣之東」（見《觀堂集林》15卷《金界壕考》），此城即原洮安縣德順鄉城四家子古城（經考證為遼、金兩代的泰州重鎮）。

西元一一一五年，女真族建立了與南宋王朝對峙的金朝。一一一六年，泰州被女真軍占領。

遼金時期的遺存較多，城址、墓葬、遺址等都有發現，幾乎遍佈全市。僅

城址就發現六座，都在洮兒河兩岸。城四家子古城已於一九六一年被公布為省級重點文物保護單位。

這些城址中，除城四家子古城周長五千餘米外，其餘幾座都是周長五百米左右的小城。城址一般選擇在地勢開闊的近河地帶，平面呈方形，土或土石混築城垣，並有甕城、馬面、角樓和護城壕等設施。城內遺物一般比較豐富，多數城中，地表上還能看出當時建築物的基址。

遺址，包括村落址、建築址、古戰場和窰址，發現三十餘處，集中於兩河沿岸的崗地上，西部半山區亦有零星分布。遺址面積大小不一，大者如原嶺下鄉吉慶崗子遺址，綿延三千米；小者如向陽鄉小黑坨子遺址，方圓僅三十米。較為重要的遺址有二龍鄉仁義村和興義村二處，與洮兒河故道毗鄰，地表上磚瓦、陶瓷片極多，著彩的瓦當、勾滴隨處可見。此外還有一對造型粗獷雄渾的石獅和雕工細膩精美的蓮花柱礎、八角柱礎等，是

▲ 遼金時代銅壺

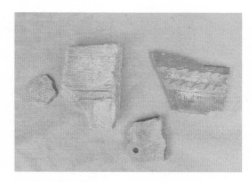

▲ 遼金土陶殘片

遼代晚期的兩處規模龐大的建築群的廢墟，具有一定的歷史和學術價值。

墓葬（墓群）較大的有九處，多分布在依山（或漫崗）臨水的開闊地帶，或在遺址附近。從形制上看，大體可分為磚室墓、磚室壁畫墓和骨灰罐墓三種

類型。磚室墓較為常見，一定程度上反映了這一時期的墓葬習俗。

磚室壁畫墓僅在城四家子古城北的八家子墓群中發現一處，但早年遭到破壞。據說墓葬規模較大，磚室內壁抹有白灰，上面用朱、綠、黃等色彩繪壁畫，內容以蓮花為主，一九八〇年調查時，曾採集到白灰飾朱彩的壁畫殘塊。其墓主可能是與泰州權貴人物有關。當時，這樣的大型遼代壁畫墓在吉林省還是僅見的一例。

骨灰罐墓是遼代較為流行的葬式，墓主應是身分較低下的勞動者，一般成群出土，且多在遺址附近。

遼金時期的遺物，在城址、遺址乃至墓葬中多有出土。總體說來，這一時期遺物的主要特徵是：陶器均為輪製的泥質灰陶，器型有卷沿或大卷沿，廣

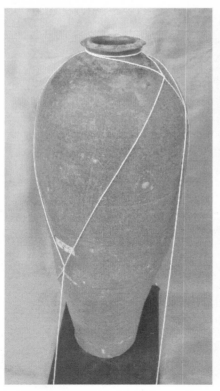

▲ 雞腿罈

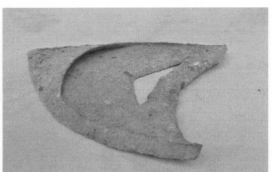

▲ 鐵鏵

▲ 海獸葡萄鏡

肩、鼓腹的甕、罐、敞口斜直腹的盆等。紋飾多為拍印紋、刻畫紋和附加堆紋。瓷器多罐，缸胎粗瓷，釉色的雞腿罈、四繫瓶、獸面紋瓦當、壓印花瓣紋勾滴、凹面帶有布紋的板瓦、筒瓦以及鐵鏵、板足橫耳平底鐵鍋、仿唐的牡丹花紋銅鏡和海獸葡萄鏡等，都屬於這一時期的典型器物。尤為重要的是，城四家子古城中出土的幾件帶有「泰州主簿記」邊刻的銅鏡和鈴，為我們研究該城的歷史沿革，提供了可靠的依據。

西元十三世紀初，北方蒙古族崛起。成吉思汗武力統一各部之後，從鄂嫩河流域進入呼倫貝爾草原，旋即揮師南下。至金大安三年（西元1211年），長城以北的廣大地區為蒙古兵占領。蒙古兵占領北方後，對遼金故城多棄置不用，而唯獨繼續沿用遼金泰州故址，可見這一帶戰略地位的重要。城四家子古城出土的一面「四亭人物鏡」是比較典型的元代遺物。

西元一三八七年，明太祖朱元璋為完成統一大業，命馮勝、傅有德、藍玉等率軍二十五萬北上征討納哈出。六月，馮勝等率軍渡遼西河，過金山，直逼納哈出駐地，納哈出被迫投降。明統一東北後，在東北設置衛所達三八〇餘處，其中泰寧衛治所就置於城四家子泰州古城。在良種場東山遺址中，出土過明銅錢、糧食窖藏；在向陽鄉七官營子遺址，出土一枚「禾屯吉衛指揮使司印」，它不僅是明王朝經略東北的有力證據，也是我們瞭解和研究洮南歷史的

▲ 天恩地局庭院

珍貴資料。

二十世紀初，中國的封建制度終於走到盡頭，一個蒼涼日落的清王朝徒留給人們一個淒惶無奈的背影遠去。但恰恰在覆滅之前，它為一個城市的新生做好決定和鋪墊，將之以盛裝的姿態推上歷史的舞台。

光緒二十八年（1902年）朝廷批准盛京將軍增祺和兵部尚書、欽差大臣裕德的「改私放為官放、與國與民兩利」的奏章，決定在洮、蛟兩河流域實施「開發禁地，放荒招墾」的新政，之後，在遼源州（今鄭家屯）設立「蒙荒行局」。

一九〇二年九月，蒙荒行局總辦張新田和幫辦劉福升，帶領有關人員來到札薩克圖郡王領地荒段勘查巡視，以便商定放荒招墾的具體事宜。十月初，他們到達洮兒河南岸的沙吉蓋毛都，在仔細勘察這裡的地形地勢後認為：洮、蛟兩河水量充沛，兩河的岸邊設有許多商埠碼頭，每天有上百艘漁船、客船、商船川流不息地航行在兩河之上，如順流直下，可直接駛入嫩江、松花江，到達兩河流域的廣大地區；如逆河而上，則可抵達葛根廟、王爺廟、興安盟各旗縣，直達外蒙。沙吉蓋毛都背靠洮、蛟兩河，是水陸交通的樞紐，正是建造城池的理想佳地。

一九〇三年，清廷將蒙荒行局遷到沙吉蓋毛都，並將其改稱雙流鎮。

光緒三十年（1904年），盛京將軍增祺和欽差大臣尹廷傑奏請設洮南府。七月十四日，奉到硃批，隸屬盛京將軍。洮南府設治雙流鎮。先後領靖安（今白城）、開通、安廣、鎮東、醴泉（今突泉）等縣，即所謂一府五縣。

一九〇四年八月，洮南的首任知府田蒔谷接受籌建洮南府的任務，但因為人財缺乏，

▲ 洮南城門樓老照片

無力興建府城。當時正值日本和俄國在遼東半島開戰，百姓紛紛向北逃難，一時間，大批難民湧來洮南。田薌谷以「救濟難民」為名，向朝廷請銀二十餘萬兩，「以工代賑」，既減輕了政府救災的負擔，又安撫了需要救濟的難民。這種政府出錢、百姓出力的形式使得洮南府城能夠順利建設，難民們也得以在洮南安居樂業。

光緒三十一年（1905年），洮南府城破土動工，十一月竣工，後又歷時九年，到民國二年（1913年）才日趨完善。

從此，一個嶄新的洮南府城在洮兒河畔拔地而起。在中國的大地上，有了她具體的坐標。

▌群眾文化譜新篇

　　1949年以後，洮南相繼成立了文化館、廣播站、工商聯劇團、評劇團、地方戲隊、曲藝團、報社、新華書店、電影放映隊、電影院、廣播電台、電視台。到1987年，洮南有廣播站28個、電視台1個、電視差轉台8個、文化館及圖書館各1個、館藏圖書、期刊3.06萬冊。基層圖書室32個，總藏書12萬冊。有劇場1處、電影院2處，擁有3270個座位，每萬人擁有座位68.13個。有電影發行放映公司1個、電影放映隊214個，年放映電影7495場。有曲藝團、劇團各1個。文化演出活躍，先後有27個劇目在省、市會演中獲獎。美術創作自1953年許筱軒的國畫《節節高》在黑龍江省美展獲二等獎以後，至1987年先後有23幅作品出版發行或獲獎。

　　1987年，洮南撤縣設市，群眾文化步上了新台階。

▲ 洮南市新華書店

1989年5月30日，洮南文學藝術界聯合會成立，召開洮南文學藝術界聯合會第一次代表大會，出席會議代表110人。1988年至2000年，全市在省級以上刊物發表（出版社出版）的小說集2部、報告文學集2部、散文集1部、詩歌集2部；美術作品（含省級以上及國際交流展出）700餘件，其中獲獎10餘件；攝影作品在省級以上刊物發表並獲獎的有28幅；煙盒黏貼畫在東三省及國際交流展出2套；在省、國家獲獎書法作品7件；在東三省及吉林省劇目會演中，獲獎劇目7部。

　　1993年，洮南市文化館被吉林省文化廳評為「二級文化館」。1994年，洮南市圖書館被評為吉林省「十佳圖書館」，並授予「多讀書、讀好書先進單位」稱號。同年12月，被國家文化部命名為「國家二級圖書館」。1999年，洮南市電影發行放映公司被國家廣電總局評為「全國農村電影放映先進單位」。2000年，洮南市新華書店被吉林省新聞出版局評為「無盜版圖書店」。

▲ 站前燈光廣場

▲ 百姓休閒廣場

文化基礎設施建設大手筆從2000年起，全市相繼建成「百姓休閒廣場」「站前燈光廣場」等十大廣場和「森林公園」「錦湖公園」等大公園，為群眾文化活動開闢了廣闊空間。2013年，市委、市政府決定建設一個大型文體活動中心，集電影放映、戲劇演出、圖書閱覽、游泳、籃球、排球場地等於一身，當年立項，當年設計，2014年開始動工興建。

文體活動中心，整體建設面積設計2.45萬平方米，總占地面積1.9萬平

▲ 森林公園

方米。其中，大劇場、人行過道、疏散區為6000平方米；圖書館、文化館、博物館各為4000平方米；體育區的游泳館和籃、排球館，面積均為4000平方米；電影院設5個放映廳，最大的可容納220人，最小的可容納50人；中心內設有大劇場1個。

　　整個工程正在緊張施工建設中，2014年末主體封閉，2015年10月份正式交付使用。建成後，文體活動中心將成為洮南又一處地標性建築景觀，也是全省縣級綜合檔次較高的一座文體場館。

▲ 文體活動中心

▲ 文化大院活動

「文化惠民」工程潤澤百姓。2008年，省委、省政府提出文化大院、送戲下鄉、鄉鎮綜合文化站建設和農家書屋建設四項「文化惠民」工程。市委、市政府高度重視，將其納入重點工作範疇，與其他民生工程同部署同落實。短短

▲ 文化站掠影

▲ 文化站掠影

幾年，累計投資1475萬元，建成文化大院221個、農家書屋221家、鄉鎮綜合文化站16所，送戲下鄉近千場。文化大院、農家書屋，實現了村級全覆蓋。

▲ 農家書屋圖書管理員培訓班

▲ 農家書屋

▲ 萬寶鎮喜迎十八大文藝、體育、書畫展演

▲ 送戲下鄉劇照

2009年，那金鎮那金村和向陽鄉朝陽村文化大院被省文化廳確定為省級農村文化大院示範點。以示範點為標準，全市文化大院達到了「五有」，即有場地、有隊伍、有活動、有活動記錄、有設備。

「惠民工程」的建設與發展，使全市農村初步形成了以市文化館、圖書館為龍頭，以鄉鎮文化站為紐帶，以大院、書屋為基礎的市、鄉、村三級文化陣地網絡，為廣大農民經常接觸、廣泛交流、增進情感搭建了平台，助推了農村文化活動的蓬勃開展。

群眾文化活動多姿多彩。到2014年6月，全市已有秧歌隊139個，農民小劇團二十二個，京劇社六個，廣場舞隊三十個，晨晚練點三十個，腰鼓隊三個，太極拳、太極劍、太極扇隊七個，形成了「自我參與、自我娛樂、自我開發」的社會性文化氛圍。

新年、元宵節、春節期間，洮南市每年都組織系列的文體活

動，如黨政軍聯歡會、焰火晚會、燈展、大秧歌比賽、各種棋類比賽、風箏賽、自行車賽等。在「五一」「七一」「八一」「十一」期間分別組織專場文藝演唱會、聯歡會，同時利用三節期間和各重大節日舉辦各類展覽，如書法美術展、攝影展、老物件展，還有個人的一些展覽，包括雕刻、剪紙、蛋雕、黏貼畫等等。每年由博物館舉辦的展覽至少在七次以上。從2010年開始，加大了

▲ 校園文化建設組圖

節慶活動力度，在活動質量上大打翻身仗，使演出的節目按百姓心理去設計、去編排，湧現了不少精品節目，如小品《養驢小子》《牽著奶牛奔小康》《釀酒謠》《春風十里杏花香》《瓜嫂辣妹牛哥情》，大型舞蹈《紅紅的日子》，這些節目貼近百姓生活，新穎別緻，很受群眾歡迎。

▲ 社區文化

▲ 社區文化活動

以文化館為依託，每年陣地活動都在二十次以上。市文化館每兩年搞一次大型的少兒聲樂、舞蹈、樂器類等比賽。全市的卡拉OK大賽，巡迴開展，城鄉互動。另外，京劇的票友賽、讀書演講等定期舉行。同時，文化館、博物館、圖書館在開展好自身活動的基礎上，還組織人員參加國家、省、白城市的一些大型賽事：二〇一四年，參加省裡舉辦的中老年歌手大賽三人中一人獲獎；在參加省裡的家庭才藝表演中，音樂小品《美麗的心靈》獲獎；楊淑豔帶領四十多名學生，參加了香港海峽兩岸藝術交流會，所演節目獲得好評；王曉曦組織五十人參加了由舞蹈家協會組織的第一五〇屆少兒藝術大賽，選送節目《蘭花》《閃閃紅星》獲金獎。

　　二〇〇九年，組建了全省首家老幹部藝術團，老幹部文化生活更加豐富多彩。

　　文化產業方興未艾。近幾年來，市委、市政府高度重視文化產業的發展，為文化產業提供了優良的發展軟環境。通過整合資源，依託龍頭企業，培育了包裝印刷、音樂學校、文化傳媒等文化產業項目。

　　經過多年的發展，洮南市形成了新聞出版（版權）、文化藝術服務、網絡文化服務、文化休閒娛樂服務、民族民俗文化遺產保護等多元化文化產業，逐步建成了一批有規模、有特色、有潛能的文化產業項目，如叢翠蓮的手工縫繡畫、于澤紅的蛋雕、張睿臨的剪紙等。

▲ 馬到成功

　　保護利用歷史文物，申報非物質文化遺產項目。全市現有兩個省級文物保護單位：天恩地局和吳俊升商業大樓。這兩個單位二〇〇七年被命名為省級文物保護單位。

▲ 張睿臨的剪紙《百牛圖》

　　市政府曾先後三次對天恩地局進行維修。二〇〇七年，天恩地局開闢為洮南市博物館，得到充分利用，每年舉辦書法美術展、攝影展、老物件展、剪紙展等各類展覽，年平均參觀人次在三萬以上。

▲ 文化市場檢查

　　二〇〇〇年，聘請瀋陽文物設計專家制定了針對吳俊升商業大樓的搶修方案，採取招商引資的方式進行維修保護。二〇一四年四月份，以五百萬的價格由政府收回，交由文廣新局使用。

　　洮南的文化底蘊深

厚，非物質文化遺產項目很多。除市級備存的一批項目外，申報成功省級二個、白城市級十八個。有皮馬具加工、粉條工藝、四海軒八大碗、肉火勺、楊麻大餅工藝等等。

　　隨著文化市場的淨化，健康的文化活動越來越豐富。通過聘請「老領導、老幹部、老黨員、老教師、老軍人」等「五老」義務監督員，對網吧、歌廳等文化娛樂場所分片監督，發現問題及時通知監管部門，加強了對文化市場的管理，促進了文化市場的好轉。與此同時，通過積極推進文化體制改革，促進了文化廣電事業的進一步發展，提高了廣大文化工作者的積極性。

▲ 文化市場法律、法規培訓班

藝苑花開春滿園

　　多年來，一大批文藝界人士甘守清貧、孜孜不倦地耕耘於洮南文藝戰線上。伴隨洮南文藝事業的發展，他們也創造了屬於自己的人生輝煌，演繹出許多藝術國學大師的奇聞逸事，寫就了洮南文學藝術史上一節節厚重的篇章。

　　全國知名青年國畫家梁長林，原省文聯副主席楊廷玉，著名劇作家張國慶，畫家齊夢章、章國華、王紹維、許筱軒、姚伊凡，中央美術學院教授陳開民，影視劇作家、省公安廳文聯副主席馬青山，著名二人轉表演藝術家高茹、韓子平，影視劇導演李永田，吉林藝術學院美術學院教授繆肖俊等就是從這片沃土上走出去的文學藝術界的傑出代表。

　　一九八九年五月三十日，市文學藝術界聯合會成立，至今已走過了二十六載風雨歷程。

　　各文藝門類百花競放、異彩紛呈；文藝隊伍不斷壯大、意氣風發；文藝創作更加積極活躍，廣大文藝工作者以昂揚的精神狀態、出色的藝術勞動，熱情

▲ 洮南市文聯第四次代表大會

歌頌全市各族人民的偉大實踐，文藝氛圍更加融洽和諧，人才不斷湧現，形成了大團結、大繁榮、大發展的生動局面。

　　目前，文聯已有十一個文藝家協會、一個企業文聯、一個公安文聯，本級會員為915人，白城市級會員179人，省級會員68人，國家級會員8人。市文聯圍繞中心，服務大局，大力開展多種形式的主題文藝活動，活躍了文藝大舞台。二〇〇九年，「慶祝新中國成立六十週年暨市文聯成立二十週年書畫攝影展」作品件數之多（參展的書法、繪畫、民間藝術、攝影作品達到280件）、規模之大（參展作者近百人），堪稱歷屆之最。「慶祝新中國成立六十週年暨市文聯成立二十週年文藝演唱會」，是市文聯成立後首次承辦的大型專業性文藝演唱會，演職人員達120人，觀眾達千餘人。

　　二〇一〇年以後，市文聯成功舉辦了「洮南市第一屆古舊書、藝術藏品展覽會」「中央美術學院陳開民教授與書畫界人士見面會」「熱烈慶祝新中國成

▲ 攝影家協會換屆會場

立六十一週年『十月放歌』詩歌朗誦會」
「熱烈慶祝中國共產黨成立八十九週年
『盛夏之夢』『生命的追求——楊淑豔獨
唱音樂會』」兩場音樂會、「魅力金塔、
和諧洮南」暨「百花迎春」文藝晚會以及
「農民詞曲作家朱連杰專場音樂會」。

　　四屆文代會以來，老中青文學藝術工
作者們深厚的文學藝術功力及顯著的文學
藝術成就，對洮南兩個文明建設起到了積
極的推動作用，反映出古城洮南文學藝術
的群眾性和代表性。電影劇本、小說、散
文、報告文學、詩歌、書法、美術、攝

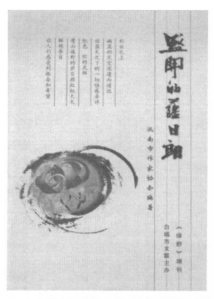

▲ 作家協會編著的文集《盛開的薩日朗》

▲ 慶祝新中國成立六十一週年「十月放歌」詩歌朗誦會

影、音樂、舞蹈、民間文藝等形式多樣，異彩紛呈，展示了濃烈的創作氛圍和發展空間，正可謂「群賢畢至，少長咸集」。特別是近年來，很多件文學藝術作品在省內乃至國家獲獎。有九部小說集、一部小小說集、十二部詩歌集、十七首歌曲、三十一個舞蹈作品、二十九個戲劇作品、二一六幅美術書法作品、三一五幅攝影作品榮獲省和國家獎項，一部電影劇本被長春電影製片廠拍攝成電影。

丹心永鑄七彩虹

　　從單調簡陋的廣播喇叭到黑白、彩色電視螢屏；從銀線牽出的微小世界到大小微波、廣播電視數字化信號的普及與推廣；從唯一的笨重的廣播發射機組、兩個轉播頻段到十餘部現代廣播電視發射機、三處寬敞密閉的標準機房、三個自辦電視頻道、中波調頻廣播齊備，洮南百姓的視聽得到了一次又一次的衝擊與震撼。洮南廣電人用聰明的頭腦和勤勞的雙手在黨和人民群眾之間架起了一道道絢麗的彩虹橋。洮南市廣播電視事業在黨和政府的正確領導下，走出了一條從無到有、從小到大、從萌芽到興盛的恢宏發展之路。

　　洮南廣播電視自辦節目形式多樣、內容豐富，貼近群眾、貼近實際、貼近生活，不斷滿足人民群眾日益增長的精神生活需要。《洮南新聞》《瀚海星光》

▲ 洮南廣播電視台外觀

▲ 現代化設備

《新聞六分鐘》《社會播報》《民生零距離》《電視劇場》《點播台》等節目得到
觀眾的一致好評。如果把洮南電視台的系列節目比作繁華的商業街市，那麼每
一個欄目就是獨具特色的精品商行，這一切都源於全體採編播及技術人員永遠
不變的創先爭優意識。從一九九○年開始，在一年一度的省市廣播電視優秀節
目評比活動中，先後有《草原歌星在呼救》《于曉波把二十萬元獎金捐給希望
工程》《你是一個好人》《半舌老人的摯愛人生》等三十多件作品分別榮獲全

▲ 廣電人在工作

省好新聞一、二等獎。自2007年起，洮南市廣播電視台相繼選送作品26件，參加中國廣播電視協會城市廣播電視台（縣級）工作委員會年度節目創優評比，先後獲得一等獎6件、二等獎13件、三等獎7件；在優秀播音員（主持人）評比中，獲「金話筒獎」1人。在全省廣播電視節目技術質量獎評比中，洮南廣播電視台連續十年取得較好名次，連續五年獲得吉林電視台最佳通聯獎。原廣播電視局連續多年得到市委、市政府的表彰，被省委、省政府評為精神文明建設先進單位，全國「千縣富民」工程優秀協作單位，連續六屆在全省廣電系統「創新立業」活動中被評為先進局。

2007年，全省廣電網絡整合。吉視傳媒洮南分公司和洮南廣播電視局合署辦公。2008年5月，吉視傳媒洮南分公司開始實施模擬電視數字化整體轉換工程，僅用七個月時間就實現了全市區二點二萬多有線電視用戶的整體轉換工作，為吉視傳媒洮南分公司的事業發展奠定了堅實的基礎。

歲月留痕，世事滄桑。洮南文化承載歷史，譜寫新篇，藝苑花開春滿園。踏著黨在新時期的文化方針、政策的新節拍，演奏著新的樂章，洮南文化迎來了新的春天，出現了大發展、大繁榮的喜人局面。

▲ 吉視傳媒洮南分公司

第二章

文化事件

梭子告訴歷史一個瞬間,瞬間為歷史演繹一段真實。在歷史和真實之間,人們
總會順著一個界點,去思索開來。
悠遠的歲月封存著一椿椿文化事件,記載著千絲萬縷、千頭萬緒的歷史檔案。
驀然回首,歲月如流。滄桑永遠不會抹去,一椿椿往事彷彿如昨,像一幅五彩
的畫卷,在世人眼前鋪展開來……

引得名優到洮南

清宣統二年（1910年），洮南府第二任府尹孫葆　就任後，在洮南建起第一座戲樓，地址在原洮南城內七間房（即今天的百貨二商店南側）。這座戲樓可容納觀眾五百人左右，自此洮南戲劇事業初見抬頭，相繼引來了京、評、幫子戲，不僅開闊了洮南人的藝術視野，也豐富了洮南人民的藝術生活。京劇名演員七歲紅、八歲紅、九歲紅等，他們都曾先後來洮南演出。藝術家們做戲認真，唱腔圓潤，功底深厚，給久居洮南的老一輩戲曲愛好者留下了深刻印象。

一九三〇年春，萬福麟為其母做壽。特聘京劇名旦尚小雲、名老生王少樓、黑紅淨演員侯喜瑞等來洮，在萬福麟家搭台唱堂會三天。首場演出京劇《四郎探母》，尚小雲扮演鐵鏡公主。接著又演出了《貴妃醉酒》《昭君出塞》《乾坤福壽鏡》等。王少樓先生主演了京劇《王佐斷臂》。高慶魁先生主演了《追韓信》。據久居洮南仍健在的老人回憶，在這次堂會上，政府曾派員前來為萬家送上金字匾一塊，上面寫著「萬家生佛」四個楷書大字，張學良在奉天也派員送上牌匾一塊，班禪喇嘛也曾派人來洮送上藏香和其他禮品。

勝利報社遷移至洮南

一九四五年，「八一五」光復日本投降後，地域廣袤、資源豐富的東北成為國共兩黨爭奪的戰略要地。我人民解放軍大批幹部遵照毛澤東同志「建立鞏固的東北根據地」的指示，從延安和江南奔赴東北，與東北抗日民主聯軍共同組建東北民主自治軍開闢根據地，建立解放區，打土豪分田地。當時，在鄭家屯成立了遼吉省，由陶鑄任省委書記。為廣泛宣傳發動群眾參加解放戰爭，搞土地改革，在省委書記陶鑄的倡議下，將原遼吉省委機關報《勝利報》和中共西滿分局機關報《民主日報》合併成立勝利報社，《勝利報》報名為陶鑄同志親筆所書，報名深寄「勝利」之意。版面為四開四版，社長為許力群。一九四六年五月下旬，國民黨軍隊發動軍事攻勢突然襲擊鄭家屯，勝利報社遷移至洮南，並在洮南發行了第一份屬於人民的報紙。

《勝利報》編排內容和辦報宗旨為及時宣傳報導黨中央、東北局和省委指示決定，宣傳黨中央有關方針政策；主要欄目有「時政要聞」「老百姓」「新青年」「曙光」等。《勝利報》在洮南和白城期間共發行五四三期，占辦報總期數的百分之七十。《勝利報》在解放戰爭時期發揮了巨大的宣傳鼓動作用。

當時，社長許力群和許遠大、張仲純、吳梅等同志寫文章揭露蔣介石反共賣國發動反革命內戰的罪惡陰謀，並根據當時新華社最新電訊，編寫《國事痛》，即連載的時事小說。這一小說受到了廣大幹部青年和城市讀者的熱烈歡迎，當時在洮南轟動一時。許多本來不關心報紙的老人、出攤床子的小商小販，都按時到「勝利書店」打聽報紙出來了沒有，進而影響到周邊縣（旗）。後來，《國事痛》由東北書店大量印刷發行。

人們看《勝利報》，從中吸取營養，瞭解家國大事。《勝利報》不負眾望，引導人們從勝利走向新的勝利。

讓農民文化翻身的冬學

1945年8月15日，洮南光復，隨之東北抗日民主聯軍進駐洮南，在洮南建立民主政府，剿匪反霸，開展了轟轟烈烈的土改運動。廣大農民在政治上、經濟上得到了翻身解放。中國歷來「地主有文化，農民沒有文化」，為了讓農民在文化上翻身解放，民主政府指示各區興辦冬學，開展識字運動，以掃除文盲。

冬學對象，原則上是以村屯幹部、農會會員、民兵自衛隊員和婦女會會員為主。整個冬學時間為兩個半月，要求最低學會300-400字。

縣委對冬學加強了領導，由縣長、宣傳部長、教育科長、中校主任、教聯主任、婦女會主任、青年團主任組成冬學委員會，負責安排計劃，佈置工作，檢查指導；各區由區委書記、區長、教育助理、中心校長、婦女工作者及冬學教員代表組成區級冬學委員會領導全區的冬學工作；村級由村支書、村主席、婦女主任、文教委員、村小教員、勞模代表組成村級冬學委員會，負責冬學動員工作、組織工作、選拔冬學教員、籌募經費、日常管理。師資，一般是小學教員。

冬學教育注重應用，教學上除識字課本外，多教看路條、認通知、記賬、打算盤、開條子、寫信等。冬學的教學方法，一般採取啟發式、講座式、提問式，利用身邊的典型實事，把其編成識字課本，使學員易懂、易記。如《紡線織布》：「老大娘，大嫂子，眾位姐妹聽仔細：窮人翻身要翻好，咱們定要出力氣。出力氣也容易，做一架紡車紡線子，紡好線，織成布，賣錢穿衣全由你。」這些通俗易懂的「老百姓課本」，對引起廣大冬學者的學習興趣、推動冬學運動的開展起到了不可估量的作用，使學者既識了字，又明了理。

1948年，全縣共辦農民掃除文盲夜校201所，學習小組104個，參加冬學者5629人。冬學的興辦，使農民文化「翻身」邁出了第一步，為農村文化勢成燎原播下了「星星之火」。

洮安無線廣播電台落地

　　洮南廣播的發展史最早可追溯到1948年。那一年的11月，洮安縣自裝1台100瓦發射機，頻率1330千赫，對外呼號，「洮南無線廣播電台」，可覆蓋縣城周圍10千米。人們從這最早的紅色電波里傾聽到解放戰爭的進程以及紅紅火火的土改鬥爭。1949年9月，廣播電台改成有線廣播，稱洮南有線廣播站。線路是借用電話線桿架空的1000米明線，揚聲器使用四隻高音大喇叭。1958年更名為洮安廣播站。線路與電話線混用。40歲以上的人或許依稀記得那個時候打電話必須錯過早、中、晚廣播播音的時間。20世紀70年代末，全縣擴大機輸出總功率1萬瓦，線路長1萬千米，入戶小喇叭3萬隻。那時候鐘錶還是緊俏商品，人們的起床、做飯、上學、上班都以「來廣播」（廣播開始播音）或節目的進行時間為參照標準，這在中老年人腦海中是一段抹不掉的記憶。

▲ 廣播電台發射設備

確立洮南市廣播電台、電視台呼號

　　1988年，經國家廣播電影電視部批准，在實驗台中波頻率1521基礎上，確立洮南人民廣播電台呼號。人們能從「戲匣子」裡聽到縣裡大大小小的新聞以及豐富多彩的文藝節目。節目設置有新聞、專題、文藝、致富信息、廣告五大類。在專題節目中設《聽眾信箱》《洮南人物》和《人口與計劃生育》欄目。同時轉播中央人民廣播電台的《全國新聞聯播》《新聞和報紙摘要》及吉林人民廣播電台的《全省聯播》《738早新聞》節目。全天播音3次，皆為轉播和自辦節目，分早、午、晚全天共廣播5小時30分鐘，其中自辦節目2小時30分鐘，

▲ 洮南電視台全體編播人員

轉播節目3個小時。主要設備有盤式635錄音機4台、637盤式錄音機1台，控制台2個。發射設備有中波1000瓦發射機1部。伴隨洮南人幾十年的廣播喇叭退出歷史舞台。

　　1990年3月，經國家廣播電影電視部批准，建立洮南電視台，呼號為洮南電視台。洮南電視台以轉播中央電視台和吉林電視台節目為主。每天20分鐘自辦本地新聞、新聞性專題和知識性、服務性欄目。次年，洮南電視台自辦一個頻道。男主播王晶濤，現任電視台新聞部主任；女主播於軍，現任承德電視台《七彩陽光》節目主持人。節目設置：《洮南風光》《收視指南》《天氣預報》《點歌台》《洮南新聞》《電視劇場》等節目。人們從此在螢屏上看到家鄉的新人、新事、新風貌，感受著科技的新奇和生活的美好。

▲ 廣電微波設備

全省首映《少林寺》

　　一九二九年，商人劉宏圖、楊安貞二人呈請縣知事公署，合股在「七間房」附近的新華大舞台舊址設電影院，稱「精美電影院」。影院建成，為洮南城內首家室內電影放映場所，並於當年三月二十九日首映國產無聲影片《劍膽琴心》，創洮南電影放映之先河。精美電影院開業後不久，在放映《火燒紅蓮寺》影片時被火燒燬。

　　「八一五」光復後，八路軍四分區接管了興亞電影院（日本人所辦），一九四七年十月移交給當地政府，命名為「新華電影院」（洮南電影院的前身）。一九四九年，新華電影院因年久失修而坍塌，該影院遷至原駐洮偽滿騎兵旅俱樂部，仍稱新華電影院。

　　一九七八年洮南電影院落成使用，翻開了洮南電影放映史新的一頁。建築面積二二五〇平方米，內有座席一四五〇個，放映光源採用碳弧光，放映片種增加了寬銀幕、彩色寬銀幕、彩色遮幅式寬銀幕。觀眾廳燈光由可控矽控制，境壁設有吸音板。從此，洮南人民享受到了聲光俱佳的電影藝術。電影放映在洮南出現了鼎盛期。一九八二年八月六日，全省電影工作會議在洮南召開，會後在洮南電影院放映電影《少林寺》，在全省屬首映。

《沉默的榮譽》在洮南拍攝並在央視播放

　　數字電影《沉默的榮譽》，原名《胡力吐》，電影頻道節目中心出品，由中央電視台電影頻道與北京霓虹影視文化中心聯合拍攝，投資近一百萬元。曾獲金雞獎的潘鏡丞擔任此片導演，張貴生擔綱男主角，編劇麻楊揚，製片人安霓、王坤，攝影劉海健，美術劉健一。攝製組於二〇一〇年十月二十八日在洮南市胡力吐鄉開機，進行了為期兩週的拍攝。影片精緻、耐看、感人……

　　《沉默的榮譽》人物原型為全國特級優秀人民警察、時任洮南市公安局胡力吐鄉派出所所長劉德彬。劉德彬參加公安工作以來，紮根在條件艱苦的科爾沁草原深處——洮南市胡力吐鄉，三十年如一日，心繫轄區百姓，滿腔熱情地為農民群眾辦好事、辦實事，克服重重的阻力和困難，創造性地開展工作。全鄉三七〇多個山包，沒有一個他沒到過；千百條縱橫交錯的山路，沒有一條他沒走過；全鄉二四〇〇戶人家，沒有一戶他沒進過。在全國特級優秀人民警察劉德彬的故事裡，沒有英雄壯舉，沒有豪言壯語，有的只是一名黨員幹部用實際行動踐行為人民服務宗旨的樁樁小事，有的只是一名基層民警實實在在做群眾貼心人的點點滴滴。人民優秀警察劉德彬一心為民、平凡卻偉大的生活深深激勵著胡力吐以及洮南人民。

　　影片以胡力吐蒙古族鄉為拍攝場地，通過對一個基層派出所的描述，圍繞所長劉德彬（劇中化名劉長厚）身上發生的一系列故事的展現，揭示了新時期公安工作的特點，展示了公安機關堅持「立警為公、執法為民」的宗旨，藝術地再現了一位特級人民警察的忠誠、信念和執著，歌頌了人民警察愛崗敬業、忠於職守、親民愛民的高尚品質。該片被業內人士稱為二〇一〇年度最給力、最能反映人民警察職責和生活的作品。

洮南「草原之夏」系列活動連續開展二十八年

　　同一首歌，在洮兒河畔唱了二十八年，愈唱愈響亮；同一台戲，在古城內外演了二十八載，愈演愈精彩——這就是洮南市「草原之夏」群眾文化系列活動。年年主旋律，四季和諧音，已成為洮南人民精神文化生活的重要載體和依託，成為展現洮南「千年古城、百年府縣」的濃厚文化底蘊和地域文化特色的靚麗窗口，成為宣傳洮南經濟社會大發展、大變化的媒介和名片。

　　洮南市「草原之夏」系列文化活動始於一九八六年，已由最初單一的演唱會，發展為今天的集文藝演出、書畫展評、體育競賽、科普活動等為一體的綜合性文化活動；由最初在室內文藝場館演出，發展到今天城區廣場、社區活動室、農家大院等多場地的群眾性文化娛樂活動；由最初相對專業的演職員演

▲ 農民專場

出，發展到今天廣大群眾廣泛參與的公共文化活動品牌。「草原之夏」系列文化活動從每年的五月初開始至九月末結束，組織開展各類文藝演出近二百場、中小學生系列文化活動五十場、科普活動和農村系列文化活動一百餘場。從二〇〇二年開始，每年的九月末，洮南市將一年活動中湧現出來的精品節目整理、提煉，以「古城歡歌」大型文藝演唱會作為壓軸戲，邀請當地演藝明星參與，將活動推向高潮。是時，數萬群眾歡聚在人民體育場觀賞精彩演出，台上台下激情互動，演員和觀眾融為一體。

「草原之夏」系列文化活動已形成廣場系列文化活動、中小學生系列文化活動、農村系列科技文化活動、其他系列活動四大類型活動。

從一九八六年開展「草原之夏」系列文化活動至今，累計開展各項活動四千餘場（次），參與的演職員和群眾達三百多萬人（次），使「草原之夏」系列文化活動成了群眾性文化精品展示的舞台，基層文化建設的全新亮點。

▲ 社區專場

「草原之夏」系列文化活動之所以能延續多年，不斷發展，創新是主要原因之一。從內容上看，既有歌舞、聲樂、器樂、戲曲、曲藝、太極拳、健身操、秧歌、腰鼓等群眾表演活動，又有青少年讀書夏令營、足球比賽、小學生百米長卷繪畫、城鄉小學生「手拉手」等青少年活動；既有科技文化大集、科普展覽、農業技術講座、科技電影放映等科普活動，又有農民書畫展、農民藝術節、送戲下鄉、送圖書下鄉等文化下鄉活動，適應和滿足了不同層次、不同文化背景、不同地域人群的文化口味及文化需求。據統計，「草原之夏」系列文化活動有百分之八十是自編、自創的，僅廣場演出的系列節目中，自編自創的節目就有九百餘個。如自編自演的舞蹈《瓜嫂、辣妹、牛哥情》《春風十里杏花香》，音樂快板《洮南明天更輝煌》等，融進了洮南政治、經濟、文化諸方面的內容，使節目常演常新。

　　洮南「草原之夏」系列文化活動，植根群眾對文化生活的多元需求，通過不同場地、不同內容的專場演出，使群眾登上了表演舞台，由以往的「獨樂」變成了「眾樂」。因為有了表演平台，群眾的文化娛樂願望得到了滿足，參與的群眾成倍增長。農村的秧歌隊由最初的十幾支變成了現在的158支，特色小劇團由二個變成了二十二個，文化大院發展到了139個，文化書屋發展到了221個，城區內群眾自發組織的各類文體活動團隊更是數不勝數。通過「草原之夏」這個平台，發現了大批文藝人才，為群眾文化的開展積蓄了後備力量。曾經活躍在「草原之夏」舞台上的演員，在各大城市從事文藝工作的就有二十多位。一大批自編自演的精品節目，也在這個舞台上得到提升和成熟，多次參加省、市大賽和會演活動，得到多個獎項。

　　近幾年來，「草原之夏」成為社會各界宣傳業務和產品、樹立自身形象、提高知名度的一個窗口。「群眾文化群眾辦，社會文化大家辦」。通過「草原之夏」這個平台，洮南市群眾文化蓬勃發展，弘揚了正能量，提升了群眾的幸福指數。

大型紀實性文學《話說洮南》

二〇一一年初冬時節，裝幀精美、內容豐富的《話說洮南》一書歷經半年多的時間，經過全體編撰人員的共同努力，正式出版發行了。這是為全市人民獻上的又一份厚禮，更是洮南市文學史上的一件大事、喜事、盛事。

這部二十餘萬字的作品，讓人們走進了堅苦卓絕的烽火歲月，也讓人們感悟到了革命前輩不屈不撓的鬥爭精神，領略了前輩們富貴不能淫、貧賤不能移、威武不能屈的革命者風範。《話說洮南》以時間為經線，以大事、要事、難事、新事為緯線，講述了洮南的社會發展與進步，突出了熱愛洮南、建設洮南、發展洮南的主題，表現了洮南人民艱苦奮鬥、無私奉獻、拚搏進取、求真務實的崇高品質和先進思想，高揚了熱愛祖國、熱愛社會主義的偉大旗幟。應該說這部作品是洮南歷史的真實寫照、革命精神的體現和革命激情的結晶，更是一部弘揚革命傳統、富有教育意義的生動的教材。

這本書的成書過程體現了三個特點：

第一個特點：成書快。半年多的時間裡，編撰人員多次往返白城報社與洮南兩地，深入洮南各基層單位，細緻入微地收集資料，深入挖掘洮南歷史發展進程中一個個真實的感人故事。六月份，開始投入創作，八月中旬落筆，九月下旬正式出版。

第二個特點：手段新。這本書是洮南歷史上第一次以文學的形式記錄歷史、以文學的手段來敘述洮南歷史發展變化的一部史書。集中展示了洮南人民的精神風貌

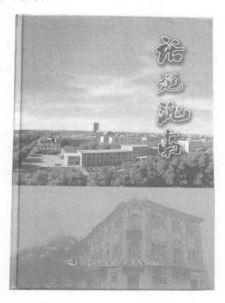

▲《話說洮南》

和洮南的大發展、大變化的壯觀場景。「翻開書頁，撲面而來的是家鄉的山家鄉的水兒，家鄉的人家鄉的音兒，家鄉的風情家鄉的事兒，家鄉的過去、現在和未來……」

第三個特點：設計精美。這本書的彩頁設計和文字內容很有特色，圖文並茂，經得住推敲。著名書法家、白城市文聯主席曹伯銘為本書題寫了書名。封面設計中，追求獨立人格和洮南特色，具有歷史感，形成了本書的品位和境界。特色還在於查閱了一些鮮為人知的原始文獻和採用了大量的歷史圖片，其中不少圖片和文獻資料是第一次公開發表，對學術界具有一定的參考價值。這些圖片和文獻資料，直接或間接來自於洮南博物館、洮南檔案局和許多個人手中。書中涉及的情節、人物都是真實客觀的，讓人感受到真實的力量。這本書印證了一個真理，那就是欲知大道必先為史。弘揚主旋律，唱響正氣歌，始終是這本書的最強音。

▲《話說洮南》首發式

辣椒產業文化的盛舉

　　當您跨入洮南大地，夏日會眼見一片片蔥綠，秋日會目睹一片片火紅，紅綠間，您會嗅到辣椒那撲鼻的芳香。獨特的辣椒產業，形成了獨特的產業文化。

　　一九九九至二〇〇二年，洮南辣椒連續四年被吉林省政府評為「吉林名牌農產品」，並獲得「北京國際農業食品博覽會金獎」。洮南市也先後被命名為「中國辣椒之鄉」「中國辣椒第一市」。

　　二〇一二年，洮南市辣椒又喜獲豐收。

　　二〇一二年九月二十七日上午，中

▲ 金塔辣椒

國・洮南首屆國際辣椒節開幕儀式正式舉行。本次活動由中共洮南市委、洮南市人民政府主辦，吉林省金塔實業（集團）股份有限公司、洮南市辣椒產業協

▲ 金塔辣椒產品展示台

會承辦。

　　開幕式上，洮南市政府、吉林省金塔集團與國內外企業簽訂了合作協議。相關領導為榮獲「中國辣椒第一家」的吉林省金塔集團揭牌。開幕式結束後，與會人員參觀了金塔集團的廠區和現代化辣椒種植示範基地以及具有「中國辣椒第一鄉」之稱的洮南辣椒主產地福順鎮，部分專家學者參加了中國金塔辣椒全產業鏈經營模式高峰論壇。

　　中國‧洮南首屆國際辣椒節的舉辦有利於進一步完善辣椒全產業鏈發展模式，擴大洮南辣椒在國際市場的影響力，推動辣椒產業在農業產業化進程中的示範引領，能夠對洮南市建立高效示範綠色生態農業、增加農民收入、提高農業效益、拉動地方經濟發展起到促進作用。近年來，洮南市一直把辣椒產業作為加快農業產業化發展的特色產業來抓，加大培植力度，辣椒產業形成了「市場牽龍頭、龍頭帶基地、基地聯農戶」的產業化經營格局，成為「富市強鄉裕民」產業。

　　本次辣椒節吸引了人民日報、新華社、中央電視台、經濟日報、工人日報、農民日報、中國青年報、中國新聞社、香港鳳凰衛視、吉林日報、吉林電視台、吉林人民廣播電台、新長征雜誌社、中國吉林網、白城日報、白城電視台、白城電台等四十五家媒體一百多位記者前來採訪報導。

▲ 國際辣椒節

舉辦洮南市首屆農民文化藝術節

2013年8月9日，一道道散發著農村鄉土氣息的文化大餐，一個個演繹著農民風情的娛樂節目，在黑水鎮西瓜批發市場搭建的舞台上輪番上演。當日洮南市首屆農民文化藝術節開幕，5000餘名農民群眾從四面八方趕來，共同欣賞這一極具本地特色的農民藝術盛宴。

洮南市首屆農民文化藝術節突出了農民群眾參與的特點。活動主題為「新農村、新農民、新生活」。活動內容包括農民讀書演講活動、農民自編自創節目會演、書畫攝影與手工藝品巡展、流動圖書周有獎問答及徵文活動、少兒才藝錄像展示暨百米書畫長卷流動展覽、農民象棋賽、乒乓球賽、送戲下鄉、經典電影巡映活動、廣場演出等10大項。整個農民藝術節全市16個鄉鎮、5萬多農民群眾參與其中。這也是洮南市舉辦大型群眾文化活動以來，參演（賽）人員最廣泛、節目表演最豐富、時間跨度最長、農民群眾參與最集中的一次農民群眾文化活動。在整個藝術節期間形成了「四送、三加強、二評、一展」的模式，打造了農民文化活動的新亮點。

「四送」即送電影、送戲、送圖書、送科技。依託基層文化單位開展送電影、送戲、送圖書進農家活動。電影放映公司利用農閒時節深入全市各鄉鎮巡迴放映電影770場。藝術團利用各鄉鎮集市時間有計劃地深入到農村給廣大農民送去精彩的歌舞、二人轉、小品、拉場戲等節目，演出達20場，深受當地老百姓的歡迎。圖書館工作人員分兩組深入到16個文化站和221個農家書屋，手把手教圖書管理知識、圖書分類等，同時還為農家書屋送工具書和十八大學習材料近3000冊。科協、農業、牧業等涉農部門積極開展送科技下鄉活動，贈送農業、科技實用書籍8000冊，舉辦農業科技知識講座6場。

「三加強」即加強設施、加強制度、加強培訓。在農村基礎建設上，進一步加大農村文化大院、鄉鎮文化站、農家書屋的文化基礎設施建設的投入力

度。市文廣新局積極向上級爭取資金，為各鄉鎮文化大院買服裝、樂器、照相機、軍棋、象棋、拉力器等，為健身廣場安裝各種體育健身器械。各鄉鎮也積極加強農村基礎設施建設，為農民文化活動提供便利條件，如胡力吐鄉文體廣場增加到七個；福順鎮二十九個行政村的管理費免收近六十萬元，為各村的秧歌隊購置演出服裝、樂器等。文化館組織業務人員深入到各鄉鎮對各村的文藝骨幹、農村文化大院帶頭人進行業務培訓，講授器樂、聲樂及健身舞、秧歌舞、街舞等文體知識；藝術團在下鄉演出的同時，積極開展「種文化」活動，對農村小劇團文藝愛好者進行培訓，不厭其煩地教唱腔，手把手地教動作，把藝術留在農村，教給農民。

「兩評」即評作品、評先進。在藝術節期間組織開展各種評選、評比活動，如組織各鄉鎮全民健身展示評比、農民讀書演講比賽、農民象棋賽、農民乒乓球賽、農民自編自創節目評選等活動，各種評比、比賽，使廣大農民在緊張、刺激中享受到了快樂，激發了他們對各類文體活動的興趣。

「一展」即書畫、美術、攝影、文藝作品展示。在東昇鄉舉辦了農民詞曲作家朱連杰作品專場演唱會。演唱會上，《旭日東昇》《愛我農家》《山裡人寫歌山裡人唱》《洮兒河畔，我可愛的家鄉》《農家哥們情誼長》等作品，把對家鄉的熱愛融入一個個跳動的音符裡，唱出了對土地的眷戀，唱出了鄉音、鄉韻、鄉情。音樂會異彩紛呈，一首首源於生活而創作的優美歌曲，贏得了現場數百名觀眾的陣陣掌聲。在萬寶鎮和胡力吐鄉舉辦了「心連心・農民情」慰問演出活動。活動以歌舞為主，中間穿插黨的知識問答。通過活動的開展，讓偏遠地區的農民及時瞭解黨和政府的方針政策，提升農民的文化素質，促進農村工作的開展。在黑水鎮舉辦了農民書畫、美術、攝影展，充分體現了洮南濃厚的文化底蘊。通過展示，充分展現了洮南農村文化服務體系的逐步完善、農村基層文化隊伍的不斷壯大、農民文化生活的豐富多彩。

九月九日，首屆農民藝術節徐徐落下帷幕。藝術節結束後，又舉行評比表彰活動，重點表彰在活動月開展中的先進鄉鎮、優秀農家書屋、鄉村文化名

人、文化帶頭人、農村文化大院自編自導的優秀節目、優秀作品和農村非物質文化遺產傳承人等。

▲ 農民文化活動

杏花時節舉行新聞採訪活動

「浩蕩風光無畔岸，如何鎖得杏春園。」

五月，新的一年耕耘和播種開始了；五月，春光明媚杏花飄香。

在這美好的時節，為把近年來洮南市發展建設成就向域外廣泛傳揚，唱響經濟工作主旋律，市委、市政府於二〇〇六年五月十日至十一日舉辦了「杏花時節訪洮南」新聞採訪活動。

在杏花盛開時節，新華社、中國新聞社、光明日報社、中國經濟導報社、美國國際日報社、香港大公報社、香港文匯報、香港鳳凰衛視、吉林日報社、吉林人民廣播電台、吉林電視台、白城日報社、白城人民廣播電台、白城電視台等三十五家海內外主流媒體的七十九位記者應邀匯聚洮南，參加「杏花時節

▼ 杏花時節訪洮南記者合影

訪洮南」新聞採訪活動。這次活動的規模大、層次高、人數多，是歷年來不多見的。

各媒體對洮南舉辦的這次採訪活動高度重視，接到邀請函後，紛紛安排記者參加活動。吉林日報社委派社委、市州新聞中心主任、記者部主任帶隊，率吉林日報駐白城記者站、經濟新聞中心等部門的十多位記者組團來洮南採訪。白城日報社作為白城市新聞單位的龍頭，更是對活動給予了最大力度的支持，時政新聞部、社會新聞部、攝影部的九位記者參加了這次活動。

福順鎮紅火的辣椒市場，那金鎮境內昂岱山上盛開的野生山杏花，那金鎮富文村的「黑白花」奶牛，野馬鄉永安村人工栽植的山杏，大通風電場五十八台排列有序的「大風車」，「雙退」後的改制企業──恆盛毛紡織有限公司，把雜糧雜豆賣到國外的物資糧油貿易公司，吸引韓國客商登門簽約的北方金塔集團……各項事業、各項成果，深深地吸引了記者。

記者們一路採訪，一路觀光，一路感慨，一路讚歎。

當記者們乘車來到那金鎮境內昂岱山下，看到漫山遍野盛開的杏花時，紛紛下車上山，他們有的舉起手中的攝像機、照相機，有的直奔採訪對象。

通過採訪他們瞭解到，從二〇〇二年開始，洮南市大規模建設山杏基地，發展山杏產業，到二〇〇五年已完成六十五萬畝，其中人工栽植山杏林四十五萬畝，封育天然山杏二十萬畝。記者們祝福洮南的山杏花越開越漂亮，山杏產業的前景越來越廣闊。

採訪之後，在很長一段時間裡，來自全國各地的記者們先後在各大主流媒體發表宣傳洮南山杏、辣椒、奶牛等特色產業、社會綜合發展、各項經濟建設等專題報導、通訊、信息達上千篇（條），著實刮了一場「洮南風」。

洮南市博物館陳列陶鑄手跡

　　一九四七年二月十二日，遼吉省委書記陶鑄給當時駐洮南第四專署（亦稱洮南專署）魏兆麟、李更新專員親筆信。信上寫道：「魏李專員，保一旅全部搬到高力板後方，望設法動員大車二十輛，至盼。敬禮！陶鑄二月十二日。」

　　此手跡原件一直保存於洮南市檔案館。

　　二〇〇七年十月十九日，洮南市博物館成立，將陶鑄手跡影印、裝幀，作為革命文物存入館內，用以向廣大青少年學生、來館參觀者講述陶鑄當年在洮南躍馬揮兵的戰鬥史實。

▲ 陶鑄手跡

第三章

文化名人

百花齊放，群芳爭豔藝香濃。文化名人猶如藝苑裡一朵朵奇葩在這座古老而文明的城市裡獨領風騷。是他們在不斷訴說著百餘年古城的變遷，是他們為我們還原出洮南大地四千年滄桑和地域文明的演進脈絡，是他們同心培育的纍纍碩果豐盈了這片土地上的春夏秋冬，也是他們在回首和展望之間，續寫著載入洮南發展史冊的洮南人群情振奮的精神、凝心聚力的鬥志和開拓創新的膽識……在洮兒河夾帶著熱情流經的這片黑土地上，他們的生命之犁留下了一道道永不磨滅的人生軌跡。

西部墾荒牛——著名劇作家張國慶

張國慶（1934年- ），從洮南走出的著名劇作家。曾歷任小學教師、校長，白城市文聯副主席、作協主席，吉林省文聯委員、省作協理事、省戲劇家協會理事，國家一級編劇，享受政府特殊津貼。他一九五九年開始發表作品，一九六四年開始從事戲劇創作，兼寫小說，一九八五年開始寫影視劇本，一九九二年

▲ 張國慶（左）

後兼《綠野》文學主編，全國文化系統先進工作者，吉林省有突出貢獻的拔尖人才。一九九四年加入中國作家協會。著有長篇小說《親仇》《關東血》《東北王張作霖》《呼嚕將軍外傳》，戲劇劇本《生命》《風流店家》，電視劇劇本《吳大帥傳奇》《柳條又發青》《愛在莫斯科》《晚霞不是夢》等近百部（篇）。《吳大帥傳奇》《東北王張作霖》分別獲一九九〇年、一九九四年東北三省金虎獎；劇本《西瓜今日甜》《太平歌》獲吉林省戲劇劇本創作一等獎等；話劇《風流店家》獲吉林省飛虎獎；吉劇《梟雄夢》獲長白山文藝大獎。

張國慶降生在蛟流河畔、洮南市永茂鄉富貴村一個殷實富足的人家。六歲時，父親在自己家裡辦起了私塾，一群同齡的小孩和張國慶在私塾先生指導下，開始背誦「人之初，性本善……」八歲時，父親又送他進了離家八里遠的瓦房鎮，直接讀國民初級三年的課程。

瓦房鎮當時是那一帶的商品集散地，也是文化中心，撂地演唱紅火熱鬧的二人轉，坐棚鼓吹高亢激揚的嗩吶、胡胡腔、四平調、紅柳子、滿堂紅……這土生土長的藝術乳汁，哺育了幼年的張國慶。十二歲那年，他認識了一個書曲藝人趙海樓。老先生不識字，說書人憑耳聽心記口傳，是個睜眼瞎。張國慶為了聽書，就當了他的眼睛。白天，張國慶給他讀小說，晚上，趙先生便將小說

的內容編成段子，拿到茶館去「賣」，一念一編，竟說完了《老殘遊記》和《雍正劍俠圖》。老先生自然滿意，免不了幾串糖葫蘆送到「合作者」手裡，而張國慶的收穫絕非這幾串蘸了糖的山楂。他正是在這讀書與聽書之間，領略了曲藝的妙處和書曲藝人對故事情節人物性格的裁剪刀功。

文學的種子在不經意之中播下了。

建國後，張國慶懷著對新生活的渴望，來到離家迢迢數百里的科右前旗一個叫興安屯的村上當了教書先生。那裡剛剛搞過土改，農民們帶著翻身的喜悅，追求著精神生活的充實。屯子裡成立了業餘劇團，演什麼呢？《藍橋》還是《西廂》？太舊，《放下你的鞭子》？有點過時，《兄妹開荒》？離自己的生活又太遠。村幹部想來想去一拍大腿，咱有文化人啊，自己編！於是，張國慶的第一個劇本《小鳳的婚姻》問世了。

一九五九年，張國慶被調到白城地區向國慶十週年文藝獻禮辦公室工作，繁忙的組織工作之餘，他用自己的筆寫下了第一篇小說《牛郎織女》，從此一發而不可收。在昏黃的燈光下，在旅途的列車上，在生產隊的馬棚裡，他用筆編織著生活的七彩花環。到一九六四年，他發表了二十多篇小說和曲藝作品。一九六四年，他與劉承志合寫的大型吉劇《躍馬揚鞭》，真正地轟動了吉林劇壇。

此後，吉劇《生命之花》《西瓜今日甜》，評劇《太平歌》，話劇《審判之前》《媽媽再見》《風流店家》《愛情偏癱症》《失去的金碟子》《生命》搬上舞台並多次獲獎；電視劇《風流店家》《亂世情仇》《吳大帥傳奇》《海葬》《獎券風波》闖進螢屏；中篇小說《呼嚕將軍外傳》《關東諜案》，長篇小說《關東血》《吳大帥傳奇》又相繼付梓。

熟悉張國慶的人都說他是一個勤奮的作家。張國慶卻說，只有勤奮是不夠的。為了體察家鄉過春節的鄉俗民風，一九七八年的春節，他來到洮南紅石嶺村和農民一起過年。除夕夜，他跟村幹部們打一宿撲克。年初一，他拿起馬勺，為紅石嶺的老紅軍、老烈屬、老社員、老幹部、老勞模舉行「五老招待

會」，誰能想到那熱氣騰騰的一桌酒席，竟出自張國慶之手。

幾十年來，張國慶結交了無數農村幹部和群眾，上至書記、鄉長，下到馬車老闆、瓜農，都有他的知交摯友。他從這些普通人身上，找到藝術的源頭，因此，當他為農民寫書立傳的時候，才能夠那樣得

▲ 連續劇《吳大帥傳奇》劇照

心應手，酣暢淋漓。人們說，在張國慶的作品裡，能聞到蛤蟆煙的辣味，能聽到納鞋底子的「哧嘍」聲，能嚼出苣蕒菜的澀勁兒，能看到蟈蟈和螞蚱顫動的羽翼。

五十五歲時，張國慶就已發表了近三百萬字作品。但是，他就像一個在荒野上趕路的人，不敢停下自己的腳步，只怕落在夕陽後面。

一九八九年，他在電視連續劇《吳大帥傳奇》劇組擔任製片主任，每天從早晨七點忙到夜裡十二點，他仍是早晨四點起床，堅持每天寫二個小時。後來，他的心臟病犯了，又患頸椎骨質增生，兒子兒媳將他從長春接回來。每天服藥打針做牽引，他仍筆耕不輟，治療二個月，他與合作者寫出了一部十四集的電視連續劇。

張國慶早期作品，以跌宕的情節、濃郁的生活氣息見長。隨著時代的巨變，人民群眾的審美需求也發生了變化，張國慶意識到，僅僅在客觀生活的描摹與反映上原地踏步，已經不能跟上歷史發展的步伐。後來，他拭去生活的浮塵，目光專注著人物的心靈；略去外部情節的火熾，筆觸伸向人生的底蘊。

一九八八年，《劇本》月刊發表了他的新作獨幕話劇《生命》。《文藝報》發表評論，稱這部作品是「從平凡中提取深刻，從渺小中喚取偉大，從死中凝聚著生……」使人們看到了張國慶在自我超越的跑道上新的起步。

不久之後，他又有兩部電視連續劇分別在關東大地和黃河岸邊開鏡拍攝……

夕陽無限好，筆耕新篇多，張國慶是真正不知疲倦的西部墾荒牛。

為警察作傳——影視劇作家馬青山

近年來，「吉林電視劇現象」享譽全國。其中，有一位警察影視劇作者，他就是吉林省著名公安作家馬青山（1957年-　）。

警察文學展才藝

在互聯網上搜索一下，就可以發現許多有關馬青山警察文學創作的業績，其中有《大山深處110》《十冬臘月》《在荊棘中奔走——公安局長紀事》等多部描寫警察生活的長篇小說；中央電視台在黃金時段播出了《大山深處110》和《七尺男兒》等反映警察生活的影視劇；還有幾部影視劇作品正在拍攝、製作中；由他策劃、承辦的「金盾之光」——二〇〇七年吉林省公安春節電視文藝晚會，榮獲全國「金盾文化工程」金盾藝術獎一等獎。由他作詞的歌曲《有事請找我》，獲全國警察歌曲大賽一等獎，並榮獲

▲ 馬青山作品《大山深處110》

第六屆中國音樂金鐘獎優秀作品獎，馬青山以警察作家的身分和令人稱道的文學成就，在全省乃至全國獨樹一幟。

萬丈高樓平地起

在白城地區廣播電台當編輯、記者的時候，馬青山才二十出頭，但已經才華初顯、小有名氣。此前，出身於洮南一個貧困家庭的他，曾作為知青插隊落戶，並由於有文學天賦，十九歲就被選入縣戲劇創作室任創作員。高考恢復後，馬青山以優異成績考入大學，與馮延飛等時下的文學宿將同窗共讀，增添了文學創作的羽翼。一九八一年，馬青山來到白城地區廣播電台，開始了職業

新聞工作者的生涯。改革開放後火熱的生活激發了他的創作熱情，一篇篇小說、散文、報告文學、影視劇本及新聞報導，先後發表在當地新聞媒體和全國各級報刊、電台上，並在全省、全國新聞、文學大賽中獲得大獎。馬青山因此聲名遠播。勤奮的工作，加上突出的業績，使馬青山由一名普通的新聞記者，逐步成長為白城市委宣傳部新聞科長、市廣播電視局副局長兼廣播電台台長，並於一九九五年被評聘為主任記者，一九九六年加入吉林省作家協會，成為白城地區作家協會副主席。這一段生活，被馬青山稱為「十六年記者生涯」。正是多年的社會底層生活和新聞記者生涯，奠定了馬青山豐厚的生活基礎、思想基礎和文學基礎。

警察作傳寫傳奇

一九九七年，新的生活之門向馬青山開啟，他被選調到吉林省公安廳政治部，任宣傳處副處長，後又兼任影視中心主任。這是一個全新的領域，但多年的文學功底和對公安工作的熱愛，使馬青山很快進入了角色。漸漸地，他已經不滿足於創作一般的反映公安及警察生活的作品，而是以影視劇創作為主，以電影、電視等現代藝術手段，為人民警察作傳，為公安事業而歌。談起這些，馬青山曾說：「進入公安戰線，我是一個只握筆桿不會打槍的警察。現在，更讓我陶醉的，還是文學創作，那是一種獨特而獨自的享受。」於是，一部部反映公安工作和警察生活的文學作品在他的筆下接連而生。

馬青山生在草原，長在市井，科爾沁草原的烈風和氣息濃郁的民間生活，鍛就了他正直、豁達、淳樸、大愛的品格。他在接受記者採訪時說：「我從小就與引車賣漿者生活在一塊兒，對社會底層人們的熱愛是天然的。這種情感甚至不是流淌在血管裡，而是熔鑄在大腦溝回中。因此，我喜歡寫我熟悉並熱愛著的『卑賤的人』。他們的生活很累，可累得自然，累得美好，他們掙的每一分錢都是乾淨的，他們流的每一滴淚都是真誠的。他們是我的父母和兄弟姐妹，不論在現實生活中，還是在文學作品中，我都願意和他們在一起。」

於是，馬青山創作的影視劇本和長篇小說，多反映的是基層警察和與之相關聯的基層群眾的生活，並融注了他深厚的情感，樹立起了一個個關愛百姓、有血有肉的人民警察形象，受到了讀者和觀眾的喜愛。《大山深處110》描寫的是基層派出所所長的工作和生活。平安貿易公司總經理、縣人大代表黃金寶表面上經營著幾家企業，實際上卻是當地黑社會的頭面人物。他霸占參棚、炸燬礦井、巧取豪奪、橫行一方，群眾敢怒不敢言。同時，他又大搞慈善活動，拉攏政府幹部，是一隻披著多層皮的惡狼。平安鎮派出所所長郝春明不畏壓力，排除干擾，從礦井被炸疑案入手，順藤摸瓜，掌握了黃金寶一夥人的大量犯罪證據，最終將其一網打盡。無論是小說，還是據此創作的電視連續劇，郝春明等人物語言樸實，堅韌不拔，給讀者和觀眾都留下了深刻印象。在此之後，馬青山創作的長篇小說《十冬臘月》，以警察杜喜寬回到老家的嶺下鎮派出所工作為主線，通過對巧破毒牛案、智擒通緝犯等事件的敘述，真實地展現了當代農村警察形象和極具東北鄉土氣息的農村生活。這部小說已改編成二十集電視連續劇劇本，並已經拍攝完成。以全國「我最喜愛的十大人民警察」、原吉林省延吉市公安局局長金光鎮為原型創作的二十集電視連續劇《七尺男兒》，展現的也是忠誠的基層警察和火熱的基層生活，在中央電視台黃金時段播出後反響十分強烈。馬青山以「全國特級優秀人民警察」、吉林省洮南市公安局胡力吐派出所所長劉德彬為原型創作的二十二集電視連續劇《三級警督劉大兵》，劇本創作完成後作為公安部金盾影視中心計劃籌拍的重點劇目。

在他的倡議下，吉林省公安文聯創辦了文學季刊《公安作家》，為公安文學的創作搭建了一個平台，提供了一片園地。「為警察作傳」，將是他無怨無悔的人生追求。

古城小小說創作的領頭雁——劉萬平

劉萬平（1952年- ），吉林省作家協會會員，吉林省攝影家協會會員，洮南市文聯副主席，原洮南市作家協會主席。

他有一股韌勁，二十多年堅持搞小小說創作，成果頗豐。作家凌喻非稱讚他是白城小小說的領路人，他的作品是文學界一朵奇特的花朵。

劉萬平初中之後就參加了工作。出於對知識的渴望，他一直孜孜不倦地學習，一九八二年參加中央廣播電視大學學習，以優良的成績學完了中文系的課程。他自幼喜愛文學，然而那個時代沒有文學書讀，見本文學書如狼似虎地吞噬，參加工作後常在收購點的廢書堆裡找文學書看。看書是他的嗜好，時至今日，除了選看一些書籍外，《散文》《小小說選》《諷刺與幽默》《雜文報》等是他繁忙工作之餘必讀的刊物。

他把文學當作畢生追求的目標。於是他選擇了文學裡的新家族，執著地搞純文學，堅持小小說創作。每當人們評論、讚賞他的小說時，他總是很謙虛。人物隨便構思，情節任意編撰，當然是有意的藝術加工。旨意還是揚善抑惡，針砭時弊，謳歌善良與純真。對他來說，寫作是一種愛好，一種享受，一種消遣，一種追求，一種吶喊……這些年來，他一直鍥而不捨地搞小小說創作。繁忙的工作之餘靜下心來搞文學創作，閒暇的節假之日走出去旅遊觀光搞攝影。小說字斟句酌，精雕細刻；拍片東奔西

▲ 劉萬平

走，道拍途攝；有時間就守在電腦旁，鮮有聊天，寫作和處理圖片就讓他廢寢忘食了……愛好豐富了他的生活。他在努力工作的前提下，擠出時間搞創作。他不雕琢，不刻意運用技巧；樸實的語言，平淡的敘述；尤其是標點的運用，只要能看懂，沒有歧義，他就會捨棄……他堅持寫了二十幾年小小說，總想突破自己，攀登高峰。他不是多產作家，但他天天耕耘，年年有收穫。他寫的小小說大多刊登在《白城日報》和《洮南報》的副刊上。二〇〇五年他創作的小小說《愛情紅綠燈》獲白城市第二屆文學獎銅獎，同年，將一〇二篇小小說結成集子，出版了《萬平小小說》一書。

面對錯綜複雜的社會矛盾和人際關係，他總想說點什麼，說什麼？說誰呢？忌諱談論張長李短，反對有人無事生非。自己反對的還要這麼做，小說裡有用武之地。張長李短扯得越濫越好，無事生非編得越圓越好。現實生活就是另一回事了。的確，他為人正直，心胸坦蕩。在文學方面咬文嚼字，在同事面前隨和謙讓。他愛說寸長尺短，多挑剔作品，少挑剔別人。

己所不欲，勿施於人。於是文友給了他更多的關愛和幫助，社會各界都有他的好朋友。文學不僅使他增長了才幹和知識，也活躍了思想。文學教他洞察社會，文學使他的生活豐富多彩。他的小小說給了人們一面鏡子，既能照見別人，也能照見自己，讓人們在體味酸甜苦辣時，也不斷地反省社會和反省自己。他說他要繼續耕耘，讓小小說這種小花在科爾沁草原上爛漫地開放。

警營小說家——李曉平

　　李曉平（1965年-　），一名從事公安宣傳工作的女警察，一九八五年從警，三級警督。「工作並快樂著」，是李曉平始終如一的工作狀態。她深深地熱愛公安工作，也深深地熱愛寫作，係公安部文聯會員，吉林省作家協會會員，洮南市作家協會常務副主席，現任吉林省洮南市公安局法制宣傳科科長。她所從事的公安宣傳工作，正好把公安和寫作兩者有機結合了起來，工作就是宣傳，生活就是創作。二〇一四年，作為吉林省唯一的公安作家代表，在北京魯迅文學院第二期公安作家班結業。

▲ 李曉平

寫作的特長，讓她穿上了心儀已久的警服

李曉平從小就深深地熱愛警察這一光榮職業，卻陰差陽錯，成為一名教師。因為愛好寫作，從事教師職業的她，經常在各級報刊上發表一些豆腐塊式的文章。一九九五年，本地公安機關增編，需要具有宣傳專長的人才，李曉平應聘從警，成為一名光榮的人民警察。成為警察後，她如魚得水，每年都在全國、省、市級報刊發表新聞、通訊、報告文學等反映公安民警工作或生活的宣傳稿件數百篇。為了使作品生動感人、貼近生活，每篇宣傳稿都是在深入現場實地採訪之後寫成的。二○一二年，洮南市一個叫太平村的小村莊連續五夜失竊，每夜的損失都近萬元。派出所的民警在村裡設下埋伏，這天半夜，賊竟真的又露頭了。他們先是潛入前屯一戶人家，剛剛進院，突然警報器驟響，大家聞警而動，一下子驚跑了竊賊。正當大家懊惱時，消息又傳來了：原來這伙竊賊竟然膽大包天，又跑到後屯去偷了。村民們這個氣呀，於是上演了一出全村出動抓盜賊的景象。眾人拾柴火焰高，全村人經過一夜的抓捕，終於抓獲了四名嫌疑人。為了及時報導這次抓竊賊行動，李曉平特意深入到該村，對當地的百姓進行了深度採訪，最後撰寫出通訊稿《無路可逃》，不僅在《人民公安報》發表了，還在公安機關好新聞評比中榮獲了一等獎。此後，她經常在《人民公安報》《思維與智慧》《天津文學》《吉林日報》《吉林人大》《城市晚報》《北方法制報》等報刊發表反映公安工作和民警生活的宣傳文章，二十多年來共創作影視劇及長篇小說一百多萬字。

推出了描寫交警破案的電影《道是無情》

當過十年的交警，李曉平目睹過很多起交通事故。其中有幾起重大交通事故逃逸案深深地觸及了內心，令她久久不能忘記。那時，她剛開始從事文學創作，便以這些事故為原型，創作了一部中篇小說。一次偶然的機會，李曉平結識了著名影視編劇張國慶老師，便把這部小說給張老師看，沒想到張老師十分感興趣，建議她把該小說改成電影。後來，在張老師親自參與下，電影劇本創

作成功，幾經修改後與長春電影製片廠簽約並投入了拍攝，這就是反映交警破案的電影《道是無情》。從二〇〇二年開始，《道是無情》在中央電視台電影頻道先後八次播出，後來獲得公安部金盾文化工程影視作品三等獎，該劇被公安部評為第七屆金盾影視劇創作獎。嘗到了拍電影的甜處後，李曉平又一鼓作氣，先後撰寫了反映賭博題材的電影劇本《血色玉鐲》、反映交警題材的電影劇本《國道天使》和反映素質教育題材的電影劇本《孩子街》等五部作品。《血色玉鐲》在《公安作家》雜誌上發表，當地報紙也連載了該劇本，收到了較好的反響。她撰寫的反映殘疾人生活和學習的劇本《大愛》、反映愛情婚姻家庭生活的電影劇本《月色闌珊》，先後在《綠野》雜誌上發表。

▲ 李曉平近期作品

「三鬼」：講述的都是普通人的故事

　　二〇一〇年，李曉平開始了長篇小說創作，近三年的時間裡先後創作了三部公安題材長篇小說，她自己把它們簡稱為「三鬼」。其中《心中有鬼》（原

名《你的鞋子髒了》），是一部心理分析小說，創作靈感源自兩起刑事案件。其中一起是搶劫殺人案，另一起是詐騙案，兩起案件都發生在她的眼皮子底下。特別是那起搶劫殺人案，犯罪嫌疑人就住在公安家屬樓附近，這個人表面看挺規矩的，待人熱情仗義，處事也非常低調。直到案發後才知道，正是這個仗義疏財、總是面帶笑容的人，竟然為了錢，連續殺害了四個人，並且作案的手段極其殘忍。

案件發生後，令人震驚至極，覺得每個人的心中都藏有一個不為人知的「鬼」，人的所謂的成功與失敗，其實就是「人」與「鬼」鬥爭的結果。這也成了她後來創作這部小說的初衷。二○一一年一月，二十萬字長篇小說《心中有鬼》出版了。二○一二年，《心中有鬼》在吉林省公安系統第七屆金盾文化工程優秀作品評選活動中榮獲文學類一等獎。在等待《心中有鬼》出版的日子裡，李曉平又創作完成了二十萬字的長篇小說《鬼使神差》，這是一部描寫潛意識犯罪的長篇小說，小說的靈感還是源自所採訪過的幾起案件。小說通過一椿離奇的殺人匿屍案，引出了一段撲朔迷離的情感糾葛，將一名女警在情感和職責、善與惡、忠誠和背叛之間的糾結與終極對決，用一種推理的形式進行了刻畫。二○一二年十一月，《北方法制報》首先獨家連載了該小說。接著，李曉平又創作了「三鬼」中的又一鬼——長篇小說《鬼迷心竅》。小說的創作靈感依然來自於犯罪，主要想通過對犯罪的描寫，呼籲傳統文化的回歸。現該小說已更名為《血色青春》。除了「三鬼」，二○一二年一月，她的另一部反映婚姻家庭的四十萬字長篇小說《消失的部落》（後易名為《姐妹情敵》），被吉林省委宣傳部、省作家協會確定為重點扶持作品，簽約後更名為《古鏡》。

不斷的追求鍛鍊了警營的筆耕人，成就了警營小說家，大量的作品使她成為家鄉當之無愧的實力派作家。

筆耕不輟　揮灑美文
——洮南市作家協會主席賈東昇

　　賈東昇（1962年-　　），遼寧省撫順市人，現供職於吉林省洮南市審計局，係吉林省作家協會會員，白城市作家協會副主席，兼任洮南市作家協會主席。

　　讀中學的時候，賈東昇就對文學創作產生了濃厚的興趣。高中一年級，他寫了一首歌頌家鄉人民艱苦奮鬥改造山河的長詩《黑土地的情懷》，發表在《人民日報・文藝副刊》上，這在二十世紀七〇年代的農村，無異驚雷乍響，在當時的教育系統引起轟動。

　　參加工作以後，繁忙的事務並沒有淡化他對文學的熱愛，更沒有銷蝕他對

▲ 賈東昇

文學創作的激情。從二十世紀九〇年代起，他利用業餘時間，潛心文學創作，先後在《白城日報》《吉林日報》《收穫》《讀者》《春風》等省內外報刊發表散文、隨筆、詩歌、雜文等文學作品三百多篇。

二〇〇八年，出版散文集《歲月流筆》，書中彙集作者十年來一二〇篇散文精品。他以酣暢的筆觸、熾熱的情感、雋永的文風，抒發了對家鄉、對童年、對生活和理想至真至誠的懷戀與感悟，具有較高的文學價值，受到省內外文學界的高度關注。

二〇一一年，出版詩集《昨夢依稀》，近百首或激情澎湃或溫婉細膩的詩篇，詮釋了作者在對往昔歲月的回眸和對現實生活的思考之後，源源流淌的童趣之歌、夢想之歌、奮鬥之歌，一首首祖國情、家鄉情、歲月情的詠歎歌謠，一段段情景交融、美輪美奐、震撼心靈的泣血吟誦，被稱為家鄉當代詩歌的扛鼎之作、草原部落文化的輝煌巨獻。

近年來，賈東昇的文學創作呈現出雙管齊下的態勢，一方面，在散文創作上，先後在省內外頗具影響的平面和網絡媒體上發表《徜徉在歷史的天空下》《站在金長城的腳下》等大型文化歷史散文。另一方面，在小說創作上，作者以夢幻般穿越式手法，對傳統構思模式進行挑戰，筆耕處女作《浩蕩松江水》（暫定名，長篇）。

除了創作之外，賈東昇還在開發文學資源、探索地域文學方面進行大膽嘗試。二〇一二年，尤其發起並主導的草原文學沙龍（論壇總部設在烏蘭浩特市），已經成為極具地域、歷史、風情、民俗特色的草原文學論壇。在這面旗幟下，這一廣大地區的文學愛好者，組成一個特殊的文化部落，以挖掘地域文化、拯救民族文學、反映草原民族發展、弘揚豪邁奮爭堅韌的民族精神為主線的文學創作活動，成為北方文學創作中新的亮點，一批優秀的文學作品，包括散文、詩歌、小說等，先後在省內外媒體發表，獲得很高評價。

妙筆華章情誼濃
——洮南市文聯主席、報告文學作家王貴春

王貴春（1964年- ），出生於洮南市黑水鎮，從一九八九年起，曾擔任洮南電視台廣告部主任、電台專題部主任、總編室副主任、電台副台長、台長，市委宣傳部對外宣傳科科長、市文聯秘書長、市文聯副主席、主席。係《中國黨政報導》雜誌特約記者、人民日報大型叢書《公僕情懷》特約編委、《中國基礎

▲ 王貴春

教育研究》雜誌特約編委。中國報告文學學會會員、中國散文學會會員、吉林省作家協會會員、白城市作家協會副主席。白城市「十佳新聞工作者」，獲人民日報社「全國百佳作者」稱號，被中國時代風采組委會授予「中國時代新聞文化工作者」稱號。

一九八七年的時候，他開始以一個記者的身分穿梭於洮南這座城市，從這座素有「千年古城、百年府縣」之稱的歷史悠久的城市裡尋找著記者的職業快感。

他常說：「過去的，就留給我去回憶；過去的，我用筆記錄下來，留給讀者去回憶；現在的，我要好好珍惜；將來的，需要我去努力。只有不停地追求，人生才會更加充實、更加豐富、更加精彩。」

《鄉情》報告文學集，是他用文學的語言描寫洮南大地上湧現出的先進人物和先進事蹟的文學新作。在卷帙浩繁、源源盈世的出書熱的今時，能出版報告文學專著，還是為數不多的。他融入這支隊伍雖時間很短，卻能精品不斷。

是這塊黑土地滋潤了他的成長，給了他童年恩澤。洮兒河的流水聲一直湧

動在他的心胸。在這座城市裡，經歷的往事仍歷歷在目，縈懷不忘。

鴻鵠自高飛，理想化作了滿天星辰。歲月的腳步有了韻律，沿著心中的題旨，他在報告文學的文字裡雕刻時光，用文字丈量自己的腳步，用撰文斟字承載歲月，灼陽照身影，阡陌小路印足痕，日篩疏影綴墨河，彩霞輝落為他鋪路，暮靄四垂而歸。

文學知識巧作帆，潑墨勤筆韻味濃。王貴春歷經疾書筆練，思路的啟迪和文學的陶冶，昇華了文章的質地。他走出了故影徘徊、文語狹隘虛渺之圍。

當每日回坐在書桌前注目著那二十一萬字的書稿，他不願動手翻開一頁。一切都顯得過於茫然，茫然得他不知所措，他也無法向別人訴說這本書所帶來的種種快樂和艱辛。

▲《鄉情》

他懷著一顆感恩的心，感謝軍營，感謝事業，感謝生活，感謝他的記者生涯成就了他的今天。

現摘錄王貴春採寫的報告文學《一路風塵一路歌》中的結尾，以饗讀者：

她的故事還不是尾聲。是起點，是踏上新徵程的起點；是開始，是奔向成功的開始；是出發，是摘取桂冠的出發；是希望，是古城人們當可期待的希望；攜著輕便的行裝——裝滿信心和願望，她隨時踏上人生的月台，只等待時間的列車到來，出發再出發。

王貴春用抒情的筆法結尾，如流涓潤心田，恢宏之語，似見其有閱萬卷書府之感，寫人精彩紛呈，寫景如親臨目仰。可以評定說，章篇盡堪傳，筆有

醋，墨吮汁，舒展了自己寫作的胸懷。

《鄉情》報告文學中的精美之文，在白城市文學界也有許多文人讀過。他們對洮南市又能出現一個報告文學作家而讚歎不已。這正是他踏一路風塵積攢起來的幸福與快樂，是他盤點自己人生的自豪。

荷語無聲香溢遠，文壇留芳佳作揚。在歲律更新的今日，他先後有《這樣執著究竟為什麼》《花兒為什麼這樣紅》等二十幾篇報告文學在全國徵文中獲獎，多次榮登人民大會堂的領獎台上，受到黨和國家領導人的親切接見。

古城人為他驕傲，故鄉的報告文學殿堂上，因為有他而芬芳香醇。

▲ 全國政協副主席王文元在人民大會堂為王貴春頒獎

文官生涯 雲水襟懷——詩文作家劉煥成

　　劉煥成（1938年-　）大學文化，一九六一年畢業於北京地質學院，同年七月赴新疆從事教育工作。

　　一九六三年，參加新疆全國鉻鐵礦會戰，歷時三年。直到今天，他還經常懷念。而後，命運讓他對職業進行了重新選擇。

　　一九七〇年八月，剛過而立之年的一名地質工作者，步入從政舞台。二十八個春秋，不論是在市委主管工業工作，還是到政協工作期間，他對洮南工業經濟情有獨鍾，目睹了洮南工業的發展與變遷。

　　一九九八年，他從領導崗位退了下來，這是他人生旅途的重大轉折，是開啟新生活的里程碑。剛退休那年，他揮毫潑墨，潛心學習書法，陶醉漢隸、魏

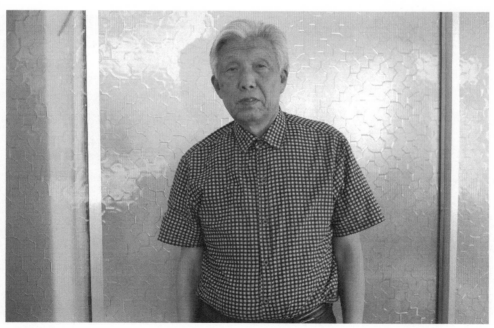

▲ 劉煥成

草書藝，使晚年學習情結流淌在筆墨間。

二〇〇二年，一個偶然的機會，讓他對唐詩宋詞產生了濃厚的興趣。他花了大半年的時間，認認真真地苦讀了黃志浩的《古代詩詞創作與鑑賞》、余浩然的《格律詩詞寫作》等著作，使他對格律詩詞的藝術結構，詩詞的韻律、對仗與比興的運用，詩詞的意象等有了進一步的認識。在此基礎上，邊學習邊創作，在五年多的時間裡，他創作了五百多首格律詩詞。先後結集出版了《未名集》和《夢石集》兩部詩詞集。到二〇一三年，他已經創作了一二〇〇多首古體詩詞和散文詩。這些詩詞作品，大都記錄了他的歲月留痕、晚情寄語、故鄉記憶、往事情懷、時事評說、螢屏漫話……不僅使他增加了文化知識，而且也陶冶了情操，豐富了晚年生活，健美了身心。

二〇〇八年，在新疆朋友的啟發下，他萌生了創作小說的想法。於是，他夜以繼日地蒐集整理在新疆工作的地質文稿、歷史事件、人文風情、領導講話

▲ 劉煥成的作品集

等史料，並逐一分門別類地編輯成卡片，為創作小說做前期準備。他用了近一年的時間，創作了四十一點四萬字的長篇小說《塔克美里之歌》。這部小說真實地記錄了他參加新疆鉻鐵礦會戰的感人故事，謳歌了二十世紀六〇年代初期中國地質戰線，在浩瀚的荒漠上展開的一場波瀾壯闊的大會戰的雄奇史詩。書中的主人公面對國際修正主義的經濟封鎖，以大無畏的革命精神，運用地質科學理論，發揮天才的想像力，不僅找到了國家急需的具有戰略意義的礦床，而且上演了一幕多彩斑斕、至死不渝的愛情話劇。

　　上世紀末，洮南工業企業幾乎全部倒閉，工人紛紛下崗，工業嚴重虧損，黨政機關幹部一時開不出工資。就是在這種情況下，岳景君走馬上任，來到洮南任市委書記。他以一個共產黨員的高尚情懷，不畏艱險，頂著壓力，面對矛盾，對洮南工業進行大刀闊斧的改革。他以國有企業改組改製為突破口，改造工業企業，從而使洮南工業又重現了昔日的輝煌。在此基礎上，他又為洮南老百姓辦了那麼多好事實事，洮南人民永遠記著他。洮南，從一個以農副產品為原料的輕紡工業城，發展到如今擁有毛紡織、醫藥、釀酒、製革、辣椒製品、風力發電等多種行業的工業重城，工業經濟從不足億元到如今超過百億元，投資超億元的工業項目更是比比皆是，這對比當初的慘狀來說，變化可謂天翻地覆。也可以說這一切離不開當初時任市委書記對洮南工業的大膽改革，對國有企業的全新改組改制，從而又重現生機和活力。劉煥成作為一名老同志，以滿腔的熱情提筆疾書。用了一年的時間，創作了二十七萬字的反映洮南工業重振輝煌的長篇小說《鳳凰起舞》，謳歌了洮南工業氣勢磅礡的改革畫卷，真實地記錄了古城工業的重新崛起，頌揚了一位市委書記的感人情懷，留給人們永遠的溫馨記憶。

夫妻從藝育桃李　精彩人生寫傳奇
——二人轉表演藝術家高茹

一個人的擇業是愛好的選擇，是機遇的選擇，更是命運的選擇。然而，對於二人轉表演藝術家（教育家）高茹（1941年- ）和侯殿君夫婦而言，則是天賦的選擇及緣分的選擇。

一九五八年，十六歲的高茹憑著甜美的歌喉，考入了吉林省戲曲學校，師從李青山、谷振峰等名師，坐科二人轉表演專業。這時，十七歲的侯殿君也同時考入了省戲校，師從馬洪恩、李茂天學習二胡專業。於是，擇業鑄就了姻緣，從藝相扶攜手。在高茹的人生註解裡，演繹了學戲、演戲、唱戲三部曲。

▲ 高茹、侯殿君夫婦

當時的吉林省戲曲學校，是省裡唯一的戲曲藝術學府，是多少藝術家成長的搖籃。受到這裡藝術氛圍的感染，她憑著常人沒有的韌勁兒，學唱腔氣息收放求得一個準兒，學劇目塑造角色入木三分兒，學基本功把上把下刻苦較勁兒，身段課行走坐臥都較真兒，被公認是棵好苗子。三年裡她比別人多付出十倍、百倍的努力，除了各種基本功紮實以外，還學習了《聽琴》《楊八姐遊春》《小王打鳥》《包公賠情》《紅月娥做夢》《梁賽金擀麵》《寒江》《三賢勸母》等二十幾個劇目。吉劇團成立後，她又兼學了《桃李梅》和《搬窯》等戲。她求新意識很強，無論是唱腔還是表演都認真揣摩。在師承基礎上，銳意創新，

這在學生輩兒中是絕無僅有的。尤其是她對樂理的掌握，已遠遠超出了師傅的程度，在校時就已確立了自己的演唱風格。

　　一九六一年，適逢吉劇誕生發展時期，各地區紛紛成立吉劇團。高茹、侯殿君被分配到白城地區吉劇團工作。同年，高茹又被調到洮南民間藝術團，在那裡曾任演員、編導、演出隊長等職務。而侯殿君則應徵入伍，去了北海艦隊文工團工作。在這期間高茹潛心鑽研創作和于蓮搭檔表演的二人轉《銀酒壺》，於一九六四年五月參加了在梨樹召開的全省二人轉工作會議，獲大會優秀劇目獎，並榮獲優秀演員稱號。一九六五年，她自編、自導、自演的單出頭《紅裝奇志》參加全省調演，獲優秀劇目獎。在推廣會上，年僅二十三歲的她登台教唱腔。從吐字兒到嗖音兒，從甩腔到韻味兒，從借用歌曲花腔氣息的收放講解，到借鑑評劇新派疙瘩腔的融會演唱，她胸有成竹侃侃而談，興來則喜，怒來動容，怨之酸楚，悲切從衷，引發場內陣陣喝采，傾倒了所有參賽的業內人士。一時間，高茹的名字與「女民兵」緊緊地連在了一起。用「藝高人膽大」來形容她，一點都不為過，也為她日後調回母校任教奠定了基礎。

　　一九六八年，高茹又回到白城地區文工團任演員和教員。同年八月，侯殿君轉業復員又回到了該團。一九七六年，高茹自編、自導、自演的東北大鼓《春雷擊夢》參加省「曲藝獨唱重唱會演」，獲優秀曲目獎。至此，高茹在我省二人轉圈內名噪一時，也為她十六年的舞台生涯畫上了一個圓滿的句號。

　　一九七七年，他們夫婦一同調回母校——吉林省戲曲學校任教，高茹先後任劇目、唱功課教師及地方戲科主任等職務。侯殿君任合奏課、指揮和二胡專業教師。從教期間，他們先後培養了十七科二十個班（包括三個大專班）千餘名學生。高茹可謂昔日學子今日師，育得群芳競枝頭。她有做學生求知的體驗，又兼有舞台表演的實踐經驗，聽她講課，耳目一新；她由淺入深，因材施教，從不墨守成規。誰都知道，師傅教徒弟還留一手，可高茹授課，言無不盡，傾盡所能，從這一點來說，她做到了師者——楷模也。聽她的唱功課是一種享受，從氣息的打通控制，講到科學發聲的「閉合」；從拼唱口型規範到字

頭、腰、尾的輕重音駕馭，從音色修飾到聲情並茂，從板眼強弱區分到韻白強弱反差，一面示範，一面講解，聽她講課清晰、明了。她把課上火了，講活了，講出自己的風格了。她像磁石一樣，深深地吸引住了學生們，而學生們也沒有辜負她的辛勤培育，他們捧回了一個又一個獎項。

一九九二屆閆學晶、李寶昌表演的《劉秀坐樓》參加全省調演獲表演一等獎，而閆學晶現已成為歷屆學生中獲得較高藝術成就的知名演員，連續兩屆被評為四大名旦，並多次擔綱小品、電視劇、舞台劇的重要角色。周春燕和閆學晶的演唱，被公認是地道的高派唱腔傳人。早在一九八二年，東北三省二人轉界就有「王肯的詞兒、那炳晨的曲兒、高茹的嘴兒、馬麗的腿兒」之說。另有專家評價「高茹的唱功，善於潤腔。尤其是疙瘩腔和嗖音兒裝飾自如，氣息控制得體；高音兒真假聲融洽，唱法清新，甜、脆、亮、圓自成一派」。

從二十世紀六〇年代到八〇年代，高茹為中央人民廣播電台、吉林人民廣播電台錄製了《銀酒壺》《洮河女》《姑爺隊長》《綠葉紅花》《縣長下鄉到咱家》等二十多個曲（劇）目；為中國唱片社錄製了《離娘認母》《包公趕驢》《訴情調》《王二姐思夫》等七個劇目。九〇年代先後錄製出版了《鳳求凰》《楊三姐告狀》《唐伯虎點秋香》《孟姜女》《東北民歌》《小天台》《濟公戲嫦娥》等（曲）劇目五十餘個盒式帶。三十年的教學過程中編寫教材教案三十餘本，一九九一年五月出版的二十二萬字的《唱功研究》一書，在二〇〇四年參加了中華創業人物貢獻評獎，被文化部授予一等獎。

一九八二年，高茹代表吉林省戲曲學校參加在黑龍江召開的東北三省「二人轉學術研討會」，高茹撰寫的《韻味》一文被譽為大會三篇重點文章之一。一九八三年，高茹的《淺談吉林唱功》又參加了東北三省二人轉學術研討會，獲大會好評，並刊載在《遼寧曲藝》一書中。一九八三年高茹代表東北三省參加在武夷山召開的「全國戲曲聲樂研討會」，高茹的《韻味》一文宣講完後，會場掌聲不斷。中國戲曲聲樂學會會長寒聲當場題詞讚頌「潤腔已集脆，練音探精微，博采眾家長，融貫放光輝」，當天刊載在快報上，並在《戲曲報》上

刊登。

　　高茹擔任過吉林藝術學院附中高茹二人轉分校校長，一九八七年十一月文化部批准為「國家尖子演員」，同年首批晉陞高級講師。她的業績已載入《世界名人錄》《中國當代藝術家》《中國教育專家》《二人轉大辭典》等名人錄中。現為中國音樂家協會、戲曲聲樂學會會員，中國曲藝音樂學會會員。一九九八年，高茹獲省文化廳頒發的「二人轉突出成就獎」，並享受國務院特殊津貼。

青紗帳裡走出的明星
——二人轉表演藝術家韓子平

　　韓子平（一九四九年-　），在東北享有「二人轉王」的美譽。很多當紅「轉星」坦言，「是聽著韓子平的《回杯記》長大的」。

　　一九七〇年春天，韓子平報考洮南縣劇團，一曲《烏蘇里船歌》直唱得考官們嘖嘖稱奇，當場錄取。一九七五年吉林省二人轉會演以及其後的全國文藝調演，韓子平一炮打響。一九七六年，著名劇作家王肯、作曲家那炳晨充當「伯樂」，韓子平走上事業的成功之路。是年八月，韓子平參加全國文藝調演獲獎；一九七八年，韓子平借調長春，被省文化廳指定參加吉林省吉劇團的演出。一九七九年，韓子平正式調入吉劇團，在長春安家落戶。僅一年，以吉劇團第二演出隊為班底，成立了吉林省民間藝術團。年底，韓子平名篇《回杯記》出爐，形成自己的風格，邁開了走向一代宗師的堅實步伐。《回杯記》於

▲ 韓子平

一九八〇年錄製成磁帶，發行量超過百萬。一九八二年又搬上電視螢屏，此後韓子平收到了1萬多封來自全國各地的觀眾來信。其後，由韓子平和董瑋合作表演的二人轉和拉場戲《馬前潑水》《水漫藍橋》《西廂觀畫》《啞女出嫁》等劇目，響徹白山黑水間。那時常會聽到一些民間二人轉演員的一段「說口」：「老少爺們，嬸子大娘們，今天我給大家學唱一段韓子平老師的《回杯記》，大家閉上眼睛聽，如果您聽出點他那意思，覺著有點像，您就給我呱唧呱唧。」

二〇〇二年，韓子平離開吉林省民間藝術團，任職吉林省二人轉藝術家協會主席，基本離開了舞台。可是他對當今二人轉的發展至為關心，從二十世紀八〇年代由他帶來的二人轉的復甦，到十幾年後專業演出團體的不景氣，再到現今民間二人轉演出的蓬勃興起，韓子平都在心裡默默地品味著、關注著……

想當年，韓子平在重新演繹《回杯記》並一炮走紅的時候，也是非常大膽的。本來《回杯記》是純粹的「文戲」，既不熱鬧，也不火爆。「唱丑唱丑，必得說口」。韓子平大膽啟用說口，一改《回杯記》原始劇本太長、太黏的缺點，這才有了日後三十多年裡長演不衰的經典曲目。

面對如今民間二人轉演出形式的多樣化，甚至有些混亂的情況，韓子平說：「沒有什麼是絕對不行的，專業演出隊伍為什麼在走下坡路？一是沒有創作的支持，二是距離觀眾較遠，在這兩點上，都應該向民間藝人學習。正所謂『生於民間，死於廟堂』，這是沒有人願意看到的。」

東北二人轉一度被人誤解為低級趣味，對此，韓子平認為，二人轉只是一個載體，就像最常見的文字一樣，既可以用它創造出美妙的文學藝術，也可以用它表述不堪入目的題材。所以，二人轉本身是無所謂功過，而這種略有抽象的戲劇表演方式，其價值是毋庸置疑的。現在韓子平一有時間就到各個二人轉專業學校講課，他說：「咱這嗓子，要唱還能唱，只要二人轉能發展壯大，我願做傳承的工作。」

觀眾稱道的「小韓子平」
——二人轉表演藝術家徐振武

　　徐振武（1959年-　），滿族，自幼喜愛文藝，嗓音條件非常好，音域寬廣，音質亮，聲音穿透力強，演唱風格與韓子平十分相似，因而有「小韓子平」之稱，後與楊宏偉、董連海合作的《馬前潑水》使他被譽為「小朱買臣」。一九八五年他演出的二人轉《韓琦殺廟》獲得好評。一九九一年拜韓子平為師，一九九六年他演出的二人轉《妻管嚴看瓜》榮獲吉林省第十五屆二人轉新劇目評獎推廣會表演一等獎。同年調入吉林省民間藝術團。二〇〇〇年五月在吉林省第十五屆二人轉會演中，他演出的拉場戲《村長借錢》獲表演一等獎，同年與二人轉表演藝術家鄭淑云合作的《包公斷後》赴台灣演出，反響巨大。

▲ 表演中的徐振武

吉林省洮南市黑水鎮的人如今有兩大驕傲：一個是這裡盛產的黑水西瓜馳名中外，再一個就是這裡出了一個唱二人轉的小韓子平——徐振武。

徐振武確實很像韓子平，尤其他的嗓子像，簡直到了出神入化的程度。因此韓子平才將他視為自己的關門弟子，將自己的全部技藝毫不保留地口傳身授給這個憨態可掬的年輕人。

韓子平也是幸運的，身懷絕技的藝術家終於找到了自己的傳人，因此他將不再為後繼無人而憂慮。

徐振武面前的藝術道路無疑充滿了陽光和輝煌。可有誰知道這個年輕人在三十年以前最大的願望竟是想娶個賢惠能幹的女人當媳婦，然後陪著自己在廣袤的原野順著壟溝找豆包吃……

一九七七年，正念高中一年級的徐振武說什麼也不想在學校求個前程了。弟兄姊妹八個，全靠老父親一人掙工分養活，父親沒白沒夜地勞作，自己咋還能忍心去讀這個書？還有自己這個出身，把書念出花來還不得回莊稼院去？早晚都是個當老農的命，晚回去不如早回去，早回去還興能劃拉著個媳婦呢。就這樣，徐振武懷著希望和失望回到了那個叫友好村的家鄉。

那時剛剛粉碎「四人幫」，各個大隊、小隊都要排節目。隊長愁得沒法，就將新回鄉的這個地主子弟派上了用場，讓他參加宣傳隊也上台去歌頌一下。誰知道這一唱還真的唱出了名堂，人們都說徐振武這小子有「文才」，就連徐振武也不知道自己有一副這麼好的嗓子。一來二去、三傳兩傳，人們活活把徐振武給抬舉起來了。人們一抬舉，徐振武也依稀覺得自己應該是唱戲行業裡的蟲兒，不應該順著壟溝找豆包吃。所以他就多了一個心眼兒：凡是給自己保媒提親的一律拒絕。

他等待著機會。機會終於來了。那一年縣劇團招生，正在場院揚場的徐振武聽到這個信兒立即到縣裡「趕考」。唱了一段《送貨郎》，又來一段《紅星照我去戰鬥》，把個考場給鎮了，大夥都說這小子嗓子太高了，太好了，好得簡直就像韓子平。這時候徐振武才知道大名鼎鼎的韓子平。雖然他的成績很

好，可是他的成分不好，於是劇團便巧妙地讓他回去聽信。這一聽就是一年。
這一年裡隨著政治氣候的由寒變暖，徐振武有工夫就聽收音機，聽「農村俱樂
部」裡的二人轉，尤其細心聽像自己還是自己像他的那個叫作韓子平的演唱。
到了一九七九年底時，徐振武已經會唱《楊八姐遊春》，他到縣劇團一考，自
然考中。於是這個滿腦袋高粱花子的年輕人搖身一變成了演員。

　　徐振武除了具備一副好嗓子外似乎什麼都不具備。不知是幹活幹得還是天
生，他手腳梆硬。可這些都難不倒他，在劇團吃的苦再大還有幹莊稼活兒吃的
苦大嗎？這麼想雖然不那麼崇高卻很實際，也確實能產生動力。

　　正像一切成才的人一樣，徐振武的付出也得到了回報，他以自己精湛的演
技成為全省二人轉界小有名氣的新星。黨和政府也給予了他各種各樣的榮譽和
職務。省民間藝術團早在一九八二年就相中了這棵好苗，最終將徐振武從洮南
調到了長春，韓子平也了卻了自己的一塊「心病」。徐振武現在很走紅，成了
挑大梁的角色，可他時時告誡自己不能忘記過去，不能忘記自己曾經是個農
民，是個平平凡凡的演員。

▲ 徐振武表演劇照

給老百姓帶來無限快樂的戲劇表演藝術家
——國家一級演員張家勳

　　張家勳（1942年-　），回族，國家一級演員，是全省乃至全國都很有名望的丑行表演藝術家。

　　張家勳自十三歲邁入戲劇界，從父親那裡尋求不同流派之所長，其功底紮實、文武兼備、技藝嫺熟、表演風格自成一家。他具有得天獨厚的表演天賦，嗓音寬厚清亮，吐字清晰，音質純正，唱腔節奏沉穩、紮實，歸韻準確。長於在歸韻中運用鼻腔共鳴，使唱腔韻味愈加醇厚、濃烈。表演上善於觀察生活原型，尋找依據，並用簡潔洗練的舞台動作或稍加變化的唱腔處理，畫龍點睛地

▲ 張家勳

刻畫不同人物的鮮明性格。他除了演丑之外，演老生、花臉亦不遜色，尤其花臉行的唱腔與表演亦見功力。

從藝五十年來，他在舞台上塑造了一個又一個鮮活的人物形象，給廣大觀眾留下了深刻的記憶和快樂。在《卷席筒》《唐知縣審誥命》和《徐九經陞官記》等經典劇目中，成功飾演了蒼娃、唐成、徐九經等角色，表演生動，印象深刻，深受群眾喜愛。他不僅功底深厚，而且戲路寬泛，在古典劇目中飾演的小生、老生、花臉等人物形象，個個生動，栩栩如生。他扮演的《張羽煮海》中的張羽、《人面桃花》中的崔護、《唐伯虎點秋香》中的唐伯虎、《十五貫》中的況鐘、《秦香蓮》中的包拯等人物，各具風采，活靈活現，這使他在省內戲曲界具有較高的知名度。

他不但在傳統戲劇表演中卓有建樹，在現代戲中也塑造了眾多人物形象，如《奪印》中的何文進、《焦裕祿》中的焦裕祿以及現代京劇《智取威虎山》中的楊子榮、《紅燈記》中的李玉和、《沙家濱》中的郭建光，人物表演生動鮮活，充分體現了他的表演功力。此外，他還在影視作品《威虎山》《妞妞》中飾演角色，經央視媒體播放後，獲得好評。

為繁榮本地區的藝術事業，張家勳注重自編劇目的創作演出，排練中勤奮刻苦，精益求精，直到自己和大家都滿意為止。一九六三年在自編劇目《白衣兄妹》和《洮水東流》中擔任主要角色，在白城市會演中獲得較大成功。其中《白衣兄妹》調省裡演出，受到省委領導接見。一九八四年由他導演並在其中擔任主要人物的《太平歌》在全省會演中獲全省綜合表演一等獎，他本人也獲導演、表演一等獎。

張家勳不僅在省內很有知名度，也深受省外同行的熱捧，一九八四年他應邀為內蒙古突泉劇團導演了《新媳婦當家》。該劇在內蒙古文藝會演中獲得自治區導演獎。同年國家文化部主辦全國振興評劇交流演出，他在本團自編劇目《興安兒女》中飾演男主角馬伯橫，獲得極大成功，中國著名評劇表演藝術家劉小樓和中國評劇院院長胡沙等在作品點評中給予了高度評價。劉小樓點評

說：「男主演的演唱寬厚、嘹喨、得天獨厚。」該劇獲文化部演出劇目獎，他本人獲優秀表演獎。一個縣級劇團能在國家大舞台上獲獎，足見他的表演功力之強。二〇〇五年他應松原市前郭劇團之邀參演省會演劇目《騎兵團的故事》，獲省優秀表演獎，後來該劇被吉林省推選參加文化部在唐山舉辦的評劇藝術節，獲表演獎。

張家勳自一九七八年開始擔任藝術團領導後，更加尊重藝術規律，銳意戲劇改革，組織演職員大練基本功，培養了一批中青年藝術骨幹，為繁榮地方戲曲事業打下了堅實基礎。為了振興評劇，在他帶領下全團趕排十台大型評劇，赴河北廊坊進行巡迴演出，原定三十天的演出合同，結果演了四十五天，在當地引起很大轟動；之後又趕赴湖南長沙、南京溧水等地演出，均獲得成功。同時，他帶領全團演職員每年都深入農村送戲下鄉，不管條件怎樣艱苦，都堅持吃住在農村，多年來走遍了洮南所有鄉村，深受農民群眾喜愛。

幾十年如一日，每到一地，群眾聽說張家勳來了，都欣喜若狂，他一出場，觀眾無不歡呼雀躍，謝幕了，觀眾還意猶未盡。對此他很欣慰，因為他實現了自己的完美理想——「讓老百姓快樂，是我的人生追求。」他為洮南市戲曲發展取得了階段性輝煌成績，並帶動了全市戲劇事業健康快速發展。為此，他先後當選為中國戲劇家協會會員、白城市劇協副主席、洮南文聯委員、劇協主席、洮南市第八屆至十一屆人大常委會常務委員，白城市第一屆和第二屆人民代表；並榮獲了吉林省政府授予的先進工作者稱號，二〇〇八年獲洮南市文明委頒發的表演藝術終身成就獎。

如今已過古稀之年的他，依然寶刀不老，發揮著餘熱。目前，在市老科協擔任副會長、文教委主任、市文聯藝術顧問等職，繼續為繁榮和發展洮南文化藝術事業做著貢獻。

國家一級評劇演員孫淑琴

孫淑琴（1953年-　），女，滿族。一九六六至一九六九年在洮安縣地方戲劇團任演員，一九六九至一九七五年在洮安縣文工團任演員，一九七五至一九九五年在洮南評劇團任演員、副團長，一九九五至二〇〇八年在前郭爾羅斯戲曲劇團任演員、編導，一九九二年拜吉林省著名評劇表演藝術家王曼苓為師，二〇〇三年被國家評為「國家一級演員」。

▲ 孫淑琴表演劇照

一九七九年，孫淑琴在白城地區小戲會演中主演《接媽》獲表演一等獎；一九八二年，在白城地區戲曲唱腔評比大賽中榮獲演唱一等獎；一九八四年，在省、地會演中劇目《太平歌》中擔任主演，榮獲地區表演一等獎。同年在吉林省新劇目會演中，榮獲綜合藝術一等獎；一九八六年，在省中青年演員會演中主演《女起解》榮獲表演一等獎；一九九七年，在省新劇目會演中主演《野狼坡》榮獲表演一等獎；二〇〇一年，她兩次進京參加全國評劇大賽均獲一等獎。其中第二屆中國評劇藝術節，她主演的劇目《三姓家人》榮獲優秀表演一等獎，並獲金盃獎；二〇〇六年，參加全國第五屆中國評劇藝術節演出，主演《騎兵團的故事》榮獲優秀表演一等獎。

她是蜚聲全省的國家一級評劇演員，她是從科爾沁草原腹地的洮兒河岸邊

成長起來的一顆耀眼明星。她從小就酷愛戲曲藝術，有個好嗓子、好身段，還有一副俊俏的容貌。十三歲時，洮南地方戲劇團領導發現了她的天賦，一九六六年五月九日，她被正式錄用，開始了她的戲曲藝術生涯。她說，家鄉給予自己的太多了，從這裡她汲取了數不盡的營養，是家鄉這片土地為自己提供了一個更寬闊的施展空間，使自己的藝術水平逐日提升。

多年來，她始終熱愛家鄉，每年都要帶著精心準備的劇目來演出，向家鄉父老交上了一份滿意的答卷。

艱難的生活摔打出孫淑琴堅強的個性，奠定了她走向藝術高峰的基石。她的藝術天賦讓人折服，她的演唱極富內涵，音色柔和甜美，花腔技巧靈活，表演充滿激情，做到了真實、樸素、幽嫻、端莊和細膩。在唱腔上形成了自己的獨到的演唱風格，既有「新派」的華麗流暢，又有「白派」的韻味醇厚、低回幽咽。她在演藝中還把當時的地方戲團名角高茹老師的「疙瘩腔」與「新派」的疙瘩腔有機地熔於一爐，形成了自己的唱腔特點。她還把吉劇的樸實與親切、二人轉的熱情與粗獷、東北大鼓甩腔的低回婉轉都有意識地糅合滲透在評劇唱腔裡，在高音區又糅進了京劇大小嗓結合的唱法，經過努力探索和創新，形成了自己的藝術風格，為這種戲曲形式的未來構築了美好的明天。

在藝術實踐中，她能夠勝任傳統戲中的青衣、閨門旦、花旦的角色，也能勝任現代戲中的主要角色和拉場戲裡的角色。早期以演唱悲曲見長。代表曲目有青衣活《紅羅衫》裡的鄭巧娘、《斬竇娥》裡的蔡賀氏、《白蛇後傳》裡的白素貞等，閨門旦活《鳳還巢》裡的程雪娥、《三女除霸》裡的趙素琴、《水冰心》裡的水冰心等。濃郁的抒情色彩使現代評劇《太平歌》裡的王太平、《興安兒女》裡的烏雲、《小女婿》裡的楊香草、《楊三姐》裡的楊三姐等演唱明顯地不同於其他流派，當之無愧地成為了她最有名的劇目。後期她不斷開拓進取，達到了評劇藝術演唱的高峰。其代表劇目有《太平歌》《野狼坡》《三姓家人》和《騎兵團的故事》，這是孫淑琴領銜表演的劇目。劇中除了餘韻悠長的唱腔，孫淑琴還借用京劇的水袖、身段來豐富評劇的表演，大大增加了可

看性，多年來深受觀眾的喜愛。經過多年的錘煉，孫淑琴將《太平歌》裡王太平的形象塑造得栩栩如生，令人信服。除保留了傳統評劇的韻味，她還在身段和細節處加以打磨，使角色更典型、更逼真，富有美感和時代感。每每登台，廣大觀眾和戲迷們都報以熱烈的掌聲。在吉林省許多舞台，都留下了她演出的足跡。

孫淑琴從演出一線退休後，仍然活躍在省內大小評劇舞台，台上她客串演出，台下她作為省、地的專業評委，以主要精力培養年輕一代演員，為評劇的傳承與發展做著默默無聞的貢獻。

▲ 孫淑琴

二度創作入妙奇
——吉林省二人轉表演四大丑角之一毛樹森

　　毛樹森（1955年-　　），原洮安縣保民鄉人。從小就對東北民間藝術——二人轉產生了濃厚的興趣。七八歲時，嘴裡就常常哼著「小五更」等一些二人轉小調，居然蠻有味道。在小學和初中讀書時，學校每當組織業餘文娛活動，他都踴躍地參加，滿懷熱情地唱著從廣播裡學來的二人轉曲調、跳著自己設計的舞蹈。他有一副天然的好嗓子，所以，還在童年時代，就在鄉里小有名氣了。

　　一九七八年，毛樹森開始從藝，正式成為一名二人轉演員。

　　他練功努力，學習刻苦，不久就掌握了很多二人轉藝術的表演程式和段子，唱遍了也紅遍了洮安城鄉。

▲ 毛樹森

然而，他並不滿足於這些，而是對自己提出了更精、更高的要求。每演一部戲，劇本一到手，便精心進行二度創作，認真琢磨人物的內心世界，人物的個性以及如何用他的表演使它們在舞台上再現出來。所以他演的戲、演唱的段子，人物性格鮮明，形象逼真，觀眾喜聞樂見。

　　他在二人轉的唱腔上也有較深的造詣。他平時對京東大鼓非常喜愛，也較有研究，於是他的二人轉唱腔裡就時常出現京東大鼓的質樸親切、鏗鏘有力的韻味了。慢慢地，他把這種不自覺、下意識的唱法變成了有意識地對二人轉唱腔革新的嘗試。這使他的藝術水平又前進了一大步。

　　隨著藝術實踐的不斷豐富，他開始用自己的體會和理解給演員們導戲，和曲作者切磋、研究唱腔，終於從表演上、唱腔上初步形成了自己的演唱風格。

　　多年來，他的藝術活動得到了許多領導和藝術界同人的讚許，也受到了廣大觀眾的歡迎。一九八二年他和于蓮合演的二人轉《就嫁她》在省會演劇目中評為表演一等獎。一九八五年與范淑清合演的二人轉《石秀殺樓》評為省會演劇目一等獎。其中，表演的《豬八戒醉酒》參加了東北三省的交流演出。《豬八戒醉酒》《石秀殺樓》被省長白山音像出版社錄製成原聲磁帶，在全國範圍內發行。

戲劇文學闖天下——國家二級編劇于成和

　　于成和（1938年-　），國家二級編劇，退休前任洮南市戲劇創作室副主任。他的獲獎作品主要有《豬八戒醉酒》《韓琦殺廟》《醉青天》《氣死貓》等。

　　《豬八戒醉酒》創作於一九八四年。當時在二人轉舞台上，《豬八戒拱地》演得十分火爆，這個好吃懶做、貪花戀色的豬八戒幾乎場場都拱得鼻青臉腫。作者巧妙地利用這個藝術平台，塑造一個悔過自新的豬八戒，他牢記「拱地」教訓，在一次探路過程中發誓「見好吃的慢張口，遇到美女不動情」，終於巧妙地通過假醉酒識破花蛇精的陰謀，在師兄面前英雄一把。這樣使豬八戒這個藝術典型更加豐滿、可愛、感人。二人轉《豬八戒醉酒》也被一些人稱為《豬八戒拱地》的姐妹篇。該劇目曾代表吉林省參加全國曲藝新曲目觀摩評獎獲

▲ 于成和

「鼓勵獎」；一九八四年獲吉林省新劇目評獎「劇本創作一等獎」，並列入全省推廣劇目。

二人轉《韓琦殺廟》是參考傳統古裝戲《秦香蓮》改編，秦香蓮的故事早已在中國百姓中家喻戶曉，但《殺廟》一折很少獨立成章，在歷代二人轉中，悲劇甚少，《韓琦殺廟》也為其增添新的劇目。該作品在吉林省一九八五年二人轉會演中榮獲劇本創作二等獎，並列入全省推廣劇目。

二人轉《醉青天》是參考同名小戲部分情節改編的。作品敘述了一個十分荒唐而離奇的故事：某一天知縣喝醉了酒，他藉著酒勁在眾人面前懲治了一個平時他最懼怕的知府大人的女兒馬大燕，百姓樂得拍手稱快，前來私訪的皇帝也當眾封他為「醉青天」，知縣一激動醒了酒，一眼看見馬大燕，立刻嚇出一身冷汗，為討好馬大燕，居然在眾人前為馬大燕扇起扇子來。為突出運用二人轉的扇子功，根據劇中人物心理唱詞寫出一些耍扇子花樣，也讓演員亮出一身絕活來。作品獲省二人轉會演劇本創作一等獎，此後二人轉《醉青天》成了很多專業表演團體的保留劇目。

《氣死貓》是于成和創作生涯的得意之作，其深刻的寓意是作者的新感覺。劇中人物李二嫂和高大白話是鄰居，她知道高大白話賣的耗子藥全是假的，是土麵子，所以平時白送給她她都不要。一天縣太爺醉了酒，被高大白話忽悠蒙了，稀里糊塗地在一張破紙上歪歪斜斜地劃拉了「氣死貓」三個大字，沒承想這張破紙成了高大白話的商品廣告，土麵子也立刻變成「地方名牌」。李二嫂也跟著買了幾包，趕回家藥耗子，幾天後她發現她家的耗子不但沒減少，反倒更多、更肥了，她開始懷疑「氣死貓」耗子藥是假的，又一想「不對」，縣太爺慧眼金睛一句話能移山倒海，能點石成金，難道這耗子藥都不認識嗎？一定是自己使用方法不對，或者以前總買假藥，把耗子吃出抗藥力了，所以這真藥就不管用了。可見從古到今「名人效應」影響至深，社會上又不止有李二嫂，還有張大哥、王二嫂；不止有高大白話，還有王大白話、李大白話；不止有縣太爺，還有各級官老爺，作品強烈呼籲這些老爺們再不能把土麵

子忽悠成「地方名牌」坑害善良百姓了。二人轉《氣死貓》獲省劇本創作二等獎。

多少年來，于成和一直堅持深入生活。拉場戲《樂半截》寫的就是他多年深入生活的親身感受。劇中人物彷彿就在我們身邊，其中，有大事小情前排座，說話走路端個架的鄉長外甥女李淑花；哪兒有事到哪兒、耍聰明瞎忽悠的「屯不錯」；有看似忠厚，平時暗氣暗憋得勢猖狂的趙大叔。三個人物藉著「賠雞」這個載體，演繹了一場主題為「官賤民貴」的民間小戲。《樂半截》寫得風趣幽默、生動感人，獨具濃厚的東北農村地方特色。幾十年來，幾乎成了白城市藝術團場場不落的保留劇目。劇本獲省劇本創作一等獎。一九八五年白城市藝術團代表吉林省參加全國二人轉觀摩演出，獲編劇、導演等多項獎勵。於成和獲國家文化部藝術局頒發的「文學創作二等獎」，同時於成和被白城市文化局授予「個人三等功」。

▲ 于成和

「愛眾兼懷愛國心」
──將忠骨埋在洮南的作曲家凌霞

　　在古城洮南革命烈士公墓中，有一位巾幗英雄，她就是洮南人民永遠懷念的作曲家──凌霞。

　　凌霞（一九○九年-一九四六年），女，出生在廣東省揭陽縣一個普通的農民家庭。一九二五年，進汕頭師範附小，翌年入社會科學班。讀書時，凌霞學習刻苦認真，學習成績總是名列前茅。一九二六年秋，她以優異的學習成績考入了汕頭市立女中。可是，由於家庭貧寒，她被迫輟學。此時，柯柏年在汕頭主辦社會科學班，時遇良機，免費將她錄取。這是她人生的一大轉折，也是她追求真理的開端。一九二七年，蔣介石發動「四一二」反革命政變後，汕頭的政治形勢十分緊張，國民黨濫殺無辜，使她目不忍視，決然隻身一人去南澳島。在南澳島她與同事們創辦隆江女子小學，由於她聰明能幹，多才多藝，被推選為校長。教師的生涯使她更感到知識的可貴，求學則是她的夙願。一九二八年春，她告別了南澳島入上海東南女子體專。一九二九年春，洪深在廣東興辦演劇學校，凌霞從上海返回故里，考入演劇學校。因學校未能及時開學，凌霞便入中國女體專學習。當年秋畢業，升入新華藝術大學音樂系。

　　凌霞輾轉周折，幾度求學，不但文學水平不斷提高，而且音樂素養不斷加深。一九三○年夏，她應聘來吉林省立女子師範音樂班任教，因來吉林路上耽擱時間，趕到時學校已另聘教員。她只好取道去烏蘭浩特市立一小音樂專科班任教。同年末返回廣州，考入音樂學校，同時兼任廣州女體專、女子職業學校教員。她半工半讀，既當老師，又當學生，深受學生們的歡迎，在學校中享有很高的威信。她經常向學生宣傳進步思想，號召中華民族獨立，擺脫帝國主義鐵蹄，積極參加反帝運動。一九三四年末，她因參加反帝運動，遭到追捕，被迫去上海。

一九三七年「七七」事變爆發後，她積極參加抗日救亡運動，曾在上海文藝界救亡協會組織演劇募捐隊，她參加了第十一隊，到蘇州、太湖、蕪湖、安慶一帶巡迴演出，並兼做戰地宣傳工作。一九三八年，她歷盡坎坷，不辭艱辛來到了革命聖地——延安。在黨的關懷下，她先後入陝北公學、抗大和工人學校進行學習。一九三九年夏，她光榮地加入了中國共產黨。一九三九年七月，黨中央指示延安廣大幹部到敵後開展國防教育，凌霞放棄中國女大的聘請，毅然隨著工人學校到河北一帶展開工作，不久，應華北聯合大學校長成仿吾和呂驥的邀請，到中國共產黨創辦的華北聯合大學任舞蹈研究室主任，兼戲劇系主任。在該校工作期間，她加倍努力，創作《兒童放哨歌》，榮獲了晉冀文協頒發的魯迅文學創作獎。一九四二年以後，她陸續創作一批大眾化作品，其中《三八節歌》等曾在群眾中廣為流傳，深受中國婦女的歡迎。

一九四六年二月，根據黨中央的指示精神，迅速建立、鞏固東北根據地，解放區的大批幹部派往東北，凌霞隨遼吉省文工團來到了洮南縣，她以飽滿的革命熱情和忘我的工作精神，去工廠，到農村，她動員群眾參加土地改革，同時完成了《解放歌集》第一集的編纂和校對工作，利用各種形式教唱革命歌曲，喚醒了廣大人民群眾，鼓舞了革命鬥志。在她的影響下，很多婦女擺脫了封建思想的束縛，走上了革命道路，積極參加土地革命，湧現出了「九淑雲」鬧革命的動人事蹟。

一九四六年三月十五日，凌霞完成了郭沫若《進步贊》的譜曲工作後，積極準備為描寫東北解放後人民大眾歡天喜地的心情《天亮了》一詞譜曲時，因工作需要，乘大車去洮兒河北岸的農村考察，中途不幸遇車禍，光榮殉職。

凌霞為中國人民的解放事業奮鬥到了生命的最後一刻，她把青春的碧血灑在洮南的大地上。黨和人民深切地懷念她，在她犧牲的第二天，中共洮南縣委、縣政府以及駐軍機關和洮南一千多名群眾，在城關俱樂部禮堂舉行了隆重的追悼大會。演奏了凌霞遺作《進步贊》曲，以表示對革命烈士的悼念。追悼會後凌霞遺體安放在城東門外的高坡（現蘇軍烈士紀念塔近旁），並豎碑紀

念。縣政府以凌霞遺款二千元為基金，設立「凌霞文藝獎金委員會」，定期獎勵成績突出的文藝工作者，讓烈士的精神永遠鼓舞人們前進。

建國後，曾與凌霞烈士並肩戰鬥過的戰友為懷念她作詩悼念，以祭英靈：

凌霞終逆凌雲願，愛眾兼懷愛國心。
暮鼓晨鐘憑曲藝，遺葬碩劃憶餘音。

古城走出的詞作家
——知名音樂人魏玉武（寶玉）

▲ 魏玉武

他是地地道道的洮南人，從小喝洮兒河水長大，對家鄉充滿著無限的熱愛。學生時代就酷愛文學創作，曾在《白城報》發表過很多詩歌作品。參加工作以後，他一直沒有放棄文學創作。現為中國音樂家協會會員，中華全國總工會文工團歌舞團詞作家。

他就是寶玉，本名魏玉武（1966年8月- ）。

校歌緣起

二〇〇四年十月，寶玉由於工作需要調到北京，擔任國家教育部「十一五」課題《中小學創新寫作課題》組副主任。一次去湖北參加學校課題觀摩會，正好這所學校要寫校歌，他便參與了校歌創作，歌詞得到了校領導的高度認可。校方給一萬元的稿費，他拒收了，他說：「我做這點事微不足道，把這錢用在孩子們身上。」

他從此更加堅定了信念，走上了文學創作之路。

二〇〇五年至二〇〇六年，連續兩年創作了小品《感恩》《還錢》《社會效益》進攻春晚劇組，總導演郎昆接見了他，並以春晚劇組的名義給他回覆了感謝函，希望他一如既往繼續支持春晚。

同年他創作了一些歌曲作品，張琛演唱的《海星》、韓磊演唱的《龍傳人》、王蓉演唱的《天外流來瑞麗江》、陳永峰演唱的電影《放飛夢想》主題

歌《我心中的歌》等。

和平樂章

二〇〇七年五月，世界和平發展協會徵集會歌，他創作的《和平樂章》經過國家四大報社主編評審後，隻字未改被協會定為會歌。歌曲很快進行精心錄製，由全總文工團的兩名優秀歌手思峰和陳小朵首唱。世界和平發展協會本著促進台灣回歸、早日完成祖國統一大業的宗旨，於同年七月五日主辦的中華首屆海峽民族文化高峰論壇，在人民大會堂隆重召開，會歌《和平樂章》激昂嘹喨氣吞山河，震撼了來自三十多個國家的與會者，唱出了中國人熱愛和平、維護和平、繁榮發展的壯志雄懷。

碩果滿枝

近年來，寶玉在影視歌曲、市歌、會歌、院歌、校歌及一些企業歌曲的創作上都有積極的探索，如今已完成歌曲近百首，其中代表作品有：《女人四十一支花》《光彩伊人》主題歌及《桐柏之歌》《歡迎您到樂亭來》《東江源》《大理最美》《美麗青海湖》《美麗明天》《軍中的媽媽》《和諧號子》……二〇〇八年，為奧運會創作了《奧運中國》《為奧運喝采》。汶川地震他積極參與了中華慈善總會舉辦的《中華魂汶川情》音樂作品大賽，他的作品《我愛我們的家園》榮獲金獎，在人民大會堂接受國家關工委領導為他頒獎。

二〇〇九年，喜迎國慶六十週年，解放軍報舉辦頌歌獻給中國六十華誕，他的作品《盛世中華》與閻肅、喬林生、曉光等國內知名詞作家的作品入選刊登。歌曲《中國人是英雄》也選入解放軍內部網。

近年來，他又開始了劇本創作，獨立創作了一〇八集動漫劇本《創世盤古》，電影文學劇本《白髮李甲》。他的歌曲作品基本每年都會在中國音樂家協會主辦的一級月刊《歌曲》上刊登。二〇一二年至二〇一三年他的作品陸續登上了中國音樂電視。《我是一朵雪蓮花》在央視音樂頻道播出，世界華人組織聯盟會歌《祥和大中華》MV也由中央電視台欄目組製作。

家鄉的歌

寶玉為人低調沉穩，正直孝順，閒餘時經常寫一些弘揚孝道的歌曲，《母親最美》《父母為佛》《婆婆就是媽》《父親》等就是這方面的代表作品。

為了表達對家鄉的熱愛，寶玉作詞作曲無償為洮南市詩詞楹聯家協會創作會歌《飛翔藍天》，為洮南草根愛心團隊創作《有愛就有春天》，為萬波書畫學校創作校歌《夢想的家園》等。有愛就有春天，有愛就有夢想的家園，有了對家鄉的一片熱愛，寶玉會飛翔在更高遠的藍天之上。

最新力作

二〇一四年，響應五部委聯合要求開展以「中國夢」為主題的文藝創作，他認真積極地創作了一首歌頌祖國六十五華誕，凝聚民族力量、奮發國人鬥志的正能量歌曲《國富民強》：

唱不完的長江長
歌不夠的黃河黃
炎黃子孫血脈相連
挺起萬里長城剛毅脊梁
五千年的燦爛輝煌
五十六朵花爭先綻放
中國人民戰無不勝
鮮紅的國旗威風飄揚

啊，中國人
凝聚中國力量
勁往一處使
心往一處想

實現偉大復興

民心所向

十三億的中國夢

國富民強

神十在太空翱翔

給中國夢插上翅膀

深化改革大展宏圖

昂首闊步實現中國夢想

六十五年盛世華章

五十六個民族天天向上

中華民族萬眾一心

共同奔向富裕康莊

啊，中國人

凝聚中國力量

勁往一處使

心往一處想

實現偉大復興

民心所向

十三億的中國夢

國富民強

　　這首歌曲已成功錄製完成，歌曲氣勢宏偉，大氣磅礴，唱出了「中國夢」的真實含義，歌頌了偉大的中國共產黨帶領英雄的中國人民不屈不撓、勤勞勇敢、昂首闊步、齊心協力去實現中華民族的偉大復興。

最近，他常常唱起自己作詞作曲的新作《撞倒南牆》：

一個人走了很遠
我愛的人沒出現
深夜裡心很孤單
可仍舊努力不抱怨
夢裡種下一顆信念
要收穫明朝那片藍天
太陽就是你的笑臉
照得我心花都開遍

是男兒要勇敢
是英雄拔刀劍
斗轉星移乾坤轉
痴心永不變
過河卒永向前
天降大任在我肩
撞倒南牆不回頭
方得一片天……

撞倒南牆，好震撼的歌詞，這就是寶玉的人生。其實南牆並不可怕，只要你勇敢地撞倒它，光明就在眼前……

妙笛神韻飄長空
——國家一級長笛演奏員朱文瀛

朱文瀛（1950年- ），中國長笛聯合會會員、吉林省長笛學會副會長、洮南市音樂舞蹈家協會名譽主席。幼年拜洮南藝術團笛子演奏家谷晨為師習笛。因聰穎靈慧深受偏愛，得傳絕技，少年時被贊為「笛子神童」而飲譽古城洮南。

▲ 朱文瀛

一九七〇年七月，他得解放軍總後勤部歌舞團青睞，特招應徵入伍，成為專業長笛演奏員。其紮實功底，超群才藝，被中央樂團首席長笛演奏家李學全讚許並收入門下。朱文瀛珍惜機會，早晚刻苦求學於大師，笛藝爐火純青。一九七〇年至一九七六年成為解放軍總後勤部歌舞團首席長笛演奏家；一九七七年至一九八二年任國防科工委歌舞團首席長笛演奏家；一九八二年至一九八八年任國防科工委指揮技術學院政治教導員。

在一九七〇至一九八八年這十八載軍旅生涯，他演出逾千場，備受觀眾

▲ 朱文瀛長笛獨奏音樂會

好評。他多次赴甘肅酒泉、新疆馬蘭、四川西昌、山西岢嵐及西藏、雲南、青海等地為戍邊官兵和衛星發射功臣們慰問演出。他把舞台當作戰場，把他的長笛妙韻向祖國和人民傳播。把他對黨對祖國的無限忠誠寄託於手中的長笛，寄託於每一個跳動的音符。他出眾的技藝，不可替代的作用，使他在一九七七年參加了全軍第四屆文藝會演大會，一九八一年在人民大會堂參加「遠望號」勘測衛星試驗成功慶祝演出並獲得圓滿成功。

由於才能出眾，他曾受邀客座於總政歌舞團、北京電影樂團、解放軍軍樂團等文藝團體，為世界小提琴家胡坤協奏。作為國家一級長笛演奏員，他曾多次分別與歌唱家李雙江、蔣大為、馬玉濤、殷秀梅、耿蓮鳳、張也等合作演出。

他努力培養後繼人才，傳承長笛藝術。一九八八年轉業後，在工作之餘他辦學傳技。二〇一〇年在吉林省洮南市工商行政管理局退休之後，他全身心地辦學，無私地傳授他精湛的長笛技藝。先後培養大、中、小學生一二二名，亦為大專院校培養輸送了出眾人才，其中，考入東北師範大學音樂系的梁適宜、考入吉林師範大學音樂系的趙航等在大學裡均為品學兼優的音樂人才。

作為中國長笛聯合會會員、吉林省長笛學會副會長的朱文瀛，曾在家鄉舉辦了個人長笛獨奏音樂會，多次與國內外長笛演奏家進行學術研討和交流。

二〇一二年六月和二〇一四年六月他為吉林省第一屆、第二屆長笛比賽評委。二〇一三年應邀參加了第六屆亞洲長笛藝術節。二〇一四年七月應邀參加了中國第二屆國際長笛藝術節。

▲ 朱文瀛（右）與瑞士長笛演奏家科理斯臣（中）

留得清風滿乾坤——書法家張金隆

張金隆（1949年- ），本名張金龍，字天聖，筆名金石、天墨。祖籍山東，在洮南市文聯主席的崗位退休，現定居北京。

張金隆書法的確給人帶來視覺上的審美享受和文化薰陶，然而究竟好在哪裡，人們往往只能意會卻難以言傳。中國傳統文化博大精深，加之張金隆書法自成一體，對張金隆書法的藝術風格不能盡述其妙，也就在情理之中了。然而，當人們瞭解了張金隆五十多年的書藝之路以後，對張金隆的書法藝術風格才有了進一步的理解。

▲ 張金隆

張金隆的外祖父是清末舉人，崇尚被奉為宮廷典範的「柳體」。張金隆的母親曾隨其外祖父一起興辦私塾。張金隆剛剛五歲的時候，母親便嚴格按私塾的方式教他正襟危坐習書柳楷，同時教他誦讀四書五經《弟子規》一類的古文和格言。孩提時代的張金隆雖未悉母親的良苦用心和其中的確切含義，但七年的私塾化的啟蒙教育，使其書法從柳公權「人正筆正」「顏筋柳骨」中孵化而出，並粗具雛形，為其後來的書法用筆打下了堅實基礎。上中學以後，張金隆不滿足柳體的刻板，開始臨習王羲之的行書，以表達靈動活潑的情感。雖然當時他對王羲之《用筆賦》中提出的「藏骨抱筋，含文包質」的書法筆線美標準並不十分理解，但是以柳楷「立骨」的根基使其很快領悟了行書之妙，而且一臨就是十年。僅《蘭亭集序》就臨過幾百遍，時人皆稱其書有右軍之像。中學

期間的老校長是一位書法造詣頗深的長者，共同的志趣使這對忘年交走到一起。老校長告訴他：書法非自立不能立於世，有人說趙孟頫的書法有嫵媚之嫌，然而趙體卻以風流倜儻、柔美華潤而獨立於書林，深受後世人喜愛和稱道。受群眾喜愛的東西就是好的。老校長不流於世俗的樸素思想使張金隆受益頗深，他反覆審視自己所臨右軍行書，頓悟：數年臨習，唯有形像，而無神似。於是他開始苦讀和習悟趙孟頫和顏真卿的書帖，又先後悟讀了毛澤東、郭沫若、趙樸初等當代書法大家的書法。先賢書法的神韻和精髓無不成為張金隆書法生命的源泉。觀賞風景名勝，他只

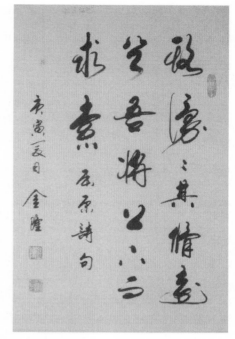

▲ 書法作品

記匾額、題字和楹聯；在農村插隊時，勞動休息時間，他折草木為筆，在地上劃沙習書；改革開放後路邊林林總總的廣告，他只記下其中某個字。參加工作以後，張金隆的字常常深得同事和親友的讚許，但只有張金隆自己明白，臨古人之法只能形似而不能神似，真正的得法之處在於符合自己之法，也就是符合自己的思想感情和個性需求。所以他把更多的業餘時間用在了閱讀書法理論和悟讀書法名帖上，閱讀、揣摩、研習，再閱讀、再揣摩、再練習，書法充斥了他所有的業餘時間和空間，就是在這樣不斷地總結沉澱，再總結再沉澱的過程中，張金隆書法終於破繭而出，漸漸走出了自己的書法之路。

古人云：學書在法，其妙在人，師法則不能稱其為書，依法方能得其妙。仔細揣摩張金隆的書法，我們可以感到，其書法有以下特點：

用筆得法：或點或畫，可謂筆筆到位，深得柳骨之風，提按轉折，流暢自

如，輕重適當。點畫、結字之間，均可以使人感覺到書寫過程中的疾遲、起伏、抑揚頓挫之節奏，這就是張金隆所追求的以「筆舞」之意達「心舞」之情。

結字得法：結體嚴謹而不失疏朗空闊，靈動飄逸而不失剛直厚重。穩中求奇，奇中求趣，筋骨內涵，風采外現奇正、疏密、違和之中，隱現右軍、顏柳之韻。也有友人說張金隆書法有趙孟頫嫵媚之態，張金隆欣然表示，續之將探求拙辣之境。

布局得法：章法疏朗瀟灑、嫻雅空靈。章法是書法的統領，它體現一篇書法的整體氣度。章法美的內涵是極其豐富的，它的變化多端遠遠超過了用筆與結體。歷代書法家在章法上都極盡想像和渲染。張金隆也不例外，他認為，對一篇書法整體章法的制定在下筆之前必了然於胸，並揣摩再三，不斷總結，不斷變化。被書友戲稱為書法「定型產品」的毛澤東《沁園春·雪》和楊慎《臨江仙》，在章法上就充分體現了章法美的賓主分明、虛實相攜、輕重相宜、氣脈貫通之境，使張金隆書法在章法上呈現疏朗瀟灑、嫻雅空靈的獨特風格。

縱觀張金隆的學書之路還使人感到，張金隆書法風格的形成還在於其深得融匯變化之妙。張金隆認為，古今先賢其書各有所長，將其融匯變化，再重新結字成篇，則新意出焉。於是他在學理論、循法習字的基礎上，廣泛賞讀古今名帖。在讀帖時，先賞其點畫、結字之美，細細體會其書寫用筆之法，再試著把不同的點畫按自己的想像重新結字，同時把點畫加以變化，再把新結的字應用到整幅書法中去，最後根據書法布局的需要，結合運筆用墨加以變化。因此，在張金隆的書法中，或可看到柳公權的穩重、顏真卿的結字嚴謹、王羲之的行草意韻、趙孟頫的柔潤飄逸、趙樸初的穩重內涵以及毛澤東的揮灑磅礴……或許這一切都沒有看到，只看到了張金隆書法，或許這就是他的苦心孤詣的融匯變化之妙吧。

德藝雙馨福壽長
——洮南市文聯藝術顧問劉繼先

劉繼先（1935年-　），字墨耘，籍貫吉林懷德，工藝美術師。平生酷愛書法藝術，數十年讀帖臨碑，未曾輟筆。

劉繼先現為中國書畫家協會會員、中國書法家協會會員、中國藝術促進會常務理事、中國書畫研究院院士、中國國學研究會第四屆名譽會長、中國當代硬筆書法家協會理事、洮南市文聯藝術顧問、洮南市書協顧問、洮南市老年書畫研究會副會長。洮南市文明委授予「德藝雙馨藝術家」。

劉繼先自幼年起接觸毛筆練字，又得益於從事教育的父輩們的口傳身授，

▲ 劉繼先

使他對書法藝術興趣愈加濃厚並痴迷，與翰墨結下了不解之緣，每日堅持練字，一直走到現在。「逝者如斯夫，不捨晝夜」，鍥而不捨，奠定了他書藝堅實的基本功。

劉繼先字如其人，質樸務實，低調而不事張揚，隨和卻不隨波逐流。古人云：寫字如做人，講究字、人合一。劉繼先就是這樣，「訥於言，敏於行」形容他最貼切。

「做老實人，書本分字」是劉繼先做人與治學書法的準則。他做書不合世俗、不追時髦的瀟灑，沉湎於秦鼎、晉行、唐楷，以柳法立骨，以北海取勢，以蘭亭求變，博眾之長，融會貫通。他篆、隸、楷、行、草兼修，以行楷見

長。

　　他的書法作品「端莊流暢、師古不泥、博采眾長、用筆凝練精到」。章法規整有度、線條飽滿、剛柔並濟、闔其氣以求精、涵其韻以通神、稟賦天地靈氣，富有很強的韻律感。創造性地做到了結字與情懷的融合、歷史與現實的和諧統一。展現出嫻熟的藝術功力，盡顯本人的藝術風格。其楷書撇捺舒展，端莊秀美，風格典雅，圓潤精深，輕清勁爽；其行書剛勁雄健，流暢奔放，元氣渾然，平穩大氣；其隸書飄逸流暢，樸實渾厚，雅意嚴謹，高華質樸；小楷功底老到舒展。

　　他的書法作品與藝術傳略先後入編了《中華翰墨名家作品博覽》（世紀珍藏版）、《國際文化大系》等典集。

▲ 劉繼先書法作品

　　「睡獅猛醒，臥龍正騰」條幅入編由《中華魂——紀念抗日戰爭勝利60週年翰墨典藏》和《驕傲中國——全球華人書畫名家作品典藏》；「樂則壽」條幅、「山裡詩情重，硯中歲月長」對聯、南北朝《敕勒歌》、李白的《客中行》《望廬山瀑布》、王禹偁「無花無酒過清明」、劉墉「採藥歸來」等書法作品先後在《中國書畫報》發表；杜牧的《山行》、張若虛的《春江花月夜》節錄刊登在《神州詩書畫報》。其書法作品曾在吉林長春、四川峨眉、陝西漢中、北京及加拿大等地展出。多次在《中國書畫報》《神州詩書畫報》發表。並連同詩書傳略入編《國際現代書畫篆刻家大辭典》《中國翰墨名家作品博覽》

《國際文化大系》《全國老幹部詩詞書畫作品大觀》《驕傲中國——全球華人書畫名家作品典藏》等。有的作品還在「中國老年書畫攝影作品大賽」中獲老年組金獎；在「徐悲鴻紀念館名家作品邀請展」中獲金獎。

在中國現代文學會藝術部主辦的「國際現代書畫篆刻家作品大賽」中獲世界銅獎；在「輝煌北京——首屆全國書畫藝術精品大賽」中獲老年組金獎；在慈善總會、文化部老幹部學會等八家聯合舉辦的「志願貧困地區書法作品創作」獲特別貢獻獎。

劉繼先的書法作品不僅遍及國內外，還作為白城市、洮南市主要領導出訪亞、歐等國家和地區的餽贈禮品。

一九九七年十二月，在中國書畫藝術大學教授趙燮、趙氏文化藝術發展基金贊助下，由啟功先生題詞出版了《劉繼先硬筆書法集》。

劉繼先現已年逾八旬，但他壯心不已，對書法仍然孜孜以求。二〇一四年六月八日，在洮南市老年書畫研究會贊助下，他再次結集出版了《劉繼先書法》一書。這本書正是他書法藝術鼎盛時期的最好體現。

「先生之作，氣韻飛揚；先生之風，山高水長」。

玉汝於成翰墨香
——洮南市書法家協會主席康玉剛

　　康玉剛（1962年-　），滿族，曾先後在洮南一中、八中、第一職業高中任美術教師，在洮南報社任美術編輯，現就職於洮南市文化館。吉林省美術家協會會員，吉林省書法家協會會員，白城市美術家協會理事，白城市書法家協會副主席，洮南市書法家協會主席。

翰墨情深

　　康玉剛幼年師從陳開民先生學習書畫，苦練繪畫基本功，進行了嚴格的素描、速寫、線描、書法的訓練，並能夠不斷地提高對藝術表裡關係的認識，這為他以後的藝術成長起到了決定性的作用。

　　一九八四年，他參加了吉林省職業師範學院舉辦的書法、美術、構成設計學習，其中書法成績居班級前列，得到省內書法家姚俊卿的好評。此後便以顏真卿的書法為學習重點，先後臨習了《多寶塔》《勤禮碑》《李玄靖碑》等，從中悟得了筆法方面的遲送澀進、體勢方面的寬博雍容。

春華秋實

　　在教學工作之餘，他到集貿市場、大車店、糧庫門前畫了大量的趕集與送糧的速寫，然後把收集到的生活素材變成耐人尋味的生動畫卷，完成了國畫《秋實》長卷的創作。這幅畫採用小寫意的表現形式，以線為主，以墨托

▲ 康玉剛

韻，通過對四十三個人物的刻畫，描寫了豐收後農民送糧的場景。《秋實》相繼獲白城市美術作品展覽一等獎、吉林省第二屆青年美展佳作獎，一九八八年參加中國書畫函授大學首屆學員畢業作品展，在中國美術館展出，並獲三等獎，由北京百花出版社專輯出版。他認為藝術美只有兩種：或壯麗雄渾，或秀麗嫵媚。時至今日，他的國畫、連環畫已有七次參加省美協舉辦的畫展。

臨池猛進

康玉剛在洮南報社擔任美書編輯期間，設計製作了大量的刊頭、插圖。平素裡凝心案頭，寄情書畫，將筆法、氣韻、靈感通過幾尺素箋、一支毛錐得到了盡情的表達。他堅信，一個文采貧白、書法功夫低下的人，是決然畫不出什麼好畫的。在中國畫的學習上離不開本民族的文化，即詩歌與書法。康玉剛堅持以詩歌作為魂魄，以書法作為形質，廣泛深入地涉獵詩文、臨池學書。他臨習了眾多的古人碑帖，其主要有晉王羲之《蘭亭序》《聖教序》，唐孫過庭《書譜》，懷素小草《千字文》《自敘帖》，宋黃山谷《松風閣》《諸上座》，明王鐸草書，北朝造像等。那寬博的顏書，使人如面對一位嚴師；利落峻拔的魏碑，讓人領略如倚劍的俠士；那連綿紛披的草書，猶如對視翩然的仙子。習楷得到平正端莊，習魏獲取雄健爽利，習草留存圓暢飛動，真可謂：「凡有所學皆成性格。」多年的刻苦臨池，使他的書法作品多次在省、市展中入選和獲獎，二〇〇一年在「博藝杯」吉林省九市（州）硬筆書法聯展中獲金獎，二〇〇二年在「吉林省黨政幹部千人書法大展」中獲金獎，二〇〇五年書法在「吉林省迎新春剪紙、春聯大賽」中獲一等獎。

蒲松齡說：「藝痴者技必良。」我們相信，依靠康玉剛對藝術那種恆常的熱愛，伴著時光的增長，隨著技術的精進，未來的他一定會層樓更上。

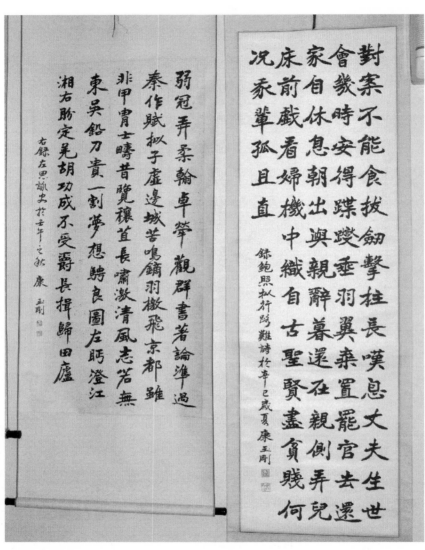

▲ 康玉剛書法作品

熔古鑄今創新意　筆墨當隨時代風
——洮南市書法家協會名譽主席劉璟紅

劉璟紅（1957年-　），滿族，原籍遼寧省蓋縣熊岳人。香港皇家影視學院藝術委員會副主任、教授，焦點中國網藝術顧問，洮南市書法家協會名譽主席。自幼酷愛書畫藝術，拜中國當代著名書法家、「國家有突出貢獻的專家」關東昇教授為師學習書法。經先生的精心指導，自己勤研苦習，劉璟紅終有所悟。

劉璟紅青少年時期就在洮安縣文化館舉辦的青少年美展中獲

▲ 劉璟紅

獎，小有名氣。並創建了洮安縣春潮居工作室，之後又陸續參加了國家及省級的書法大賽，均獲得榮譽和獎項。

劉璟紅雖為中國當代著名書法家關東昇先生的入室弟子，可他為人樸實憨厚，一身濃濃的東北漢子氣。白山黑水，嚴寒酷暑，特異的自然環境，鍛造了他堅韌的性格和頑強的意志。字如其人，他的字磊落大方，堅實挺拔，縱橫捭闔，氣勢磅礴；章法用筆，跌宕起伏，強悍雄偉。再加上他對米芾書法八面用鋒的理解。對米芾「刷」字的體會，字勢更趨靈活，真可謂「風檣陣馬，沉著痛快」。他本來就天資聰穎，學習刻苦，在師父關東昇先生的悉心指導下，他對魏碑《張猛龍碑》用功猶勤，數十年寒暑不異，朝於斯、夕於斯，氣魄格局，終異常輩，漸成翹楚。正是「衣帶漸寬終不悔，為伊消得人憔悴」。何意

百煉鋼，化為繞指柔。劉璟紅出生於書香世家，雖家境貧寒，然其父嚴教甚篤（父親是二十世紀五〇年代全國模範教師，親受毛主席、朱德、劉少奇的接見併合影留念）。父親的言傳身教，克勤克儉，使他從小就有了正確的人生觀和戰勝困難的勇氣。二十世紀八〇年代，劉璟紅又遊學京師，眼界更加寬闊，書藝在傳統的基礎上又融入了新意，風格更加鮮明，自一九九〇年後又多次在國內外大展中獲獎、入編。

一九九七年在慶香港回歸書法大賽中獲「銅獎」，並被授予「東方書畫藝術家」榮譽稱號。一九九八年在全國書畫人才藝術交流會中獲中國藝術人才金獎。在新中國成立五十五週年全國書法大賽中獲一等獎，在北京釣魚台國賓館被授予「優秀書畫藝術家」稱號，其傳略及作品入編《中國當代書畫家名典》《東方書畫藝術家經典大全》《當代民間名人大辭典》《中國書畫作品精選》《世界書畫藝術家名人錄》。

▲ 劉璟紅近照

最憶故鄉行 —— 中國優秀青年畫家梁長林

一九八三年的《美術》雜誌曾發表題為《梁長林的畫》的文章。文中說：「中央美術學院於十月舉辦了一次梁長林遺作展，參觀過畫展的人都認為他是一位從事中國畫、人物畫創作的後起之秀，藝術上大有發展前途。梁長林不幸於一九八三年五月二十日在訪問法國期間因車禍身亡，年僅三十二歲，中國失去了一位頗有才氣的並能埋頭苦幹的好青年。」文章作者是中國當代著名畫家葉淺予先生，這是他對梁長林的客觀評價和由衷的悼念。梁長林罹難後，除葉淺予先生外，中國著名畫家盧沉、姚有多先生，均在《美術》雜誌上發表悼念文章，給他以高度評價，人民美術出版社出版了《梁長林畫集》。

▲ 梁長林作品《故鄉行》

起步洮南貴高品

梁長林（1951年至1983年），自幼愛好美術，早年受畢業於魯迅美術學院油畫系的白銘洲老師的良好啟蒙，奠定了他堅實的美術功底。一九七〇年中學畢業後，插隊於原洮安縣洮東公社曉光大隊。此間，他在繁累的勞動之餘，仍堅持美術創作和基本功訓練。一九七一年，吉林省舉辦的美術作品展覽，為他提供了初露鋒芒的契機，他創作的《我們的老戶長》一鳴驚人，引起了縣、

地、省美術界的重視，那時他年僅二十歲。一九七二年，他被洮安縣（現洮南市）文化館破格錄用。在文化館工作期間，他又有幸與中央美術學院畢業生陳開民共事，在素描、速寫、國畫技巧和創作方法等方面，受到了陳開民良好的影響。一九七四年，在陳開民的鼓勵幫助下，梁長林考取了中央美術學院中國畫系，師從姚有多、盧沉、周思聰等先生，一九七八年以優異成績畢業並留校任教。教學之餘，他專心一意為中國畫人物畫的推陳出新探索道路，在理論研究和創作實踐上取得了很大成績。除此以外，值得特別稱讚的是他對藝術事業和個人生活的態度：嚴肅認真、虛心鑽研、埋頭苦幹、不圖名利。他發揚了這一代青年美術家的正氣，和那些自吹自擂、欺世盜名、譁眾取寵、見利忘義之輩形成了鮮明的對比。自古以來，中國畫的優良傳統，除了稱道畫品，還講求人品，所以有句名言：「人品既高，畫品不得不高。」那麼，反過來說，人品低，畫品不得不低。梁長林的可貴之處，正在人品與畫品皆高這一點上。

嶄露頭角構圖新

梁長林的創作，從處女作《我們的老戶長》初露頭角，其畫在吉林出版社出版發行，這是洮安縣繼陳開民的《刻碑》之後，發表的第二幅年畫作品。隨後，他又出版了年畫《牧場之歌》。在文化館工作期間，他以踏實的工作態度，勤奮的學習精神，旺盛的創作熱情和謙虛樸實的生活作風，給洮南美術界以良好的影響，給洮南美術界同行們留下了難忘的印象。他的為人和作風，不僅為洮南美術同行所讚揚，也受到中國眾多美術家的好評。

梁長林考入中央美術學院後，如虎添翼。他的畫，不論習作或創作，既形象生動，又筆精墨妙，他的作品《春雨》《板橋小象》《繁忙的集市》和《水墨小品》分別發表在《美術研究》和《美術》雜誌上；《板橋小象》等多幅作品赴香港展出；他的《故鄉行》生動地表現了彭德懷將軍的形象和氣質，在全國青年美術作品展覽中受到眾多觀眾的好評，被評為二等獎，隨後又有作品赴法國展出。梁長林的多數作品可以說是速寫和書法緊密結合的結晶，最有代表

性的作品是他那幅大構圖《集市圖》。《集市圖》完成在到雲南深入生活之後，整個畫面布局疏密有致，人物眾多而不亂；人物活動有中心，有陪襯，可以遠望，也經得近觀；透視關係基本上是運動的，但不像一般長卷那樣距離拉得太長太寬，只適合走馬看花，不適合駐足端詳。圖前方有一段近景，幾株芭蕉，一柄大傘，點出亞熱帶地理環境；背後露出走進集市的一群男女，是大構圖的起首處；對面是集市中心場面，地攤上擺滿一堆堆鮮美的農產品，攤主人全是女的，有老有少，是否暗示男的都在地裡幹活呢？畫的中心位置搭著一片涼棚，棚下擠滿各種食擔和貨攤，賣者、買者、蹲者、站者，穿插得頗有節奏；涼棚後背，對著另一條街，著筆不多，使人感到依然熙熙攘攘，似乎比眼前這條街更熱鬧；構圖後半部是密集的人物活動，負者、擔者、立者、行者，縱橫交錯，擠得緊，又分得清；最後以一輛牛車壓住全局，兩頭牛安靜地躺著休息，和忙碌的人群形成對比，這是畫家似不經心卻是有意的傳神之筆，讓看畫的人在此仔細端詳一下本地牛車的特殊造型，使將近疲倦的視覺清醒一下，從而獲得一個新鮮印象。這是他經營大型構圖的初次嘗試，也是一次非常精彩的藝術總結，遺憾的是，竟成了他的最後一幅傑作。正當他在藝術道路上大踏步前進，將大有作為的時候，突然被宣布了生命的終結。

別具一格連環畫

除中國畫的創作外，梁長林也善於連環畫的創作，《呂梁游擊隊》和《荷花淀》是他的代表作。他的這兩套連環畫各異其趣：《呂梁游擊隊》的粗獷用筆，《荷花淀》的水墨渲染，是不同的內容所決定的。若細加分析，畫家之採用不同筆墨，創造不同意境，和他平時的生活積累和技法練功也是有關係的。他所運用的中國繪畫語言，和所反映的情節內容，如此妥帖，如此合拍，如此水乳交融，如此引人入勝，給人以充分的美感享受。從這裡可以看到，連環畫的每一個畫面，不僅僅在於說明故事的情節，同時也反映情節所規定的意境。《荷花淀》的練靶那幅，和《秋水雁飛》小品的生活背景是同一來源，用筆也

是同一風格;《呂梁游擊隊》的背景和用筆,也可以在畫展的其他作品裡找到,直接來源就是他為創作《呂梁游擊隊》蒐集形象所記錄的許多速寫原稿。

永載史冊《故鄉行》

梁長林嚴謹、準確而又敏捷的速寫,受到中國老一代畫家和許多同行的由衷讚賞。此外,梁長林尤其重視書法。在他寫成的「中國水墨人物畫技法」講義中,對書法同繪畫的關係頗有見地。梁長林,正當他以驚人的才氣,在藝術道路上大踏步前進並將大有作為的時候,英年早逝。作為早慧和成熟的畫家,他走得如此匆忙,而他留下的作品卻日久彌香。他的藝術才華反映在他的每一幅作品中,即使現在看來,也頗令人歎服。他的代表作品《故鄉行》構圖簡潔、色調單純、造型準確、筆致沉穩,這使他的作品具有強烈的形式感和明確的精神指向。其作品的深度既在於對彭德懷元帥深沉性格的把握,也在於對樸素的筆墨語言的駕馭。這種精微和準確地對人物審美氣質的體察,產生了畫面的內聚力和與觀者溝通交流的可能。它引領我們走進那個特殊的年代,走進人物的心靈深處。

妙手丹青繪人生 ── 中國著名書畫家陳開民

從中央美術學院畢業後，他就自願到邊疆基層工作，於是在吉林省洮安縣文化館做鄉鎮文化工作十餘年。他經歷坎坷，知聞廣大；又走黃河，自青海經甘肅、過寧夏，越內蒙古陝晉豫魯諸地考察民族民間古往今來文化藝術，乃至民歌、地方戲曲，涉獵中西文化交流及宗教、民俗、陶瓷諸門類。他是全國著名的國畫家，同時還是有名的散文作家。

他就是陳開民（1938年-　），生於江蘇徐州。一九五八年畢業於美院附中。一九六三年以優異成績畢業於中央美術學院國畫系人物畫科，師承

▲ 陳開民

李苦禪、李可染、蔣兆和、葉淺予等教授，在書畫領域造詣頗深、享譽中外，加上多年來浸淫瓷器鑑賞，使其能在瓷器鑑賞中獨具慧眼，擅長通過瓷器上的紋飾、書畫題材等內容為陶瓷器的鑑定、鑑賞提供準確、有力的依據。

專心為美術

陳開民在一九六四年創作的國畫人物畫《飛雪迎春》《刻碑》兩幅被選入全國第四屆美展。一九七九年被文化部選調參加北京國際機場候機大樓大型陶瓷壁畫《森林之歌》與大型工筆畫《玉蘭花開》的創作工作；入選中國第一次赴伊朗考察元青花瓷器專家團。發表了《中國本土藝術與模糊思維》《中國古

代抽象藝術比歐洲早一千多年》等論文。他創編並教授的《中國民間寫意畫教材》及課程，為美術院校開拓了一門新領域。他出版的《小件元青花》，為國內外第一本系統介紹小件元青花的圖書。此外，他還先後發表文學作品《流船》《雪夜》《唐吉訶德之旅》《騎馬》《維納斯的到來》等近百篇。

自謙談有無

　　國畫大師李可染先生曾在文章中提出「陳開民的畫圓渾、強烈，人物生動」。而陳開民常常自謙：「畫畫小技也，跟治國平天下不能同日而語。大話狂囈，老王賣瓜則愚極，玩意兒好賴，慧眼法眼一看便知，不須囉唆廢話。」「所謂藝術創作，好比生孩子，自己生的自己最瞭解，又何必求人代庖寫評？」「所謂畫家者，定然是一個有血性、有激情而真誠的傢伙，全身心地去擁抱生活，去感動、去熱愛，或狂喜、或沉思、或欄杆拍遍、或長嘆掩涕……只有在這個過程中煎熬著，才可能孕育你自己的孩子、你的藝術作品。」「李可染先

▲ 洮南講學

生說藝術創造是唐僧取經九九八十一難；杜甫先生說文章憎命達；蒲松齡先生說，曾聞道當年杜甫也是一生愁。先賢們的灼見正與我意蘊合。」

教授對弈圖

陳開民教授，神采奕奕，體格健碩，顯然是位非常注重生活質量的藝術家。他從事美術教育、國畫、文學創作數十年，藝術功底深厚，這些都在他的講座中得到淋漓盡致的體現。陳教授的講座旁徵博引，把幾十年的藝術人生化為詼諧生動的講述，有心有法，自有一種繁華。講到即興處，陳教授便情不自禁地揮毫落紙，當場畫了一幅對弈圖，預示著繁華喧囂的都市人尋求點滴的閒適無憂的生活，平平仄仄裡，表現了一位老藝術家對當代社會的關心與祝願。

世界名人錄

陳開民教授，現任中國文聯書畫藝術中心理事、副秘書長、中央美術學院民間美術研究室副研究員、南京博物館民俗研究廳特約研究員、北京收藏家協會理事，中央美術學院非物質文化藝術研究中心研究員、教授。北京東方收藏家學會書畫鑑定委員會委員、中國民間剪紙研究會副會長。南京博物院民俗研究所特邀研究員，英國劍橋大學《世界名人錄》入錄者，並多次參加央視《鑑寶》欄目。文化部中國文化藝術鑑定委員會委員、當選為「文化部文化市場發展中心藝術品評估委員會」綜合藝術工作委員會委員。

水墨丹青話伊凡——著名畫家姚伊凡

姚伊凡（1951年- ），號鄉人，踏雪齋主。祖籍山東，生於吉林省洮南市黑水鎮。幼承庭訓，學書習畫，研詞治印。

一九六八年下鄉插隊，期間參與完成洮兒河分洪水利工地巨幅毛澤東畫像繪製。一九七一年加入北京軍區內蒙古生產建設兵團，任宣傳幹事，與魏志剛共同完成栢永華、單美英英雄事蹟展覽創作工作。四十餘年筆耕不輟。承襲傳統，書畫作品多次入選全國性大賽、大展。作品曾分別在北京、天津、西安、呼和浩特、香港、

▲ 姚伊凡

澳門及日本東京等地展出。並分別被香港《大公報》《人民日報》《信息報》《內蒙古日報》及內蒙古《觀察箴言》《內蒙古詩書畫》等報刊登載。分別獲得「中國書畫百傑」及「書畫領域傑出貢獻獎」，《紀念毛澤東同志誕辰110週年中華書畫藝術精品集》金獎等獎項。作品分別入編《當代中國書畫藝術》《中國書畫藝術大典》等二十餘種典籍，刻入「中國千年文化碑林」，並被全國政協、自治區政協、自治區文史研究館及國內外友人收藏。

在烏蘭察布市，提起洮南籍著名書畫家姚伊凡先生，人們無不交口稱譽。在人們心中，他是一位詩書畫印皆能、德藝雙馨的名人；在同人的眼裡，他是一位謙恭誠信的君子；在學生面前，他是一位循循善誘、幽默風趣的朋友。而他自己卻說：本人廢畫千張，無成名之作；家徒四壁，有破書幾堆；過戶清

風，乃平生摯友；窗前明月，是舊日相知。

可當你走進他的書齋，就會發現這裡別有洞天。室內裝飾典雅，他親手製作的雕龍筆架與工藝筆洗擺放整齊，牆上懸掛著筆墨淋漓的書畫作品，會把人引入一個高深的藝術境界裡，使你流連忘返。他的一幅《菊花圖》，畫面題跋上寫著一首自作詩：「貧窮自古少賓朋，藤蘿附勢攀高層；鄉人不慕豪門貴，獨鍾明月與清風。」真是文如其人，與其說是寫菊，不如說是姚伊凡本人的真實寫照。

姚伊凡是家中長子，自幼聰穎，生性好學，耳濡目染，祖母的仁愛，父輩的博學，母親的嫻雅，為其幼小的心靈打上了深深的烙印。伊凡熱愛大自然，對大千世界總是充滿好奇。東北鄉村美麗粗獷的自然景色就是開啟他藝術心扉的一把鑰匙。那時家境貧寒，缺紙少筆，無論在炎炎夏日的沙灘，還是在凜冽寒冬的雪地，人們常常會看到伊凡用樹枝寫字作畫的弱小身影；甚至，結滿冰霜的玻璃窗也成了他的書畫載體。

伊凡的童年，家教甚嚴，一首古詩背不下來，就會遭到父親的責罰，這也鍛鍊了他超常的記憶力，十幾歲的時候，他已經能夠熟練地背誦幾百首唐詩和宋詞了。功課之餘，他更愛的是書法和繪畫，臨《多寶塔》、摹《芥子園》，孜孜不倦。學校組織的美術比賽，一等獎非他莫屬。

太陽總是在有夢的地方升起，月亮也總是在有夢的地方朦朧，夢是理想的啟蒙。當他懷揣清夢步入青春的時候，留給他的卻只有一條上山下鄉的路。帶著父輩的囑託，帶著童年的夢想，他於一九六八年插隊，一九七一年加入了內蒙古生產建設兵團。

伊凡的童年和青春時光就是在這種環境裡度過的。但他的知識源於中國古文化的薰陶，筆耕幾十年如一日，承襲傳統，勇於創新，得白山黑水之靈氣，大自然成為他創作的源泉，醉心於山山水水和花鳥草木之中，把大自然的情感融化進自己的意志中，對祖國大好河山充滿激情和愛，揮毫潑墨表現出一顆赤子之心。

他沒有師承於名人門下，不受門戶所限，只憑自己的靈性，博傳統與現代眾家之長，形成了自己的風格，立足於畫壇與書林之中。

　　大自然是感性的，它本身就是藝術家，鬼斧神工地創造出世間的美，讓人類去模仿去追逐，讓藝術家把個人的意志融合在臆想的情境裡。大自然的意志是生，所有大自然的藝術，都是生的表現藝術，伊凡所創作的寫意花鳥無不遵循這一理念。如他的《瑞雪天香》在紛飛的大雪中紅梅怒放，梅雪爭春，相映成趣；他的《古柏青藤》老幹新枝，寓示著新老傳承；《玉樹臨風》《富貴和平》則企盼著民族生機無限、祖國和平富強。在他的筆下，濃抹淡寫，皴擦勾勒，無不跳動著自然的靈性，蘊含著無窮的活力。

　　看過伊凡書畫作品的人，都會有一種感覺，那就是濃重的個性化，特別是書法作品更為獨到，但他的字筆筆有出處，橫豎撇捺皆有淵源。應該說正因為

▲ 殘荷

他在臨摹上有過艱辛的努力，才比較全面地汲取了古人的精華，所以他在用現代的審美觀念去審視古人、理解古人的基礎上，離經而不叛道，破體而不棄法，努力在探索尋求自己的審美體驗與風格精神，在結體、造型的出新方面也極具現代性，還有從章法的布局到筆畫的張力，我們都不難看出來。他的字揮灑自如，似行雲流水，渾然天成，筆勢筆意，章法布局所形成的靈動意趣彰顯著一種個性，傳播著一種精神。

藝術是永恆的，也是偉大的。然而這一切都源於大自然，藝術不僅是對大自然的禮讚，同時也表現出書畫家的拳拳之心。伊凡的成功之路，正是沿著這一軌跡進行的。他的書畫作品多次入選全國性比賽並獲獎，同時被編入《中國當代書畫藝術》《中國書畫藝術大典》等二十餘種典籍，刻入「中國千年文化碑林」。

二〇〇八年烏蘭察布市文聯改組各協會的領導班子，請他出任美術家協會主席，他又主動讓賢給年輕人，專心致志地搞自己的書畫，正因為這樣默默地追求，他的藝術修養得以長足進步，他的水墨畫也達到了一個很高的境界。他的《牡丹》清新華貴，構思新穎，滿而不塞，虛而不空，既有水墨酣暢的潑彩，也有勁健有力的點線配合，將筆墨色彩發揮得淋漓盡致，被中國國畫家協會選中印製成專題明信片，作為二〇〇九年國際洛陽牡丹節的贈品，被冠以最具收藏升值潛力的書畫名家作品之美譽。

名氣雖然大了，但他從不把名利看得那樣重，依然保持著禮賢下士、溫良謙恭的一貫作風。

人們常言：書如其人，畫如其人。將這句話與伊凡這個人做一比較，何嘗不是如此呢？瞭解他的人都會感到他就是你心目中的良師益友，他的人如同他的畫一樣，展現在你面前的就是一幅水墨丹青。

藝術點亮人生——吉林藝術學院美術學院國畫系副教授繆肖俊

藝術沒有技巧，藝術是真情的流露；藝術沒有秘訣，藝術是意志的磨煉；藝術是當代社會形態的真實寫照。藝術來源於生活，又高於生活。

投身藝術獻真情

「恰同學少年，風華正茂，書生意氣，揮斥方遒」，學生時代的激昂壯志，讓繆肖俊義無反顧地投身於藝術的領域。繆肖俊（1963年-　），生於吉林省洮南市，一九八六年到一九九〇年就讀於吉林藝術學院美術系國畫專業，並獲得

▲ 繆肖俊

文學學士學位，現為吉林藝術學院美術學院國畫系副教授，研究生導師。

「藝術人生，人生藝術，藝術既來源於生活，又高於生活。藝術工作者的靈感往往只是來自於身邊平凡的人或事，也正是通過這種平凡來彰顯出偉大，反映出哲理以及人靈魂深處的高貴品質。」繆教授對於藝術的理解是站在常人所不能到達的高度上的，作為一名從事藝術類學科的教育工作者，繆教授在教學過程中一直強調：藝術是民族與國家的，是每一位炎黃子孫應該牢記在心並且為之驕傲的珍寶。

繆肖俊創作頗豐，作品《鬥士》刊登在《石膏像素描》；作品《滿江紅》刊登在《當代中國畫作品集》中；作品《失樂園》刊登在《時代美術》中；作品《船》刊登在《當代北方青年美術家》；他的水墨人物畫作品多次在《吉林日報》上發表；作品《小陳》系列在《藝圃溢彩》一書中發表。

繆肖俊的作品頻頻獲獎並且入選各級美展：作品《岳飛》參加慶祝東北解放五十週年美展並獲一等獎；作品《船》參加中日文化交流展獲優秀獎；作品《季羨林先生像》獲得二〇一一年全國首屆高校視覺大賽一等獎；作品《滿江紅》入選吉林省首屆中國畫展；作品《失樂園》參加併入選新中國成立五十五週年吉林省美展。論文《堅持與發展》獲得高職學院優秀作品獎。

藝術探索寫人生

繆肖俊對於藝術類學生的教育有著自己獨特的見解，藝術生是當代大學生中比較特殊的一部分，他們身上既有普通大學生認學、耐心的共同特點，又有其較明顯的特殊性，例如思想先進活躍，易於吸收流行的元素，因此在管理方面有一定的困難。作為藝術教育者，應該試圖通過新型的藝術教育的觀念，學科教學與活動，藝術教育的社會環境建設等方面的探索與變革，構建一種以培養人的創新能力和進取精神為基本取向的培養模式，使之最優化的促進藝術類學生的全面發展。

近年來，繆肖俊的創作成就斐然：二〇〇八年六期《美術大觀》專版發表

水墨作品；二○○九年八月，水墨作品《季羨林先生像》發表於《東西南北》；二○○九年，主編了《藝術設計作品集》；二○一三年三月，出版個人畫集《繆肖俊水墨人體畫集》。

藝術教學為傳承

藝術是與時俱進的，對於藝術的發展趨勢，繆肖俊有三點建議：第一，在學術方面要緊跟時代潮流，把握藝術方向；第二，生活與實踐相結合，加強對學生動手能力的培養；第三，樹立具有本系特色的辦學理念。為了能夠更快地實現這三方面，應該大力支持學生參加各種藝術大賽，成敗不是關鍵，主要是要讓學生經歷這個過程，在過程中成長。要開展更多的學術交流，聘請一些專業人士進行講座，以求學生能夠拓寬視野，實現多元化知識體系的拓展。

多年來，他一直從事藝術教學，二○○八年還參與了高等美術學校系列教材的編寫工作。教學之餘，繆肖俊的論文成就不勝枚舉：二○○四年，論文《中國水墨藝術之困局與涅槃》刊登在《當代美術》上；論文《體驗水墨大餐》刊登在《時代美術》上；論文《步入新格局──談中國水墨現狀與發展》刊登在《現代教育與科學》上；二○一三年一月，論文《國畫藝術思想在當代服裝設計中的創意表現》發表在《美苑》；二○一三年三月，論文《國畫寫意人物的當代性探究》發表在《美術大觀》；二○一三年四月，論文《國畫元素對當代藝術設計教育的啟示》發表在《吉林建築工程學院學報》……

學習永遠是學生的天職，隨著社會的發展，藝術會逐漸走進人們的生活，於是，要求學生的動手能力要強，創新能力要強，而不是侷限於簡單設計。正如繆肖俊所表示的，藝術源自於生活，我們也要將它與生活完美地結合在一起。繆肖俊經常表示，希望學院的藝術教育能夠達到較高水平，藝術類學子所學知識能夠帶入到社會，給所有人以藝術的享受。

丹青繪雅趣　翰墨寫人生
——洮南籍廣西北部灣書畫院院士李曉春

李曉春（1952年-　），吉林省美術家協會會員，廣西北部灣書畫院院士，國畫《都是爸爸的書》在第六屆全國美術作品展展出。

一九七三年懷著畫家夢的李曉春走進了洮南的文化領域，成了文化館的一名幹部。

洮南歷史悠久，文化底蘊深厚，各路文化菁英人才濟濟。那時的文化館有中央美術學院的高才生陳開民，河北美術學院的高才生劉漢章以及後來的中央美術學院的教師梁長林和本地的一批美術人才。李曉春來到了他

▲ 李曉春

們身邊，這得天獨厚的條件使他如願以償，如魚得水。他鍾愛藝術，喜歡畫畫，成天和老師們吃住在一起，請教探索，專心好學。他年輕好學穎悟聰慧，人又謙虛勤快，受到老師的鍾愛，同事的好評。他認真執著地鑽研，成天在美術部畫完了請教，請教完了再畫，十幾年的時光就是這樣度過的。他每天畫的是基礎素描，再就是國畫，他把陳開民在全國美展的《飛雪迎春》當成範本，天天看，時時臨。老師們都非常喜歡他，經常鼓勵他。館裡看他是棵好苗送他到省美術學院培訓，為了提高技藝，他抓住時機，如飢似渴地學習、請教，回來時還省吃儉用買了很多美術書籍。

隨著閱歷的增加，他見識廣了，知識豐了，畫起畫來心手雙暢，宣紙上任

意潑墨，畫板上隨意點，他有了堅實的基本功。從此，開始在名家的指導下搞創作了。

年畫是中國畫的一種，始於古代的「門神畫」，是中國漢族特有的一種繪畫體裁，也是中國農村老百姓喜聞樂見的藝術形式。年畫創作對美術家來說是非常見功夫的創作，不僅體現畫家的功力，還反映著一個藝術家的創作思路。

如何創作出有時代氣息，老百姓又喜歡的作品？實踐告訴他：既要繼承傳統的技法，又要不斷改革創新，一種擦筆水彩月份牌年畫應運而生。為了提高創作水平，創作出老百姓喜歡的年畫，他專程到上海去取經，學習擦筆畫。擦筆水彩技法一九一四年由鄭曼陀首創，上海畫家杭英及其群體將其發展、完善。新中國成立後，作為繪製新年畫的主要技法得到傳承、發展。李曉春掌握這些技法後，創作思路逐漸清晰，創作水平日臻成熟，畫出了人物在自然光照下的立體感以及肌膚的柔和質感，像照片，似洋畫，栩栩如生，活靈活現。

▲《像不像》

隨著藝術水平的提高，李曉春迎來了創作上的豐收。改革開放初期，東北的農村，幾乎家家的牆上都貼有他的年畫。喜慶的畫面五穀豐登，幼稚的胖娃娃活潑可愛。而立之年的他創作激情奔湧，一發不可收。一九八三年出版發行了他的第一張年畫《像不像》，之後，他的年畫接二連三地出版發行：《喜慶豐收》《爸爸的軍功章》《和美幸福》《我喂大公雞》《幸福歡樂》。四年時間共出版發行八張年畫，在全國發行量三百萬張以上。他創作的《慶豐收》在一九八六年省美展獲二等獎。他創作的《都是爸爸的書》在第六屆全國美術作品展展出，作品反映了改革開放、科技興國的主題，受到專家和參觀者的一致好評。多年以來，洮南只有陳開民和李曉春的畫參加國展，李曉春成了洮南美術界的驕傲。

　　然而李曉春沒有止步，他一直在穩健地前行，他深知名人不是吹出來的，有分量的作品才是你的佐證。年過花甲的他，仍精神矍鑠，作品越發風采奪人。「長風破浪會有時，直掛雲帆濟滄海。」在改革開放的大潮中，老當益壯，青春煥發，妙筆丹青，雄心不已。他依舊用筆墨圓著他的畫家夢。他在南國的女兒家，與文友們一起潑墨丹青，切磋交流技藝，追求著更高的藝術境地。他研究水暈墨章、如兼五彩的效果，講究立意雋永、氣韻生動的表現技法。如今，他風格成熟，技法老辣，佳作頻出。桂林的山水，柳州的茶花，無不進入他的畫作。李曉春的足跡踏遍了大江南北，丹青繪遍華夏大地。北國的風光，南國的景色，變成他的一幅幅畫卷飄向神州，飄向東南亞，飄向世界。

丹青不知老　品高畫境深——書畫家李光遠

天分、機遇、追求、奮鬥，使他成為洮南知名畫家和文學藝術界的領軍人物。

李光遠（1947年至2007年），吉林藝術學院幹部專修科畢業，吉林省美術家協會、書法家協會會員，曾擔任洮南市文化館館員、洮南市文聯秘書長兼職洮南市美術工作者協會名譽主席、市老年書畫研究會常務副會長、市老年大學書畫班教師、省美術家協會會員、原白城地區第二屆美術家協會副主席、洮南市政協常委、白城市政協委員。英年早逝，年僅六十歲。

他畢生追求著現代藝術的審美意味，使古城藝術放射出耀眼的光華，為洮南市文學藝術事業做出了不懈努力。

李光遠從小就喜歡繪畫，參加工作進了文化館，之後到吉林藝術院校

▲ 李光遠

▲ 光遠書畫

學習三年，學的是油畫專業，他抓住提高畫技的良好時機，刻苦認真，精益求精，創造出了一批優秀作品，奠定了他紮實的油畫基礎。

李光遠孜孜不倦地追求繪畫藝術，早已成了古城名人。李光遠的前半生創

作了大量的美術作品，先後入選地、省美展，在地、省、國家級報刊發表，出版社出版發行。1971年吉林省徵集美展作品，他憑著對藝術的強烈追求和火熱的熱情投入創作，他的以知青生活為題材的油畫處女作《新苗》一舉成功入選，從此，他的創作熱情一發而不可收。次年，他的油畫《開鐮之前》又順利入選省展。1979年，他從照相館調入縣文化館美術組工作，如魚得水，創作的同時更加注重基本功的訓練，畫了大量的素描和速寫。1980年，他創作了油畫《李先念副主席視察紅石嶺》，入選白城地區美術作品展覽並獲得一等獎，後又入選省展。

1982年他開始對中國畫進行探索和嘗試，他的作品《接婆婆》一炮打響，在吉林省職工美術作品展覽中獲一等獎，同時還被《吉林日報》列為代表性作品刊登，引起了很大反響。之後，他又接連在《吉林日報》《紅色社員報》發表了《捎腳》《包產田》《撿雞蛋》《沒啥》《好孫女》《婆婆的晚年》等國畫和年畫作品。1985年，他創作的年畫《蓮池魚肥》出版發行。1992年為省政協白城廳創作了大幅壁畫《奔騰》並發表在《人民政協報》上。2005年，他已年近花甲，仍筆耕不止，創作熱情不減，

▲ 國畫小品

作品《風竹》《樺林》入選大型畫冊《翰墨中國》，被評為金獎，並授予「翰墨中國藝術名家」稱號。1991年，他的作品和他的傳略載入《中國現代美術家人名大辭典》。

他在主攻繪畫專業的同時，他還涉足書法、實用美術、裝幀設計和攝影等其他領域，成為一名多能畫家。現在洮南市的「雙擁模範城」紀念標是他生前留下的傑作。

在有生之年裡，他用心感受著周圍的一切，用凝重、鮮明的筆墨，傳達出對藝術的虔誠。他在書畫上所取得的成就令人刮目相看。其書法和年畫「抗跡氛埃，不流俗、不跟風；出於傳統，備其大雅；契合心性，求其自然；致力創新，自成一格。」他的書畫渾然融合，氣韻生動，隨類賦彩，既厚重靈動，又清新別緻，傳達出強烈的時代氣息。

李光遠歷來低調，從不張揚，而對前往討教的書畫愛好者從不拒之門外，總是與他們平等交流，友好相處。他談笑風生，上下五千年，縱橫八千里，著實令人難以忘懷。他雖長期在工作、習字繪畫，卻十分關心、關注家鄉洮南文化事業的發展變化。他認為，洮南這塊土壤，人文積澱深厚，歷史上孕育過許多了不起的人物，這些人物留下一筆筆豐厚的精神財富，值得人們在新形勢下進一步挖掘，並發揚光大，才不虛「八百里瀚海文化古城」之譽。

在人生旅途中，李光遠有過驚濤駭浪、艱難、苦澀、枯燥……卻從未令他對藝術和美的追求有絲毫減退。讚譽李光遠書法的人，無不傾倒於他那字裡行間流露出的豪縱之氣。這種不羈的豪氣，來自於他的閱歷、識見以及綜合素質的積累。

李光遠對草書情有獨鍾。他常說，草書是一種激情奔放的藝術。一件好的草書作品，應該是一首雄渾豪邁的交響曲，像冼星海的《黃河大合唱》，像貝多芬的《命運交響曲》。畫面上的每一根線條、每一個點畫，都像一個動人的音符，撞擊著觀賞者的心靈，讓觀賞者在它的面前無法冷靜，無法矜持，乃至於欲歌欲舞，不能自已。

李光遠退休賦閒之後，他家的一個頂層閣樓——陋閣書齋是他品味人生、研習書畫的樂園。在此他餵魚、聽竹、賞月、品茗，與書畫之友們切磋技藝……那段時間都是他自己的，因此盡可以放心、放眼、放手去讀、寫、畫。「久慕桃源地，移家近水涯。籬堪度鳥，曲徑好觀霞。研洗三春綠，筆開萬樹花。含飴時聽竹，天籟正牙牙。」這正是他超凡脫俗的真實寫照。

李光遠在任市文聯秘書長期間，每年的春節前夕，他都組織書法家開筆

會，切磋技藝，交流作品。舉辦劉國輝、周喜悅等人的個人畫展；舉辦趙志誠、李哲的個人攝影展。在此期間還結集出版了個人書畫集《光遠書畫》。

李光遠是融書畫為一爐的古城書畫大家，每一件作品都流淌著和諧相融的心靈跡象，傳達出旺盛的生命力、恢宏的胸襟和豐富的想像力。賞析他的書畫，都像是經歷一次回歸自然的精神洗禮，感受到一種強烈的向上的心靈撞擊。

用刻刀和畫筆譜寫傳奇
——洮南市美術家協會名譽主席劉志深

劉志深（1944年-　），原洮南市文化館美術輔導部主任、副研究館員。現為吉林省美術家協會會員，白城市美術家協會顧問，洮南市美術家協會名譽主席，洮南市老年書畫研究會副會長。

劉志深擅長中國畫、年畫。早年曾研習油畫、版畫創作，後從事中國畫兼工筆年畫創作，曾創作出版年畫多幅。近年來專工中國畫人物、花鳥、大寫意，亦畫山水。人物創作重傳統筆墨技巧，並吸取西畫之長，漸成自家風貌。

二十世紀六〇年代初，青年時的劉志深對水彩畫、油畫、版畫產生了濃厚的興趣。他對古希臘的雕刻、意大利文藝復興時期的繪畫以及俄羅斯現實主義繪畫進行了研究，並受中央美術學院原教授陳開民的影響，從那時起，他畫的

▲ 劉志深

大量素描、速寫、水彩及油畫作品散見於各大報端。

一九七一年六月，他的第一幅版畫創作《心明眼亮》在《吉林日報》發表，這幅版畫的發表，對他來說是巨大的鼓舞和鞭策。之後他不停地拿起畫筆、刻刀進行創作。《縣委書記到咱家》《雞歡人笑》《人勤春早》《冰上新花》《新春樂》等各種形式美術作品若干幅在《吉林日報》《吉林農民報》《婚育週報》《白城日報》《洮南報》發表；《思鄉》（油畫）、《集市春意鬧》（國畫）在《參花》月刊發表。

二十世紀八〇年代初，他創作的年畫作品《嬉魚》《喜上眉梢》《福喜到咱家》《喜報春暉》《科學致富連年有餘》等多幅年畫先後出版、發行。他創作的八幅年畫在全國發行二百萬張。

多年來，他創作的各種藝術形式的美術作品：國畫《老對手》《小礦工》《秋陽》《千古流芳》《農家院》等曾多次參加地、省（白城）美術作品展覽並獲一、二等獎；國畫《和平幸福》曾在聯合國教科文組織成立五十週年「世界和平友好國際書畫藝術大賽」獲優秀作品獎；中國畫《一覽眾山小》曾在「中韓」「中日」書畫藝術交流展中獲創作性強、藝術性高優秀作品獎；國畫《人民公僕——孔繁森》曾在全國國畫大展中參展並獲獎。

▲《農家女》（國畫）

他的藝術傳略收錄《中國當代美術家人名錄》《中國當代藝術界名人錄》和《世界當代書畫篆刻家大辭典》。

他的工筆人物國畫《和平幸福》入選「紀念聯合國教科文組織成立五十週

年《世界和平友好國際書畫藝術大賽優秀作品集——橄欖集》」，國畫《板橋小像》入選《世界當代著名書畫家真跡博覽大典》，國畫《高瞻遠矚》入選《1840-2000中國近現代書畫選集》，國畫《祝壽圖》入選《當代書畫家福壽作品大觀》……十餘部典籍都選有他的作品。

他奮發學習繪畫知識和繪畫藝術技巧，同時也研習傳統國畫和臨摹漢隸、魏碑等古碑帖及行書、草書的書法藝術，形成了自己獨特的書法表現風格。

劉志深熱愛生活，熱愛洮南這片熱土，深愛著這裡勤勞淳樸、善良的人們，這裡是他創作的源泉，他在這裡不倦地探索、追求繪畫藝術，甘於寂寞，無怨無悔，為傳承書畫藝術做出了突出貢獻。

▲《秋陽》（國畫）

書畫馨聲　源深至美
——洮南市美術家協會、硬筆書法家協會名譽主席劉忠孝

　　劉忠孝（1953年-　），畢業於吉林藝術學院美術系，中國時代書畫研究會會員，吉林省文化學會會員，吉林省硬筆書法協會會員，洮南市美術家協會名譽主席、硬筆書法家協會名譽主席。

　　劉忠孝致力於美術教育，分別在黑、吉、天津美術出版社出版過美術作品，一九八八年書法作品被省教育廳用於國際交流禮品，一九八九年在地區藝術界大賽中獲得美術組第一名，培養的學生作品獲國際金獎四十八人次，國家級金獎、省級特等獎、一等獎近二百人次，考入東北師大、吉大、鄭大、職

▲ 劉忠孝

大、吉林藝術學院的學生近百名。

　　劉忠孝的年畫創作生涯實際上是在通榆年畫之鄉的影響下，在時任文化館館長李曉春的帶動下開始創作的。當時，他正在電影院畫廣告，看到文化館幾位同行都在緊鑼密鼓地搞年畫創作，他很羨慕，並產生了創作的衝動，就急著請示市局主管領導又調回了文化館，從而踏上了他年畫創作的道路。

　　他的第一幅年畫《聽姐姐的話》是以電影院大廳為背景，畫面內設定八個人物，主要人物是小姐倆，弟弟手裡拿著香蕉皮欲扔的樣子，姐姐蹲在弟弟的側面，用手指著垃圾箱對著弟弟，意思是告訴弟弟把它放在應該放的地方去。這幅作品反映並號召人們熱愛環境、熱愛生活。繪畫顏料上他採用廣告色，其特點是色彩豔麗，明快渾厚。從立意、構圖、造型姿態、透視、光線和明暗等多方面都有新的探討。這幅年畫是他的處女作，就是從這幅作品開始，他創作靈感一發而不可收。

　　他的第二幅年畫《我為祖國守大門》是一九八三年初創作的。他在新華書店偶然翻出了一本名叫《古都北京》的畫冊，讓他突發靈感。畫面上是一個石頭獅子，獅子的形象很雄偉、莊嚴，受此構思之啟發。回家後，他以兒子為模特，畫了個小海軍站在獅子側面為祖國站崗放哨，後面是美麗的花園，象徵著祖國家園，前面是一簇鮮花，推衍出為祖國守大門的榮耀，反映了愛社會、愛國家、從小立志保家衛國的主題。天遂人意，後來兒子恰恰考入了軍校，成為一名名副其實的人民空軍戰士。

▲《爭球》（年畫）

一九八五年，為了更好地拓展洮南的年畫事業，文化館把吉林省年畫創作班引進了洮南。因此，他的第三幅畫《爭球》誕生了。畫面選擇了兒童賽籃球的爭球場面，抓住幼師阿姨口叼口哨欲吹拿起籃球的那一瞬間，在兩個孩子緊張、俏皮、可愛的奮力爭球那一刻構思完成的，那鮮活、靈動姿態和遠處的幾位小朋友的裡呼外應的場面，達到了讓觀者賞心悅目、心融氣和的藝術效果。

年畫創作在是二十世紀八〇年代成了劉忠孝藝術創作主攻方向。以少數民族故事為體裁的裝飾趣味年畫《小阿凡提》、以文學名著《紅樓夢》中人物故事情節為體裁的《惜春繪畫》，以及《寶貝》《大年除夕》《小濟公》《愛衛生》《一對夫妻一個孩》《植樹節》《學奶奶》等年畫作品相繼問世。作品中所表現的虛實的線條、縹緲的色塊、斑斕的抽象、細膩的寫實，他都力圖將自己多年的美術經驗和藝術感覺注入作品中，藝術地將作品呈現於世，年畫的創作書寫了他藝術人生半壁江山。

書畫同源。劉忠孝酷愛書法，早期受班主任郝鳳鳴老師板書的影響頗深，以致不斷地追求書法藝術。他的小楷秀麗優美，直追田英章、盧中南，他的行草形成了自己獨特的風格。

從藝以來，他刻苦努力，看書習字，觀摩拜師，舞文弄墨。在創作上，以勤奮好學的梁長林為榜樣，在繪畫經驗上向老書畫家孫維岳學習，在藝術造詣方面他向畢業於中央美院的陳開民老師學習。那些年，他自費進京參觀各種展覽七次，還專程到上海拜訪並求教於大畫家李慕。他去青島、泰安、煙台、大連等風景優美的

▲《惜春繪畫》（年畫）

城市觀光寫生，參加省舉辦的國畫班、年畫創作班、電影廣告創作學習班以及劉炳森書法學習班等等，幾乎跑遍了全國的大中城市。

一九八六年，他如願地考入了吉林省的最高藝術學府——吉林藝術學院。專業的藝術殿堂助他打下了深厚的藝術理論基礎，激發了他創作的靈感。漸漸地，他的藝術底蘊厚重了，他的藝術羽翼豐滿了起來。

在藝術學院學習時，省政府教育廳派人去馬來西亞、新加坡進行文化交流，在藝術學院的學生中選用了他的兩幅書法作品作為國際文化交流禮品。那些年，他參加過省展、地展，報紙刊登的作品數幅，其中獲一等獎、二等獎、三等獎、優秀獎等幾十個獎項。

為了傳承書畫藝術，他退休後開辦了「劉忠孝書畫班」，在輔導的學生當中，學生參賽的獲獎作品達數百件，獲國際獎項作品達四十件以上，考上各類藝術院校的學生達近百名。

藝術創作碩果纍纍，讓他有了各種社會頭銜：中國時代書畫研究會會員，吉林省文化學會會員，吉林省硬筆書法協會會員，洮南市美術家協會名譽主席、硬筆書法家協會名譽主席。

印海拓石者
——洮南市書法家協會秘書長劉國安

印，信物也，文士之寵物，權力之象徵。古來墨客，以印為榮，千軍萬馬，憑印調動。平民百姓，以印傳情。歷代帝王，憑印方能江山一統。然，誰承想印出何處？無須多辯，當為印海拓石者。

篆刻藝術，源遠流長：和氏玉璧，皇帝玉璽，將帥兵符，禮儀銘器……皆為篆刻藝術之傑作，皆為拓石者嘔心瀝血所刻寫。

嗚呼！拓石者當歌！幕後英雄當歌！

輝煌的背後，的確有那麼多埋頭苦幹、任勞任怨的篆刻人。劉國安當為其一。

▲ 劉國安

劉國安（1954年- ），吉林省書協會員、白山印社社員、白城市書協會員、綠野印社理事、洮南市書協秘書長。從二十世紀八○年代初始學篆刻藝術，先在老青磚、木塊和橡皮上練手勁、練腕力、練刀工。後在有關的古書籍上學得傳統的篆刻技法，加以領悟研究，創造出自己獨特的下刀招、劈技法，下刀沉穩，寓意頗深，線條如鐵線盤紆，纖挺光潔，秀靜典雅，峰體蒼勁，刀味辛辣。功不負人，在一九八九年六月，《吉林日報》刊登了其八方篆刻作品；在洮南市委宣傳部舉辦的新中國成立四十週年美術篆刻展上，其作品獲得二等獎。並在一九九一年白城文聯舉辦的書畫篆刻展上獲得三等獎。在此基礎上，劉國安博覽群書，廣求中華篆刻之精要，精益求精，研創出更新的篆刻技法，移目心刻法，從構思、創意到下刀篆刻全憑心繪手感，刻時全憑手感。其作品完成後拓印示人，無不拍手驚嘆叫絕。

近年來，其篆刻作品多次參加書法篆刻展，並多次獲獎，在二○○四年中論時代（北京）圖書中心、盛世軒（北京）書畫藝術研究院舉辦的書畫展上獲銀獎；有十六方篆刻作品入書《中國書畫藝術》《中國當代書法藝術鑑賞》；二○一○年十四方篆刻作品參展吉林省第二屆篆刻展，並有二方作品被選入展覽作品集。現其篆刻印章已超千方，其中作品印章近五百方。洮兒河畔這塊沃土上，哺育出了這位優秀的傳統篆刻工匠、中華傳統篆刻文化的繼承人。

篆刻藝術是中華的瑰寶，是中華文明的一部分，點方之間，包容大千世界。鐵線刀痕，凸顯無限精深。劉國安用大半生的時間跋涉在印海蠟石當中，不斷地追求少時的夢想。如今，年已花甲，鬢髮斑白，但壯志未酬，痴心不改，頗有老驥伏櫪、志在千里之豪氣！松古更蒼勁，夕陽依舊紅。劉國安的篆刻技法已純熟老辣，運用自如，在未來的歲月中，必然有更多、更好的作品獻於世人，流傳後世，這是篆刻藝術之大幸、瀚海篆刻人之驕傲，我們拭目以待。

寧靜的視界
──洮南市攝影家協會名譽主席、中青年攝影家呂作成

黃沙浩蕩，鐵蹄洶湧，天地紅塵之間，一群生靈傾瀉而出。黑白色的運用，大光比的渲染，激情、曠遠、野性撲面而來──彷彿原始的訴說，更似鏗鏘的奏鳴。

這是白城市十佳優秀文藝作品──《激情的草原》給觀者的第一感受。就是這幅攝影作品，以其宏大的場景，精彩的瞬間，精湛的技巧入選「第十三屆中國國際攝影藝術展」並獲得優秀獎。

▲ 呂作成

而這幅攝影作品的作者，就是中國攝影家協會會員、中國藝術攝影家協會會員、洮南市攝影家協會名譽主席、洮南市中青年攝影家呂作成（1967年-　）。

中國國際攝影藝術展是中國攝影藝術的頂尖大展之一，也是攝影藝術工作者夢寐以求、為之奮鬥的圓夢大展。此屆藝術展，共有一○二個國家和地區的攝影愛好者參加，徵集攝影作品七萬餘幅，最後只有四百幅作品入圍，呂作成的《激情的草原》入選並獲獎，也是白城市攝影界取得的最高獎項。

攝影是一門光影的藝術。呂作成認為，攝影除瞬間的把握、器材的運用之外，更應是動態的靜謐，行進的思考，是靈魂在自然中的溶解，更是歷史觀、自然觀、價值觀的長久積澱後通過鏡頭釋放出的心底的呼吸。而對攝影語言的最佳詮釋，通過他的作品已不難看出，那就是對生活的熱愛，對生命的尊重，對人生的淡然思考。正如他所說：「累了的時候，就想拿著相機出去走走。」

他的走走，並不是踏遍名山大川；他的走走，也並非追逐時髦和功名的旅行；他的走走，只是遠離浮躁親近本真，用第三隻眼睛審視人生，用快門叩擊靈魂的琴鍵。正是因為有了這種心境，那一山一水，一草一木，乃至一縷春風、一片雪花在他的鏡頭下都寧靜地坦露著生機，那裡充滿著遠離浮華與喧囂，追求自我的從容與淡定以及「澗戶寂無人，夜靜春山空」的真我之境。

藝術最高境界就是「象由心生」。攝影不是簡單的景物複製，而是思想語言的創造，也不是功利與浮名的炫耀而是心靈思索後的映射。呂作成默默地完善充實著自己，其作品也由原來的清麗、熱烈、奔放向著更具內涵和意象發展，有境界裡的沉思，也有寧靜中的遠望，更有冷凝中的追問。他的作品《流韻向海》組照打破了傳統的表現方式，那是曠朗的操作，遠離了塵囂，簡靜而博大，實以形見，虛以思進，讓觀者感受到一個深邃的向海、含蓄的向海、禪意的向海。

▲《奔騰科爾沁》

近些年來，呂作成的攝影作品得到了業界的廣泛肯定和認可，他的作品除打入中國國際攝影藝術展之外，攝影作品《奔騰科爾沁》獲得第二屆科爾沁草原行全國攝影大賽金獎，攝影作品《流韻向海》獲吉林省第十九屆攝影藝術展生態環境類金獎，還有八十多幅作品發表在各類紙媒刊物上或者獲獎。

　　「遇上你是我的緣，守望你是我的歌。」央金蘭澤的這句歌詞，唱出了呂作成對攝影的心聲與嚮往，因為他是一個「守靜的攝影師」，他用豐富的安靜，追隨著自然的律動，悟徹著生命的真實與美好。

吉林省攝影功臣趙志誠

　　趙志誠（1936年-　），洮南市圖書館館員。二十世紀五〇年代初，他參加工作後就酷愛攝影。他拿著相機走過了五十個春秋，拍攝出一幅幅形象生動的圖片，為洮南留下了多幅珍貴的歷史照片。

　　二十世紀六〇年代，趙志誠在洮南鐵路學校任老師時，利用業餘時間學習攝影技術，自費訂閱了《大眾攝影》《國際攝影》等刊物，又在新華書店買了幾十本攝影專著，不斷用攝影理論武裝自己。沒有相機就借朋友的老「120」相機學習，沒有洗相設備，自己製作了土印相箱、土放大機等，還發明了用相機放大照片的方法。一九六四年，國家教育部門號召學生學科學知識，他就在班級組建了照相、航模、乒乓球、小氣象哨等科技小組，受到了學生、家長的歡迎。

▲ 趙志誠

二十世紀七〇年代，他的攝影技術引起了縣內各界的重視。從一九七一年至一九八八年間全縣十七屆縣運動會都抽調他為大會攝影，為歷屆運動會留下了珍貴的照片。

一九八三年洮南市成立了攝影家協會，他當選為副主席。他積極為協會工作，組織會員學習，開展攝影創作活動，每年舉辦會員作品展覽，相繼舉辦了藝術展覽「洮南一日」「在希望的田野」「洮南抗洪」等展覽，受到洮南各界的好評。

八〇年代初，趙志誠調到洮南市圖書

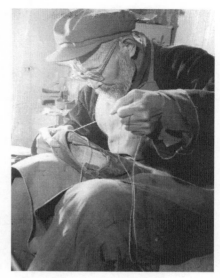

▲ 趙志誠攝影作品《匠心不已》

館，成為專職攝影師。他多次參加市裡、省裡的農業展覽，深入全市廣大農村豐產地去拍攝，為農業展覽提供了大量農村典型科學種田資料。

一九八六年七月中旬，洮兒河水氾濫，全縣二十一個鄉鎮受災，解放軍舟橋部隊來洮救災，趙志誠冒著生命危險主動登上了衝鋒舟，前往河北岸拍攝災情。他拍攝了水上救人、省領導視察災情的洮南抗洪新聞照片，至今乃作為史料保存。

一九九二年元旦，《洮南日報》創刊，趙志誠被報社聘為特約記者。一九九六年初退休後，他全身心地投入到攝影採訪工作之中。

一九九六年初春，他在幸福鄉長崗村拍攝的《以稻治澇》新聞片《洮南市大面積開發水田》，刊登在《吉林日報》頭版，獲得省「好新聞」二等獎。

二〇〇〇年，他還在《人民日報》《中國國情報告》上發表了「洮南酒廠」「敬老院」兩個專題圖片報導。

五十年來，他走遍了洮南的山山水水，每個鄉村都留下了他的足跡。他就像上緊發條的時鐘，緊張而愉快地忙碌著。他騎著自行車，憑著腿勤、手勤去

捕捉瞬間，先後在省內外三十多家媒體發表新聞照片五千多幅，其中獲得省、地、市獎勵證書十三件。藝術攝影作品《匠心不已》入選吉林省影協第十屆藝術影展。他多次獲《吉林日報》《白城日報》等優秀通訊員稱號。洮南市委宣傳部為他舉辦了個人新聞圖片展，他本人的事蹟也刊登在《吉林日報》《白城日報》。二〇〇八年獲得了洮南市文明委授予的「新聞報導終身成就獎」，二〇一一年十二月，他又被省文聯、省攝影家協會授予從事攝影四十年「吉林攝影功臣獎」榮譽。

　　洮南自建城以來，他為洮南的群眾文化活動留下了寶貴的圖片資料。他精心整理歸納老照片，為後人留下影像記憶中的洮南歷史。從二十世紀六七十年代開始，他就身背相機，拍攝下大量的反映洮南古蹟、古建築、工業、農林水利、體育等方面大量的圖片資料，同時，他還在民間蒐集了許多上個世紀初期「洮南府」時期的老照片。他正在將他自己手中上萬張反映洮南歷史的老照片進行歸類整理。目前，洮南古蹟、古建築、雙擁城、春節鬧秧歌等二十個主題部已歸類完畢，「工業學大慶」「農業學大寨」及洮南體育歷史等十六個主題圖片正在整理中。在此期間，他為吉林省政協提供有史料價值的歷史照片一百幅，為洮南市委辦、史志辦、檔案局各提供一次，共計一千五百幅，為洮南市文化體育局提供體育歷史照片三十幅。

▲ 獲獎證書

「野曠天低樹，江清月近人」
——國家一級攝影師邱會寧

　　拿起相機，他就有一種發自內心的衝動，喜歡那瞬間的永恆凝固；走進山村曠野，他就思緒湧動，喜歡把自己融入大自然的懷抱；他喜歡把看到的風景和人物，永遠沉澱在藝術心靈的深處；為表現查干湖冬捕那古老而神奇的冰湖騰魚，他多次往返於冬捕現場，早上天濛濛亮就出發，拍攝到天黑才回來。十多年來，他對這種瞬間藝術如醉如痴，樂此不疲。

　　他叫邱會寧（1968年-　），是洮南市文聯通聯部副部長，現為中國攝影家協會會員、國家一級攝影師、中國新聞攝影學會會員、中國民俗攝影協會碩學會士、英國皇家攝影學會會員、新華社簽約攝影師、《大眾攝影》二〇〇九及二〇一〇年十佳攝影師、洮南市攝影家協會副主席、白城市攝影家協會副秘書長、吉林省攝影家協會第七屆理事會理事。

　　他的作品以紀實類見長，特別突出展現家鄉的特色農業，如黑水西瓜、萬寶粉條、福順辣椒，表現的重點放在了當地特色產業上，重點記錄並展現家鄉

▲ 邱會寧

的人文習俗變化，家鄉物產的獨特魅力。他創作出的大批精彩作品在《中國國家地理》《炎黃地理》《大眾攝影》《數碼攝影》《攝影世界》《一招出牛片》《大眾攝影技巧寶典》等近百本攝影雜誌、畫冊中刊載，很好地展示了家鄉洮南的時代風采。

在中國美術館展出的攝影作品《俺村的「好種子」》是他近年來比較有代表性的作品，取材於洮南市福順鎮——中國聞名的辣椒之鄉。金秋時節在走村採風拍攝中，發現一戶農家剛收穫回來的一車苞米堆放在院落中，左鄰右舍的幾個孩子正在苞米堆上玩耍，一個孩子還拿著幾本兒童書籍，他就引導孩子為什麼不把圖書給小朋友們共同分享，孩子一聽就每個人發一本，大家津津有味地或坐或躺在苞米堆上看了起來，他在這一瞬間聯想到新收穫的種子和人類未來的種子結合到一起，不就是我們的「好種子」嗎？快門聲中一幅精彩作品《俺村的「好種子」》誕生了，這幅作品留住了精彩瞬間，並從思想性、藝術

▲ 邱會寧攝影作品《俺村的「好種子」》

性、創新性上達到了完美的融合，簡潔的主題寓意深刻，讓人浮想聯翩，將藝術和社會時代感完美地展現，把社會主義新農村的建設成果展示出來，讓人們對新農村建設有了更深層次的認識，在欣賞的同時得到心靈的啟迪。

近幾年，邱會寧的很多作品在一些國際、國內的重大攝影賽事中屢獲殊榮：全國「我的中國符號」攝影大賽獲三等獎；中國攝影家協會主辦的「第二屆社會主義新農村全國攝影大賽」中榮獲A類優秀獎；《俺村的「好種子」》在中國美術館正廳展出；《甜蜜的蜂人事業》獲中國攝影家協會主辦《大眾攝影》承辦的全國「包商銀行杯」第二屆小企業貸款攝影大展二級佳作；《冰湖行當》獲「用鏡頭講述查干湖」首屆國際攝影大展人文類一等獎；《沸騰雪原》在第四屆東北亞國際書畫攝影展獲銅獎；《辣椒之鄉》組照獲金士百純生十年‧榮耀家鄉公益攝影大賽吉林省總賽區銀獎；《黑水西瓜》獲「雷諾杯」首屆走近中國地理標誌攝影大賽銅獎；此外他還獲得了「吉祥鳥珠穆沁」國際攝影大賽二等獎，吉林省攝影網絡年賽的特等獎、年賽冠軍，二〇一四雪花純生‧中國古建築攝影大賽吉林賽區三等獎，「貴在責任貴在關愛」第二屆全國網絡攝影大賽年終大獎評選銀獎；多幅作品入選第二十一屆奧地利特倫伯超級攝影巡迴展暨第十一屆特別專題展、第七屆阿聯酋阿布扎比國際攝影展、第三十六屆美國林恩盛大國際攝影展、二〇一二國際攝影節暨上海第十一屆國際攝影藝術展覽；為《話說洮南》一書攝影提供近二百幅圖片，幾百張新聞圖片在國家級、省級報刊發表，多次受到省委宣傳部表彰。

軍徽下的新聞情
──原中央電視台軍事部副主任、記者楊憲文

　　楊憲文（1938年-　），曾任中央電視台軍事部副主任，大校軍銜，也是洮南籍功勛卓著的新聞人。

　　1962年，東北師範大學畢業的楊憲文應徵入伍，走進了火熱的軍營，先後擔任團宣傳幹事、師新聞幹事。1965年，北京電視台（中央電視台前身）成立軍事記者組，在全軍選拔5位軍事記者，楊憲文位列其中。1979年，楊憲文擔任中央電視台軍事部記者，後擔任中央電視台軍事部副主任。在此期間，他組織拍攝了3部向長征勝利週年獻禮的大型專題片。《長征路上》《長征──生命之歌》《長征──英雄的詩》三部專題片共24集，分別獲得全國一等獎。1990年的新聞作品《中國成功發射亞星一號衛星》獲全國新聞一等獎；1995年10集系列專題節目《孫子兵法》獲全國一等獎；1999年的《大閱兵》獲全軍特別獎。

　　作為軍事記者，楊憲文曾親赴戰爭一線。1969年中蘇珍寶島之戰、1979年對越自衛反擊戰，楊憲文和幾位戰友肩扛攝影機，冒著槍林彈雨拍攝了我軍指戰員與敵人浴血奮戰的珍貴鏡頭，受到軍區嘉獎並榮立三等功。楊憲文先後參與組織了6次衛星發射的現場直播，並把直播信號同步傳輸至中央電視台《新聞聯播》，沒有出現過一次事故，圓滿地完成了上級交給的任務。他本人也因此代表中央電視台參加了「兩彈一星」功臣表彰大會，受到了黨和國家領導人的親切接見併合影留念。

　　1999年，楊憲文退居二線，但他依舊牽掛部隊的宣傳報導，受聘於中央廣播電視學會，把主要精力投放在了培養部隊新聞宣傳骨幹和獎項的評審中。他先後組織培訓班14期，為各大軍區培養軍事記者和通訊員近千人。他還主持了全軍最高新聞獎「軍事專家獎」的評審工作，先後選拔出幾千件優秀的軍事題材作品，為全軍的新聞報導工作灑下了無數的心血和汗水。

走出黑土地的電影人
——集導與演於一身的李永田

李永田（1954年- ），洮南人。一九七一年，十六歲的李永田穿上軍裝，成了一名鐵道兵戰士。在部隊期間，熱衷於文藝表演的李永田成了戰友們心中的「快樂之星」。一九七六年，他參加了全軍文藝調演嶄露頭角。兩年後被調入中國人民解放軍鐵道兵文工團，從此開始了他專業的演藝生涯。

一九八〇年，他主演了全軍第一部電視連續劇《金斗轉正》。自此，李永田走進了影視劇行列。二十世紀九〇年代後他一邊演戲，一邊學做導演。一九九一年他執導了自己的第一

▲ 李永田

▲ 李永田（右）劇照

部電影《血戰天獅號》，這部由珠江電影製片廠拍攝的緝毒影片公映後取得了很好的效果。隨後，李永田又參加了反腐樣板片《新中國第一大案》的拍攝，在影片中他成功地塑造了二號貪官張子善的形象。影片在全國上映，取得巨大反響。黨和國家領導人在人民大會堂親切接見了李永田及劇組主創人員。一九九六年，李永田執導了由陳寶國、巫剛等主演的電視連續劇《咱爸咱媽》，該劇在當時產生了轟動效應，分別奪得了第五屆「五個一工程獎」，第十六屆全國長篇電視劇「飛天獎」和第十四屆大眾電視「金鷹獎」。之後，李永田陸續執導了電視連續劇《誰不愛家》《人之常情》《致命遊戲》《光武帝劉秀》。一九九六年他主演的《禿探與俏妞》火爆一時，憑藉此片他獲得了「金雞」「百花」最佳男配角獎。

近幾年來，他聯手李幼斌、孫紅雷、柳雲龍、丁海峰等眾多影視明星拍攝了《暗算》《刀鋒1937》《軍人的榮譽》《紅色追緝令》等一批膾炙人口的電視連續劇。

第四章

——

文化景址

四千餘年的文化底蘊，百餘年的近代歷史，滲透渲染著這座古城，加之人文景觀的烘托，構成了洮南「那山、那水、那人」的獨特風貌。這裡有墾荒古道的歷史蹤影，這裡有名勝古蹟的遙遠印記，這裡有沉睡在黑土下的烏金煤海……奔流的脈動和城市的韻律，豐盈的歷史底蘊和人文氣象，獨特的區位優勢和資源稟賦，撩起遊人的情趣，令人不禁浮想聯翩，流連忘返……
特殊地質景觀、人文景觀、古城遺存、新城新姿賦予了這座城市生動和厚重，典雅和大氣，使這座吉林西北部塞外古城以獨有的風姿屹立在洮兒河畔，讓世人看到歷史的變遷，更能讓世人瀏覽到一方人智慧的所在……

魚種場東崗遺址

遺址位於洮南市區西南——車力鄉和大通鄉交界處，市魚種場的東崗上。周圍是廣闊的草原和起伏不平的沙丘、漫崗。遺址所在崗上地勢開闊，向南綿延數里，轉而西折，形成崗西的大片窪地，是古代人類居住的好地方。

由於季風的長年剝蝕，崗西坡山腳處的植被多已破壞，形成一些大大小小的沙坑，坑底留有許多古代人類的遺物。在相距約千米的兩處較大沙坑中，採集到一些陶片和「細石器」標本。陶器多為圓唇或方唇、直口平底的碗、缽、罐一類小型器物。其胎質粗糙、厚拙，多夾砂，砂粒大小不一，火候較低。由於燒造火候控制不勻，器表呈黃褐、紅褐等顏色。紋飾有壓印的條帶紋、瓦棱狀凹弦紋和附加堆紋等，此外多素面，器表略經打磨。細泥陶片僅見到一片，形似鉢或碗，表裡兩面塗有紅衣。「細石器」中，有尖狀器、刮削器和石片、石鏃等，均為紅、褐、黃白色燧石打製壓剝而成。尖狀器呈不規則形，鋒端銳利，可用於錐鑽，一般長二至三釐米。刮削器和加割器多為間接打製的石葉，長二點五至三點五釐米不等，寬二釐米左右。多為橢圓形，兩側有自然或略加修琢的鋒刀。石片有單脊、雙脊兩種，器身短寬、薄刃。石鏃皆為凹底三角形，鋒尖壓琢或通體精琢。

魚種場東崗遺址面積較大，遺物的數量和種類均較豐富，從斷崖上觀察，文化層厚四十至五十釐米，尤以崗上保存較好。綜其特徵，這裡是一處以手製夾砂褐陶和「細石器」生產工具為基本內涵的新石器時代文化遺址。其文化特徵與鄰近的大通鄉小敖包營子、蛟流河鄉大茂好山、車力鄉黃花塘等遺址基本一致。這裡的短身凹底三角形鏃、小長石片等遺物和內蒙古一帶「富河溝門類型」的狹長石片、長身石鏃相比，有一定區別，而與嫩江流域的「昂昂溪文化」中的同類器物十分接近，陶器的質地和紋飾也有相似之處。對於我們瞭解和認識蛟流河南岸的原始文化面貌，不僅具有一定的代表意義，同時也具有較重要的保護、發掘研究價值。

狼牙壩遺址

　　狼牙壩遺址位於二龍鄉飼養場東北約二千米處的沙崗上。四周為沼澤地，遺址呈圓形，東西長五百米，南北寬四百米，沙崗高出地面約十五米。由於季風的剝蝕，形成大小不等的土柱，高的達二十至三十米，狀如狼牙，故當地人稱「狼牙壩」。在土柱之間的凹坑底部，散布著較為豐富的陶片和細石器，以及魚、禽、獸骨。

　　細石器種類較豐富，多用乳白色燧石打製、壓剝而成，石鏃兩側鋒刃呈柳葉形；石片為中間雙脊，兩面有刃。此外，還採集到一件用土綠色變質岩磨製的石拍，通體磨光，呈半月形。石拍是當時人們製造陶器使用的工具。

　　陶器均為夾砂褐陶，火候較低，壁厚，表面飾有篦點紋和戳印紋。因陶片破碎，很難看出器形。從一片較大的陶器口沿觀察，圓唇微侈，短頸，器表飾篦點之字紋。

　　根據採集到的遺物分析，應屬新石器時代晚期遺存，其文化類型，與西拉木倫河北岸的「富河溝門」文化相似。

哈森查干遺址

　　哈森查干原始文化遺址，位於二龍鄉良種場（原名喻森盤千）屯後，北鄰洮兒河故道，南部與屯落相接，西面〇點五千米是哈森查乾沙區，東面為居民住房。在東西長約五百米、南北寬約五十米的狹長地帶上，採集到石矛、石鏃、刮削器和長石片等。

　　石鏃多為土綠色礫石打製，兩刃用壓剝法加工，形似柳葉，長三釐米左右。石矛係土紅色燧石打製，兩面有刃，矛尖及尾部均殘，殘長五釐米。刮削器均為灰白色燧石琢製，器身只有指甲大小，採用直接打擊法，打擊點所在一端作尾，而將薄的另一端壓製出圓形刃。石核多呈錐形，橫斷面呈橢圓形，多用灰白色燧石和黑曜石打製，打擊點在頂端，側面留下了石條剝落後的條形凹痕。遺址上陶片暴露出來的較少，只見到零星小片，皆為夾砂紅褐或黃褐陶。從石器的形制觀察，其文化特徵近於「富河溝門文化」。

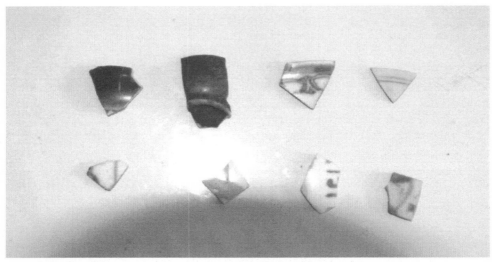

▲ 哈森查干東山標本

五家子東崗遺址

五家子東崗遺址是一處遼金時期的村落居住址。位於蛟流河南二千米的大通鄉惠清村五家子屯東崗上，南臨洮（南）突（泉）公路，西北距鄉所在地一點五千米。

遺址所在的崗上開闊平坦，現為耕地，周圍多平原、鹹灘，向南漸次為沙丘慢崗地帶。整個遺址地表遺物十分豐富，磚、瓦和陶瓷片俯拾即是，文物分布面積東西約五百米，南北約六百米，以中部尤為密集。採集到的有遼白瓷碗、盤殘片和泥質灰陶的甕、罐、盆等殘片多件，以及青磚、布紋瓦等建築部件。

瓷器胎質粗糙，有的屬於缸胎，有的施白釉，一般內施滿釉，外面施釉不到底，釉色向金泛黃，多數器底留有三足支墊的痕跡。

所見陶器多為大型器，一般為廣肩、鼓腹、卷沿或大卷沿的甕、罐。其中一種斂口內卷的大甕口沿，形制較為拙特。紋飾以壓印的細線條篦齒紋、波浪狀附加堆紋較為流行。素面陶均打磨光滑。

建築構件除磚、瓦之外，還有一件手製泥質灰陶的「多孔器」，形制奇特。此器為六面體，六面皆呈「十」字形，十字中心和四端都鏤有縱、橫直向交叉或平行的圓孔，十字四端刻有平行線紋，其用途不明。與之相同的完整器，過去在遼金泰州城——城四家子古城中曾多次發現，標本現藏於白城市博物館。

林兔場遺址

　　遺址位於向陽鄉向東（保安）村西南三千米東西走向的沙崗上，崗上開闊平坦。遺址西二百米為鄉林場的養兔場，東南三千米是小黑坨與遼金遺址。遺址範圍東西長三百米、南北寬二百米。

　　由於多年風颳雨蝕，地表暴露的遺物比較豐富，尤其在遺址東部和西北部更為集中，中部多被沙丘覆蓋。在暴露的遺物中，有火候較高、質地堅硬的泥質灰陶甕、罐殘片，尖唇、侈口、鼓腹、平底；其次為雙唇、敞口、鼓腹罐的口沿，皆為輪製。紋飾有橫排疑條壓印紋，附加堆紋、按壓三角幾何紋等。瓷片多為遼白瓷，釉色白中泛黃，器型多為碗、盤、盆的口沿和底的殘片。另外還有青磚、布紋瓦等建築材料。在遺址東北角，有一直徑四米的灰坑，內堆積著一些牛、馬、羊等獸骨殘塊。

　　該遺址面積較大，保存尚好，遺物比較豐富，對於洮兒河南岸查干塔拉草原遼金時期文化面貌的研究具有一定參考價值。

下三合堂遺址

遺址位於萬寶鎮三利村，下三合堂屯內。此屯坐落在一條東西向的慢崗南山坡，西接起伏不平的山地，東、南、北皆為較平坦的耕地。遺址東西長約二五〇米，南北寬近百米。地表遺物豐富，特別是遺址的西部文物分布較為密集。

從採集到的文物標本觀察，均為遼金時期的青磚、布紋瓦和手製上飾不規則豎劃紋瓦當等建築材料。陶片均為泥質灰陶，輪製，火候較高，上飾壓印紋和篦點紋，器形有盆、罐、壺等。遼白瓷片大都為碗、盤、缽等和缸胎掛釉不到底的罐、甕、壺、瓶以及雞腿罈等生活器皿。

據當地群眾講，近幾年在遺址上經常撿到鐵鏃、銀簪子、陶甕（內盛黍類）和鐵鏵殘片。一九五六年秋，在尖山子東南坡腳下，發現一座圓形磚室券頂墓。

西部半山區遼金遺址分布較少，這個遺址對研究遼金時期該地區的歷史具有一定的價值。

河夾信子遺址

河夾信子遺址位於二龍鄉仁義村河夾信子屯。其北500米有洮兒河主河道向東南流去。屯南有河汊故道，因多年風沙填淤已乾涸，西側是地勢略高的慢崗。

河夾信子屯正坐落在遺址上，雜亂無序的民房與遺址中建築遺跡相互交錯，難窺全貌。在屯西部，居民建房取土時，相繼發現了五處建築遺跡。其中東西三處排列在一條北偏西15°的中軸線上，自南向北編號為一、二、三號，另外兩處（四號和五號）在其西南。

一號建築址曾發現南北並列的兩塊花崗岩石條。石條長1.2米，寬0.4米，推測是建築物的地伏石。在其北30米處，暴露著大量布紋瓦及筒瓦殘片。

二號建築址在一號建築址北73米處，出土過大量完整筒瓦、板瓦、勾滴等建築材料，同時還出土兩塊石柱礎。礎座呈方形，邊長80釐米、厚18釐米，在方形礎座上有高約7釐米的八角形柱礎雕飾。

三號建築址位於二號建築址北側68米處，地面暴露出與二號建築址相同的礎石4塊。4塊柱礎呈井字形排列，南北間距6米，東西間距6.5米。其西側還有一覆蓮式青色花崗岩柱礎，長、寬各為80釐米，中間呈覆盆式凸起，周圍雕刻下垂蓮瓣，花瓣微斜，花尖上翹，每兩大花瓣中有一小蓮瓣，雕工精細，排列均勻，莊重典雅，古樸大方。

四號建築址位於三號建築址西南55米處，挖出過數量可觀的布紋瓦及筒瓦殘塊，並發現南北走向的火炕煙道，其上鋪砌青磚，應屬西廂房建築址。

五號建築址位於四號址西南88米處，地表散布著陶片以及褐釉、醬釉、乳白釉缸胎瓷器口沿及底部殘片。

從出土文物的特徵及建築構件等分析，此遺址屬遼代晚期重要建築址。

阿斯冷昭遺址

　　遺址位於二龍鄉興義村屯後。阿斯冷昭，蒙語意為石獅崗子，當地人稱「石猴地」。據群眾介紹，在屯北原有兩個石猴，東西並立，相距一五〇米。經實地考察，所謂「石猴」，實為石獅，現在僅存無首的一個，被遺棄在興義村三社場院內。石獅為紅色粗砂岩雕刻，前腿支撐，後腿蹲坐，造型粗獷雄渾，線條生動簡練，殘高八十五釐米。屯名阿斯冷昭即據此得名。

　　遺址南距阿斯冷昭屯約五十米，西臨洮南至二龍鄉的公路，北邊是洮兒河故道，再北即是仁義屯的「河夾信子」遼金遺址，兩遺址互相毗連，相距不足一點五千米。

　　阿斯冷昭遺址坐落在一條東西走向的慢崗上，地勢高而平坦，遺址面積東西長六百米，南北寬四百米。西端有三處相距分別為五十米和七十米的較大堆

▲ 阿斯冷昭遺址中的遺物

積，呈三角形分布。地表磚瓦、勾滴、礎石等物都有暴露，應是一組建築。東端是骨灰罐群葬區。過去這一帶多次發現骨灰罐和散亂人骨，至今地表仍可見到許多排列有序，直徑約一米許的圓形凹坑。遺址的東西和北面，各有一道土棱，大多傾圮已甚，似係城垣，圍牆已不易辨識，東段殘長一五〇米，至屯邊而終，北段殘長二百米，向東已無存。

　　整個遺址地上地下遺物十分豐富。建國前，在遺址北側接近古河道的邊緣地帶，曾出土過一批窖藏瓷器，數量非常多，競以之租賃，供鄰里紅白喜事辦宴之用，現已散失。一九五二年，在遺址東南部耕地裡（現為居民區），曾發現過三個缸胎帶釉的大甕，釉色有黑色和茶綠色兩種。器形皆為大口、圓唇、鼓腹、小底，靠近底部的壁上有一孔。較大的一個，黑釉無飾。口徑五十六釐米、腹徑七十二釐米、底徑二十八釐米，通高七十四釐米。出土時，內裝銅方壺三件，各種瓷器十餘件，多為盤、碗、壺之類，皆施釉繪彩，據說色彩有白、黃、綠等色，可能是「遼三彩」器。

新德古戰場遺址

遺址位於福順鎮新德村二喇嘛窩堡屯東北一點五千米，洮、蛟兩河之間的沖積平原上，東距洮兒河六千米，西距蛟流河三千米。遺址是一個高出地表約六米的慢崗，東西長三百米，南北寬二百米。

一九六二年四月間，大隊組織社員挖取沙石，在遺址南坡距地表三至四米的沙石層中，發現亂而無序的人骨六十餘具、馬骨近三十具、銅馬鐙二十餘件、鐵馬鐙十餘件，鐵馬銜、鐵鎧甲片、銅鏡以及弓、箭一類武器多件。據發現者口述：人骨上附鐵鎧甲片，足骨在馬鐙內，人骨與馬骨疊壓，周圍放置著完整的弓，箭囊內還裝有多株完整的箭。

遺址早被風沙掩埋，遺物也大都散失，只徵集到海獸葡萄鏡一面。銅鏡為圓形，鏡面微鼓，鑲背面圖案略凸起，寬邊，內有一週鋸齒紋，中圈文字模糊不清，難以辨認，內圈飾海獸葡萄紋飾，橋狀鈕，直徑一〇點八釐米，厚〇點三釐米；鈕高〇點八釐米，孔徑〇點五釐米。從銅鏡的形制分析，當是金代遺物。

這裡地處洮、蛟兩河沖積平原，地勢開闊，從遺址中人、馬骨骸狼藉，人不解甲，馬未卸鞍等現象分析，此處曾經發生一場激烈、殊死的戰鬥，死者被遺棄在這個戰場上，不久，即被洪水淹沒，折戟沉沙，長眠地下。因其埋藏較深，沙石滲水力極強，原貌所以被保存下來。

這處遺址面積較大，骨骸遺物絕非僅有，具有一定的保護和發掘價值。

▌哈森查干西山遺址

　　遺址位於二龍鄉哈森查干良種場西南四千米的平坦耕地中，四周為起伏不平的沙丘和土崗。遺址為東北西南走向的長條形，東西長一一○米，南北寬五十米許。

　　遺址地表暴露著青磚殘塊，泥質灰陶片，以及數量可觀的青花瓷片。容器有碗、盤、盅、壺等。瓷片上的青花，均為釉下彩，圖案多為花卉，所用顏料均為洋蘭。青花瓷興盛於元明，清代的青花瓷器多用「洋蘭」做著色劑，其顏色豔於明進口的「蘇尼勒青」料。此外還採集到一片紫砂器底殘片，圈足內有模印的陰文篆書「宜興紫砂名壺」。宜興縣在江蘇省南部，東濱太湖，北鄰滆湖。宜興製陶歷史悠久，素有「陶都」之稱。主要生產日用陶器，其中紫砂工藝陶尤為著名，據民間傳說，紫砂陶器盛暑貯茶不易變味，盆栽花草不易爛根。其質地精密，造型大方，裝飾古樸，具有民族風格。遺址中出土的這件器底從形制看，應屬扁壺一類器型。

　　從上述瓷片的用料和紋飾特徵分析，該遺址所暴露的瓷片應屬清代遺物。類似這樣單純的清代遺址，在洮南市發現甚少，對瞭解清代洮南市的面貌，無疑會有一定價值。

洮南府城池

西元二十世紀初，在中國東北松嫩平原的西端，沉睡的科爾沁草原、美麗富饒的洮兒河畔，彷彿一夜之間就崛起一座邊陲小城——它就是聞名遐邇的古城洮南府。這座歷經百年滄桑的府城，它的規劃、設計的構思，以及建造特點，充分體現了那個年代人們築屋、建城的思想文化觀念。

光緒三十年（1904年），設立洮南府之後，便開始設計營建洮南府府城。初定「城基為方形，長寬各五里零四十丈」。當時正值日俄在遼東半島開戰，遼南一帶難民紛紛湧入洮南。當時知府田薖谷「以請奉天都督……救濟難民」之名，請銀二十餘萬兩，設局放荒，實行「以工代賑，難民賴之」「國民兩利」之策。於光緒三十一年七月動工，十一月竣工。後又歷時九年，至民國二年（1913年）洮南城日趨完善。

在營建過程中，為使城壕兩面多留取土之地，較原城基尺寸有所增加。實為東西寬940丈（3133.3米），南北長955丈（3183.3米），城牆全長3790丈（12633.2米）。底寬五米，高二點九九米，頂寬一米。

全城布局工整，四面共闢八門，後來又在東側正中多開一門，故有「九門九關」之稱。每座城門樓為青磚過橋式，城門之上築有箭樓。城門寬八米，為對開鐵皮木質大門，門內兩側築有「堆子房（衛兵室）」。九座城門各有名諱。東側從北往南為啟文門（大東門），後來又開的廣昌門、阜通門（小東門）；西側從南往北為裕民門（大西門）、靖遠門後改為聚寶門（小西門）；北側從西往東為誠和門（大北門），安澤門後改為晉康門（小北門）；南側從東往西為嘉樂門（大南門），尊親門（小南門）。另外，在城外還挖了一週護城壕。洮南城的城關，可謂壁壘森嚴了。

洮南府城區是按「九宮格」規劃的，城區有十二米寬，縱橫四條主幹大街。南北兩條，從東往西為康樂大街（現光明大街）、尊和大街（現興安大

街）；東西兩條大街。四條主幹大街將九平方千米的城區，分割成九大部分，而每一部分又被八米寬的街路（南北城區「九宮格」兩條，東西四條）分割為十五塊小街區，每一條街巷又分別起有一定意義的街名。整個城區，共有四條主幹大街，五十四條街路，一三五塊小街區，形成了全城平面呈網格式、棋盤格局。

「九宮者，即二四為肩，六八為足，左三右七，戴九履一，五居中心。」（周甄鸞《數術記遺》）

「陽動而進，變八之六，像其氣之消也。」故太乙取其數以行九宮，四正四維，皆合於十五。（緯書《易乾鑿度》）

當這種形式以平面展開時我們會驚奇地發現，這其中似乎含有某種模數和許多奧秘、學問。是否可以將隋朝的大興城，唐代的長安城，渤海的上京城，明清北京城的模數、格局連繫起來，來看一下洮南城的設計與布局？

▲ 洮南府城池

城四家子城址

　　城四家子城址位於洮南市區東北行九千米，原洮南市德順鄉（現已劃歸洮北區）南四千米的洮兒河北岸，是遼泰州故城。城牆夯土板築，平面略呈正方形。古城周長5748米，現城牆除西牆被洮兒河衝去半邊殘留483米外，其餘三面均保存完好。東牆長1340米，南牆長1375米，北牆長1150米。牆現均高5至7米，頂寬1.5米至2米，牆基底寬約20至27米。此城有四門，南北兩門都設於城牆中部；東西兩門分設於東西兩牆南段中部，城門外均設有甕城，四角設有角樓。四面城牆上不等距離之間，築有稍高出牆頂的馬面。在遼金元及明初幾百年間，這裡一直是吉林省西部乃至於東北地區西部、內蒙古東部地區遼金元三代方圓數百里的政治、經濟、文化、軍事中心。一九八一年出土的「中書門下之印」一方，已定為國家一級文物，對研究遼金元幾百年歷史有著重要的實物資料和歷史科學價值，為研究這裡與中原的關係提供了依據。城內外還有多處寺廟遺址，曾出土泥佛、銅佛、鐵佛多件。還有歷年出土的唐宋時期的銅錢達數萬枚以上。城四家子古城，為後人研究、觀賞宋、遼、金元城市建設保存了珍貴的實物。

　　古城建於遼代初期，節度使級建制，金朝繼續沿用，並先後設都統司、元帥府、節度使、東北路招討司等。元朝先後在此設泰寧衛、泰寧府，明朝在此設泰寧衛指揮司，是著名的兀良哈三衛之一。根據資料記載和地面遺址分布分析，當時城內設有官衙、街道、商埠、酒樓、驛館、軍隊營帳、車船碼頭等。

天恩地局

天恩地局，地處洮南城內最繁華的興隆街東段路北，興隆西路六十九號。它南北長一百米，東西寬六十六點七米。占地總面積六六七〇平方米。它坐北朝南，建築結構嚴謹，布局考究。為三進式的王府建築結構，四面有青磚滾水牆帽的圍牆相環繞。

天恩地局面朝興隆街，東西兩側各開一門，兩個側門中間有一迎面，「金獅照壁」的照壁牆，遮掩著二進正門。照壁牆上有「金獅鬥角」，正面鐫刻「天恩地局」四個歐體「皇恩」大字。

東西兩側門有兩條八字馬道匯至中門。延伸了邊門與二進中門的距離，也增添了莊重、肅穆、深邃的視覺效果。

在中門的門前，後又添設了上馬石、拴馬樁等雕飾構件。二進門（中門）的門楣之上，懸掛著光緒帝親筆書寫的「天恩地局」金匾。兩扇對開的朱紅大門，位於門廳的五開間的正中，上飾乳頭大釘，兩隻口銜門環的獅首，怒目直視，彰顯威嚴。

打開中門，便見迎面而出的後廈屏風，謂曰「開門見山」。以此掩遮著上屋正堂，屏風上繪著「興安萬叢山」巨幅山水畫。精巧別緻的四合小院，四面分別建有五間硬脊大山的青磚瓦房，屋頂為雁雀式滾水小青瓦。瓦頭飾著金獅瓦當，與正門的「金獅照壁」、牆頂的「金獅鬥角」，前呼後應，渾然一體，象徵著蒙古民族的尚武雄風。

正房和東西兩側廂房前，均出妙

▲ 天恩地局

手遊廊，簷柱四明兩暗，採用抹麻掛灰，朱漆裝飾，工料結實。下裝覆盆式柱礎，廊回地面大磚鋪平。天井為下階式井田小院，十字甬路，丹墀周連四方，隔出四個精巧花圃，內植有奇花異草、蒼松翠柏。花前樹下備有石桌、石凳，供弈棋、品茶小憩。

讓人們驚奇的是，庭院雖下深二尺，但逢雨不積。

正房與西廂的山牆均是大條磚細縫，下肩與坎牆為干白灌漿；室內明露大跨度梁柱，接連廊柱。面開通明窗八扇，均是支摘式檻窗，後簷各開兩扇坎牆飾花窗；正門開六扇隔扇門；前出幾步留有踏跺三級，讓這座古宅使人感到堅實而不笨拙，華麗而不媚氣，精巧而不單薄，軒敞而不空曠，幽靜而不陰暗。

正堂兩側，有隨牆旁門通向後宅內室。進入三進後院，更是別有洞天。正面仍是五間青磚滾水大瓦房，房前闢出一處小花園，有假山流水，奇花異樹，翠柏蒼松。花園間有曲徑甬路，達通各處，側後還有一個小動物園，裡面養有梅花小鹿、丹頂仙鶴，還有鸚鵡、百靈等名貴鳥雀，環境非常幽雅清靜，讓人賞心悅目，心曠神怡。

在內宅的西側，還建有一處供小姐居住的典雅闊靜的小院。俗稱小姐閨樓（房），亦叫小姐花園。與內宅留有角門相通。院內仍建有前後各五間青磚瓦房。房前屋後與東西兩側有彩色環廊相繞，明柱林列。廊內畫有「西廂」「紅樓」等人物故事彩畫，庭院青磚鋪地，並載有各式花草、樹木。

天恩地局，雖為札薩克圖郡王烏泰的王府別院，可是烏泰在這裡並未享用幾年。

解放戰爭期間，洮南是西滿根據地之一。天恩地局見證了這段風雲變幻的歷史和眾多風雲人物，承載了無上光榮。

一九四五年十月，奉中共中央東北局之命，夏尚志領導先期來洮南的工作隊，與工作隊隊員晉察冀軍區教導旅、五團政委於英川，晉察冀軍區某部政委胡秉權（洮南瓦房人），三五九旅某支隊政委宋繼先以及新四軍某部師政治幹部武蘊藻等進駐洮南天恩地局。

一九四六年一月，吉江省委、省政府、省軍區從榆樹縣遷到洮南。省委書記郭述申、省長栗又文的辦公地點便設在天恩地局。

　　一九四六年六月一日，東北局決定撤銷遼西省委、省政府、省軍區，改建遼吉省委、省政府、省軍區。省委書記陶鑄、行署主任朱其文、省軍區司令員鄧華，以及閻寶航、劉震等黨政軍要人，均在洮南天恩地局辦公。

德安禪寺

德安禪寺，原名鎮安禪寺，俗稱老爺廟，始建於一九二七年。

鎮安禪寺坐北朝南，平面呈長方形。它由一週南北長六十丈、東西寬三十丈的青磚圍牆相環繞，上砌有滾水牆帽。正南辟廡殿式山門一座。朱紅拱門，門上密布乳頭大釘。那碩大、闊綽的獸環，總是吸引著孩子們驚奇的目光，門楣上，高懸黑地陰刻金字額匾。上書：「鎮安禪寺」。門前階下，陳列一對花崗岩雕琢而成的護法石獅，它蹲踞雄視，威武軒昂，傲對紅塵。

在山門兩側，各設一便門，並且在西便門前，豎旗杆一根，頂置覆斗。寺前十五米處，有照壁一面，迎風而立。

鎮安禪寺，它不僅以博大見長，而且還以嚴密的建築設計取勝。以山門至正殿的南北甬路為子午線控制軸，將東西馬殿、鐘鼓樓、廂房、功德碑、香爐、配殿左右均勻分開，並以一條中軸線，控制全寺。

山門兩側各有一馬廄。左邊是關羽關雲長千里走單騎的追風趕月赤兔寶馬；右邊是岳飛岳鵬舉威震邊夷的

▲ 德安禪寺

踏波絕塵白龍良駒。兩匹良馬的旁邊各雕塑一馬童，立於側，彷彿隨時等待將軍認鐙上鞍，馳騁於兩軍陣前。

出了馬廄，便見前方兩側有鐘、鼓二樓，高「三丈許」，遙相對應，暗吐禪機。鐘鼓二樓，為塔樓式建築，攢尖頂，飛簷斜翹，亭亭玉立，上置鐘鼓。「鳴鐘僧動，聞鼓唱經。」好一個晨鐘暮鼓的寶剎。

鐘鼓樓前方，為東西兩廂房，各七間。東側是僧侶禪房，乃是晨昏叩首、虔誠伏拜的比丘居室所在。西側為「十方堂」，專供達官顯貴、豪商富甲品茶休憩之地。

踏上山門至正殿的中堂，甃以甓路。兩側依次為碑亭、香爐。碑亭為硬山單脊青磚結構，灰瓦罩頂。碑文上刻著有關寺廟的建築、修繕及捐銀商賈、仕人、信徒的功德撰文等。八尺高的六角鐵鑄香爐，宛若兩位仙子，終日沁透著清幽的檀香，爐內沉澱著善男信女的誠心祈願。

紺園雖處古城西南之郊，遠離塵世之雜，但佛門僧侶略嫌優雅不足，在香爐之後，中堂的正中，又建起一座亭閣。謂曰：「閣於亭前。」把精緻、秀美的江南園林藝術，巧妙地與宗教建築結合起來。

▲ 寺院一角

亭閣呈方形，須彌座，石條為基礎，上建木構單脊歇山式涼亭。八根明柱支撐，四角翬翼。上飾六獸，下垂風鈴，簷口彩繪佛經故事，色澤雖然豔麗，卻力戒媚俗之氣，橫楣與桿欄均得體大方。亭內設有桌凳，以供遊人、香客歇息，抬首可見地方名人俊傑、文人雅士的丹青墨寶……

大殿雙重三楹，各殿均以花崗岩裝飾基礎，青灰滾水小青瓦，簷頭為獸面瓦當。硬山式山牆，白灰和黃泥、米汁粘接，真可謂磨磚對縫；紅松梁柱，彩繪各異，雕磚畫壁，細膩傳神，可謂匠心獨運，妙趣橫生。

各大殿前，皆備有鐵鑄三足雙耳香爐一尊，以供香客、遊人添香遙拜之需。

關岳大殿，雄踞其中，為硬山大脊式建築，面闊三間，進深兩間，重檐翹角，上懸風鈴，微風吹拂，叮咚作響。屋脊兩端飾有鴟吻。大脊正中有串珠攢尖寶頂，兩側各塑一鎮脊神。前簷下有斗栱十朵，額枋為木刻神龍，下為靈象，前簷廊為歇山式。柱頭為雀替朱漆彩繪，楹聯恢宏，金碧輝煌，巍峨壯觀。殿門上高懸黑底凹刻金字額匾，上有楷書四字「忠義千秋」。下垂楹聯一副：「扶正統而彰信義，威震九州；完大節以篤忠貞，名高三國。」

踏進大殿，忠義帝昂然端坐於神龕之內，斜披戰袍，虛掩征甲，金面長髯，鳳目微睜。嘿！一身浩然正氣。右側稍後即是岳忠武，素面銀甲，粉面墨鬚，神態端莊。嗨！一腔鐵膽忠肝。

兩側各塑周倉、關平、王陵、岳雲諸人之像。整個大殿莊重森嚴，色彩和諧，相得益彰。

走出忠貫日月、義凜千秋的關岳神殿，不覺讓人油然生悟，深深思索「忠」「義」的含義。

路隨屋至的甬路，將分布各處的建築群相互連接，使這工整的寺院，具有了更清晰的脈絡，也使這整齊劃一的禪寺布局更加嚴謹，並加深了縱深感和曲徑通幽的效果。德安禪寺定期開放，供人觀瞻。

張善人橋碑

在洮南城區的西北一七五〇米的地方——洮兒河南岸，東牝頭屯與西牝頭屯之間的村路旁，聳立著一塊青石碑，這就是當地人廣為人知的張善人橋碑，它記述了民國時期洮南府的一位憨厚老實的外來移民不為名不為利的感人故事。

說起張善人，祖居這裡的洮南人都不會忘記這位平常、樸素，並讓當時洮兒河兩岸老輩洮南人深受其惠的好人、善人。

張善人，名桂林，原籍是遼寧省千山縣人。幼年時失去雙親，光緒末年隻身來到洮南謀生。在洮南府當地村民李璽家中落腳（今洮府鄉北郊村）。張桂林性情溫順憨厚，少言寡語，與李璽和當地村民相處甚好。

在上世紀初，由於清朝政府的腐敗無能，外強紛紛將黑手伸向我中華國土，加重了國人的災難，大批難民紛紛湧入當時正在初建時期的洮南府。當

▲ 洮兒河碼頭

時，在洮南府東牤頭——西牤頭的洮兒河河邊渡口上沒有舟橋，往來行人均涉水而過。特別在初春與深秋的季節裡，水深，且寒冷刺骨。許多行人常常為此路途受阻而苦惱，特別是老年和婦女、兒童，更是畏懼不前。

張桂林在給別人做傭工休閒之餘，登上洮兒河河堤，每每目睹此情此景時，隨即便脫鞋挽褲，去背負老人、孩子、婦女、病人過河。長此以往，附近村民和路人皆以善人稱之，一些人對張桂林的慨然相助，都由衷的感謝，常常給予金錢表示酬謝，張桂林卻堅持不收。碰上有人強行往手裡塞錢時，張

▲ 張善人橋碑

桂林隨即將錢拋入河中，以表示自己是樂於助人，並非是為了讓別人有所感謝，更不是借此謀生，而獲取錢財。

張桂林在開河封凍這段時間整日以此為樂，冬季裡則進城做短工，並把辛苦賺來的錢積攢起來。第二年春天，買木料造了一條渡船，為行人擺渡。就這樣，歷時數年，積蓄較多。他傾其所蓄，在河上修建了一座木橋。從此，洮兒河該段遂成通途。行人、車輛到此，皆深感張桂林——張善人之德。張善人的大名遠播。橋南有塊地，經常被往來行人、車輛踐踏。這樣地主人與行人時常發生口角。張善人看在眼裡，記在心上，默默地攢錢，錢攢夠了，便將這塊地買下，供行人、車輛方便行走。張桂林以為人做傭工、修橋補路為樂，前後歷時二十一個寒暑。

一九二七年農曆二月二十八，張桂林溘然長逝，終年四十八歲。他身後除了一套破舊的行李之外，一無所有。噩耗傳出，遠近的村民及城裡的工商各界競相憑弔，集資安葬張桂林併購石勒碑，以記其事。

石碑面北背南而立，由碑額、碑身、碑座三部分組成，通高二點二六米。

碑額及碑身連為一體，碑額呈圭形，高五十四釐米，寬十九釐米。額正浮雕丹鳳壽紋圖案，額中陰刻楷書「萬世流芳」四字。額背陰刻嘉禾圖案，並有楷書「永垂不朽」四字。

碑身呈長方體，高一二五釐米，寬六十五釐米，厚十九釐米。碑身正面從上至下，由右至左並排十四行，豎行四百字楷書陰刻碑文。起首一行為「張善人橋碑記」。字體三釐米見方。石碑背面仍由正楷陰刻從上至下，從右至左，共六十二字，字體六釐米見方。碑座呈覆蓬形，長八十九釐米，高四十七釐米，寬五十二釐米。雕有對稱式蓮花圖案，凹處刻有雲紋圖案。石碑為青色花崗岩，整個石碑造型古樸，襯托出張善人樸素、善愛之德行。

從碑文得知，該碑刻立於一九二七年（中華民國十六年）。背後有一土冢，與石碑共歷經寒暑。

一九八二年，當時的洮安縣文物部門將墓冢重起，並經常保護。

烈士陵園

　　烈士陵園位於洮南市西郊洮突公路路南，始建於一九九一年秋季。黑白相間的門垛，大門面北而開。走進陵園，迎面是一條水泥路，許是雨水衝過的緣故，那路竟然一塵不染，在陽光下發出那種暖暖的白。路很寬但是很短。前面不到四十米的距離，豎立著英雄紀念碑。「人民英雄紀念碑」幾個黑色大字莊嚴、肅穆。路兩旁的蒼松比肩而立，綠得有些許的藍，使人們不由得想起那「春來江水綠如藍」的詩句。拾階而上，白色欄杆四周圍繞，簡潔大方。碑的底座有一人多高，整個紀念碑從底座到碑身，由精緻的建築材料構成，更難得的是那種白色，是那麼純淨，只有「聖潔」這兩個字才能有資格去描述它。底座下面是紀念碑的碑基，碑基下面是五級台階，分對四個方向。順著南面的台階而下，是青石板的小路，大約有兩三米寬左右，路兩旁的櫻桃樹牆有半人高，如刀切般筆直。

　　順著青石板路往南走不遠右拐，又是一座紀念碑——「蘇聯紅軍烈士紀念碑」。它最早修建於一九五一年九月。二〇〇六年因城市規劃需要，此碑才遷入這裡。斑駁陸離的碑身在昭示著年代的久遠……

　　東面與此碑相對的是一個大大的圓形烈士公墓，依舊被那些櫻桃樹牆環繞，墓門邊「革命烈士公墓」幾個字被櫻桃樹枝遮擋著若隱若現……

　　墓碑北則是安葬有一二〇位烈士的墓群。墓群四周是趴地松，特有的蒼翠，在守護著烈士們的英靈。烈士們的墓碑為黑色大理石雕成，上面載有烈士的姓名及生卒年月……

　　陵園東西兩端是南北縱向的兩排平房，東側是烈士靈堂，存放著各行、各業於清明祭拜時的花環、花籃等。西側則是烈士紀念堂，存放著烈士們的遺物。整體烈士陵園占地二點七四萬平方米，處處體現著莊嚴和肅穆的氛圍。

西郊公園──休閒時光好去處

　　在北方這座擁有古老文化歷史的古城洮南，有一個公園，它雖然無法與江南那些山水名城公園相媲美，但是它特有的風韻也會讓你樂不思蜀，流連忘返，這就是古城洮南的西郊公園。

　　西郊公園，占地面積三十萬平方米，公園內擁有十大景區，區區有特色，處處有遊趣。一進院門，微風掠過，陣陣花香撲鼻，只見一片片鮮花競相開放，彩蝶在花叢中翩翩飛舞，站在那裡，真想拍攝下當時的一幕。

▲　公園花壇

正對院門，有一尊笑口常開的彌勒佛，佛像身高十一米，寬九米。佛像面前的巨大香爐香火正旺，大概遊人們希望年年風調雨順、國泰民安吧。彌勒佛也用充滿善意的笑臉，似乎讓人們懂得他對生活的態度，無論身處逆境還是順境，都應用平和的心態去面對人生……

走過彌勒佛，就是有十幾級台階的涼亭，登上涼亭才發現，你自己變成了最高的巨人。俯視遠處的景區，迤邐美景盡收眼底：遊人射擊場、「天下第一關」微縮景觀、長長的畫廊、溫馨的茶藝館、寬廣的人工湖和水上樂園、高高的過山車、兒童賽車場……看到興起時，憑欄處，任清風吹亂髮絲，遊人便感覺自己茅塞頓開，彷彿置身世外，更感到自我的渺小和天地的博大。

沿著曲曲折折的石階走向公園深處，人們發現，一座龐大的室內游泳館拔地而起，游泳館占地三千平方米，經過工人們緊張而有序的施工，目前已竣工並投入使用。在炎熱夏季，遊人們擁有了從未有過的涼爽，臉上綻放了燦爛的笑顏。

游泳館的對面便是石砌八角桌的長廊，長廊過道兩側拉琴的、唱戲的、閒聊的遊人比比皆是。老人們在戲情裡陶冶自我，鍛鍊體能。夕陽在真誠祝願老人們能夠溫馨而從容。

走完幾個小區，來到垂釣區湖畔。那裡的遊人們正在爭先等待船兒靠岸。水上樂園擁有水面十六萬平方米，雅稱「小西湖」。這裡蘆葦、蒲草叢生，珍禽異鳥齊鳴，灰鶴、白鷺也時而在小島空地和上空起舞翱翔。休閒於這裡，有心曠神怡、回歸大自然之感。劃著船兒漫遊，閉上眼睛，深吸一口清新的空氣，好香！好甜！閒暇的時光，遠離城市的喧囂，投入自然的懷抱，讓這裡的水驅散往日的疲勞，洗滌心靈的塵埃。

沿著湖上的鐵索小橋，近距離觀賞，更有一番別樣的情趣，金色的魚兒在碧水中穿梭跳躍，遊人們在綠色的陰涼下或望穿碧水，或乘著遊船往來穿梭，或尋找塊空地拴鉤理線，休閒垂釣……一切都讓人感覺到輕鬆怡然。

幾個小時的徜徉，彷彿一晃的時光。這裡走也走不完，看也看不夠。這裡

帶給人們太多的感觸，激發出無限的感慨。西郊公園始終堅持「求創新、求發展、求特色」的辦園宗旨，牢固樹立「遊客第一，服務第一，滿意第一」的經營理念，把公園真正辦成了百姓的樂園。

古城洮南的古老文化韻味，是通過漫長時間的積累，釀造發酵，才沉澱出如此醇厚的品位，顯示出濃烈的文化氛圍和底蘊。有了古城洮南這樣的厚重文化，西郊公園才有這般濃烈的詩情畫意。

▲ 公園一角

森林公園──難忘的風景

　　湛藍的天空，點綴幾片悠悠白雲，仔細觀察大地，便發現夏天已經帶著她的孩子們悄然來臨。於是，古城南郊那一片綠地青松楊柳世界，便是人們休閒嚮往的地方──森林公園。

　　森林公園位於洮南市區南郊，呈方形，二〇〇一年開始建造，占地面積約六千公頃。這裡錯落有致的楊柳松柏、香氣四溢的丁香綠籬、爭奇鬥豔的花草灌木、平整的休閒場地、遍布林間的甬道，形成了一個巨大的綠地公園和天然氧吧，每天早晚吸引著許多人去那裡散步鍛鍊。悠然自得的太極，生龍活虎的八極，出神入化的形意，博大精深的武當等各種拳術、氣功都在這裡展現。

　　走近森林公園，放眼望去，首先視覺被那整片的綠色充盈，隨著目光的聚集，那星星點點的花紅便慢慢鋪展開來。沿公園的一處甬道踱進，這裡有各種各樣的植物。有高大的樹木，也有矮小的花草，還有長長的青藤，也有一簇一簇的灌木。道兩旁不知名字的花樹幽香沁人心脾，讓人忍不住駐足觀賞，貼近

▲ 森林公園

▲ 公園一角

深嗅，才發現那馨香不是人體味覺奢華的渴望，也不是雜糅化學分子提煉出的時尚，而是生態自然的天然餽贈。一縷清風拂面，於是閉上眼，深呼吸，那淡淡的香便會進入體內，讓遊歷者心曠神怡，讓傷感者能夠滌盪心靈深處的憂傷。

走入甬道深處，眼前豁然開朗。那是一個水泥鋪就的場地，似排球場地大小，是人們晨起或傍晚閒暇時鍛鍊的好去處。四周樹木環繞，陣陣微風吹過，不覺讓人神清氣爽。再抬頭仰望天空，無論是晨起的驕陽高照還是傍晚晚霞夕陽，都會有「天高心情爽，惟有餘自知」的感受！

繞過休閒場地，公園正中間矗立一株高二十多米的人工仙人掌，它那迎風站立的姿勢是那樣堅強，遊人們仰望它，會引起靜靜的思索。這株碩大無比的仙人掌，青翠欲滴，生機無限，昭示著這裡一年四季生機盎然，綠意永存。

漫步森林公園，園中有一似蘑菇造型的涼亭，做工精巧，設計獨特。在涼亭附近，有悠然踱步的老夫老妻，有相擁而坐的情侶，也有聚在一起談笑風生的朋友，還有撫琴吊嗓的京劇票友……無論早晨還是傍晚，這裡都會有笑聲傳遞，快樂的人們完全沉浸在忘懷的愜意裡、浪漫中……

穿過涼亭就能看到兩個碩大的人造西瓜，那本地特產誇張的造型，會讓人聯想到生活的甘甜和尋找夏日的清涼，這不禁引人回味，供遊人小憩之地也是那樣善解人意。由此可見，這裡的每一處綠地，每一個擺設都是那麼融洽和諧，凝聚森林公園設計者多少心思和心血啊！他們編織著冬天的童話，編織春秋的清涼，編織著夏日的熱情，編織人們心裡幾多美好的夢想！

人們走在公園的甬道上，看著鳥兒歸巢，看著夕陽垂暮，看著絢麗的晚霞，往往產生美好的憧憬，感覺眼前那片生機勃勃的森林，蘊含著一種自然的和諧與美麗，因而期待在綠色之中，不斷孕育出無數生命的奇蹟！

黑水西瓜園

沿著長白公路或平齊鐵路穿越洮南古城南行十五千米，就到了全國聞名的中國西瓜之鄉——黑水鎮。

每到夏秋之交，這裡青紗疊翠，空氣中瀰漫著誘人的瓜香，公路邊的瓜棚和銷售攤點，引得過境行人駐足品瓜消渴，南來北往的瓜商操著不同口音，在「中國黑水西瓜市場」彙集採購，於是千百輛機動車裝滿了西瓜，一輛挨著一輛等待出發。在黑水鐵路車站，貨運備用鐵路兩側也堆滿了西瓜，一列列車皮在附近等候，到處是忙碌的瓜農和客商，形成了中國西瓜之鄉特有的一道風景。

洮南黑水瓜鄉的形成歷史悠久，遠在一千多年前契丹族政權遼國統治塞北時，黑水一帶就有了西瓜種植。西瓜種子的引進源於當年遼國對西夏和西域的

▼ 黑水西瓜

征戰征服。據《契丹志》記載：「契丹破回鶻得此種，以牛糞覆棚而種，大如中國冬瓜，而味甘。」當年，遼太祖耶律阿保機為了打開西域的交通線，親自率兵西征。契丹軍在炎熱乾旱、水源奇缺的沙漠地帶作戰，飲水成了大問題。而原產於新疆綠洲的西瓜能解飢渴，便於攜帶保存，於是就成了行軍必備品。西征勝利後，耶律阿保機下令把西瓜的種子帶回遼都上京一帶栽培種植。不久，遼國重鎮泰州（洮南城區東12千米城四家子古城）的南部沙地黑水就有了西瓜種植業。

洮南府志、縣志、市志也曾記載，清朝中後期，黑水西瓜及西瓜籽是皇宮的貢品。在查閱清政府統治時期洮南一帶向朝廷納貢的目錄中，除了農牧業皮張、黍類，就只有西瓜籽了。由此可見，黑水一帶的西瓜在清朝也非常有名。主要有三白、胎黑紅、大花翎等三個品種，民國時期，種植西瓜專業戶有五家：（五一）村的李萬順、郭振桐，榮官（新生）村的郭福增和黑水村的張純，他們並稱西瓜行業「四大名人」。建國後，人民當家做了主人，瓜農們繼承傳統，精心培育，使這一古老瓜種不斷出現新的改良。到二十世紀八〇年代，黑水種植西瓜出現了「西瓜大王」郭寶山、土專家孫德林。一九八九年，黑水西瓜打入北京市場，並進入中南海，成為國家級會議消暑佳品。

黑水西瓜種植帶地處北緯四十五度，晝夜溫差大，屬於大陸季風氣候區，土壤為沙地，這樣的土質和氣候環境生長的西瓜含糖量高，甜脆可口。在種植改良上，有的通過西瓜和葫蘆嫁接，所產西瓜不但個頭大，而且皮厚、高產、早熟、顏色鮮美，耐於儲存，運輸到大江南北甚至鄰國也不怕磕碰。在品種上，黑水西瓜品種很多，包括近年引進的品種，主要有新紅寶、湛江紅、黑鋼盔、地雷等，其顏色有花皮、墨綠皮，還有淡綠色、黃綠相間色等。在形狀上，有圓的，橢圓的，長方形的；有體態嬌小的，更有「虎背熊腰」的。在大棚裡，冬春生長的西瓜精緻如禮品，小如拳頭；在大田裡，選對品種，上足糞肥，最大的可達七十至八十千克。黑水西瓜瓜瓤各具特色，切開後，內裡有粉紅色的，有大紅色的，還有黃色的。有大籽粒的，也有小籽粒的，也有無籽西

瓜。在口感上，黑水西瓜無與倫比。咬上一口絕非簡單一個「甜」字了得，是甜中帶有清香，食用後口齒留有餘香，雖是瓜瓤兒，卻不面軟，而是軟中有脆，沙中有糖。西瓜一開，滿屋香氣瀰漫，沁人心脾，遂使黑水西瓜遠近馳名。二〇〇三年開始，黑水西瓜陸續在吉林國際（長春）農博會上、東北亞國際貿易博覽會上亮相，二〇〇八年獲得了國家地理商標。二〇一三年九月，在長春東博會上，展出的一個七十八千克重的黑水西瓜引起了眾多中外觀眾和客商駐足觀賞。二〇一四年，黑水西瓜已經在國家註冊了地理商標。

黑水瓜鄉，風景獨特。每到盛夏初秋瓜熟季節，瓜農們把又圓又大的西瓜在長白公路兩旁依次排開，形成了西瓜長蛇陣。而在黑水鎮的大街小巷，更是擠滿了瓜商們的車輛。車上西瓜遠看如亮晶晶的珍珠，近觀則似碧綠無瑕的翡翠，藉著太陽閃爍著耀眼的光芒，此時的黑水鎮已經成為瓜的海洋。這樣的場景，這樣的陣勢，讓人過目難忘。收穫的季節令瓜農們激動不已，從他們的表情裡，從他們的言談中，我們可以感覺到，今後的黑水西瓜將更大更甜。

風景秀麗的昂岱山

　　綿延起伏的大興安嶺，猶如婀娜多姿的少女一路逶迤走來，在素有「千年古城，百年府縣」美譽的洮南，與浩瀚遼闊的科爾沁草原相約，深情地依偎廝守，孕育出了風物怡人的昂岱山。北望興安嶺，南瞰科爾沁，昂岱山矗立在藍天碧草間，靜靜地見證著亙古的戀情。

　　走進昂岱山風景區，你既能觸摸到峰巒起伏的曲線，又能採擷到碧水盈波的平靜。蒼隼盤旋的老鷹窩，儀態萬千的石林奇境，同根連心的六姐妹樹，肅穆莊嚴的群昌烈士陵園，碧水微瀾的群昌水庫，風景區五朵奇葩，在這片熱土上，將自然風光、歷史傳奇、現實人文完美地融合。她會像磁石般深深吸引你，令你流連忘返，醉情於大自然鬼斧神工的傑作之中，心湖激盪起的漣漪鎖住自己的相思，永遠也不願走出。

▲ 昂岱山

昂岱山，位於古城洮南那金鎮境內，屬大興安嶺餘脈，海拔四八〇點四米。山中飛禽走獸甚多，「昂岱」蒙語意為「獵物」，故此得名，為「獵物山」之意。據古城洮南地方史料記載，光緒年間，每逢狩獵時節，科爾沁右翼前旗薩克圖郡王常率王公貴冑親臨於此，策馬揚鞭，彎弓拈箭，巡山狩獵。清末和民國初年，駐防洮南的黑龍江省督軍吳俊升、萬福麟以及後來的愛國將領黃顯聲所部狩獵班，也常在此揮馬揚鞭，激情圍獵，點射野雞、黃羊、野豬等飛禽走獸，用以改善部隊生活。現如今，山間依舊是山兔騰躍，錦雞穿梭。

其山南坡，舒緩平坦，樹木叢生，百草豐茂。在一陡峭山崖上，幾塊巨石覆蓋一洞穴，蒼鷹盤旋，築巢育雛——這就是老鷹窩。傳說很久很久以前，有一條千年蛇精盤踞在此洞穴，蛇精變化多端，常常晝伏夜出，襲擾百姓，吞噬牲畜。而一金眼神雕見義勇為，經過九天九夜搏殺，啄死蛇精，占據此穴，保護了一方平安。如今，人們時常看見一碩大無朋的老鷹在此洞穴飛出飛入，故得名「老鷹窩」。春暖花開時節，萬物復甦，洮南生態建設百萬畝山杏工程在此盡顯華章。滿坡的野山杏朵朵怒放，紅如火，粉似霞，白如雪，含香吐蕊，馨香馥郁，沁人心脾，碧草連天，幾十種山野小花點綴其間，猶如巧手織就的壁毯，娟秀斑斕。蜂舞蝶飛，百鳥啁啾。立身其間，即便「春意去匆匆」，依舊「遊人喜自留」。

循著山間野徑，信步於風草綠樹之間，登上昂岱山最高峰。山巔之上，山風掠過，鬢髮生寒。極目四顧，昂岱山景區全貌盡收眼底，石林奇景就位於主峰之上。石林中奇石嶙峋，儀態萬千，或如玉女梳妝，或如壯漢擎天，或如叢樹蔽日，或如飛鳥掠翅……形神兼備，惟妙惟肖，各領風騷。放飛想像的翅膀，飛翔在歎為觀止的奇景之間，你會由衷地感嘆自然的奇思妙想，造化的鬼斧神工。

「同根同心長相守，一枝一葉總關情」。親臨六姐妹樹前，手撫枝丫，繁枝茂葉打碎陽光，斑斑點點，在地面浮動跳躍。同根姐妹永結同心，攜手支撐一片藍天。傳說，永遠是我們中華民族承載情思的載體，六姐妹樹訴說的人間

真情，一定會有一段驚世駭俗的美麗傳說，為後世傳頌。

昂岱山腳下，蒼松翠柏掩映著一座陵園——群昌烈士陵園，革命烈士閻群昌頭枕青山，長眠於此，靜靜守望著這片樂土。

輕啟歷史長卷，我們閱讀到的是這樣一位先烈，他用自己生命的如椽大筆書寫了對這片土地的無限忠誠。

一九二一年生於河北省平安縣的閻群昌，一九四五年九月隨黃克誠所部來東北，根據毛澤東「建立鞏固的東北根據地」的指示，東北黨組織積極組織武裝工作隊深入到廣大農村。閻群昌被派到遼北省白城縣（今吉林省洮南市）工作，任那金區區長。他不畏反動武裝勢力猖獗，在極其艱苦的條件下，勇敢地領導當地群眾進行土改鬥爭，給反動地主勢力以沉重的打擊。一九四六年八月四日閻群昌在王富屯召開區幹部會議，由於反動地主分子告密，土匪包圍了村莊。他和通訊員高文元為掩護區幹部突圍，被三百多名土匪困在一間倉房裡，因寡不敵眾，彈盡無後援，不幸被俘。在敵人面前他堅貞不屈，各種刑法都絲毫不能動搖他的鋼鐵意志，最後慘遭殺害。臨刑前，當地群眾為他的品格和英雄行為所感動，悲憤不已，紛紛淚下。他堅定地說：「大家不要難過，人死了精神在，天下是人民的，勝利就在眼前……」

烈士長眠於地下，但他熱血澆灌過的古城大地，今天已到處生長著自由、民主、幸福的鮮花。當地人民為了紀念他，把王富屯改為群昌屯，並建立陵園，永遠懷念這位英雄。滔滔向前的洮兒河水，不絕地講述著英雄動人的事蹟。

是啊！心繫人民的，人民永遠銘記他！一九七二年興建的那金河攔河水利工程——群昌水庫，就是用英雄的名字命名。站在昂岱山山巔遠眺，群昌水庫猶如鑲嵌在風景區的一顆璀璨的明珠，環湖水庫大壩恰似飄舞的玉帶。狀如滿月的湖水，使整片景區鮮活靈動起來。的確，有山無水總是一種缺憾，山水相依才是永恆的完美。

群昌水庫，這一古城大地畫龍點睛之筆，書寫了古城人民戰天鬥地的豪

情。歷時三年築成，多少古城兒女為此拋灑汗水，換來的是幾萬畝良田，免除水患，這裡的人們正用雙手創造著自己的幸福生活！

站在水庫大壩上，心馳神往，眼前的美景與《岳陽樓記》的描述恰好吻合：「沙鷗翔集，錦鱗游泳；岸芷汀蘭，鬱鬱青青。」各種魚兒在清澈的水中游來游去，「皆若空游無所依」。遊人或暢遊水中，或泛舟湖心，或湖濱垂釣，不亦樂乎？流連復留戀，不覺已晚霞塗滿西天，「藍天碧水芳草地，一抹紅霞百鳥啼」，「落霞與孤鶩齊飛，秋水共長天一色」。滿面春風波光粼粼，水鳥或棲或翔，煙波浩渺，漁舟唱晚，餘韻綿綿，幾多愜意！

縱有神韻筆，難描萬種情！

美在自然，貴在淳樸。在這片自由的樂土，人們盡情享受著自然給予的精神慰藉。

勝日尋芳昂岱山，風物撩人情思濃！

山清水秀，人傑地靈的昂岱山，走進就不忍走出，不願走出！

風景迷人的老道溝

　　洮南市東北端一五〇千米處，有一個叫作胡力吐的蒙古族鄉，全境地處大
興安嶺餘脈，群山起伏，溝壑縱橫，林蔭草茂，景色迷人。然而，在那眾多的
麗景佳物之中，極具誘惑力的還是老道溝。

　　老道溝位於穿越胡力吐鄉、連接烏蘭浩特與北京的111國道北側，西距鄉
政府五千米左右，在海拔五六七米的九頭山東坡，那濃蔭密布的森林，漫山遍
野的山杏，密不透風的山丁叢榛，掛滿枝頭的野果，極盡顯示「美在自然，貴
在原始」的本色，隨處可見的歷史陳跡，不時讓人想起美麗的傳說。

　　相傳若干年前，八仙之一的張果老參加王母娘娘的蟠桃盛會之後，在返回
八仙居住聖地的途中，頓生雅興，在領略大興安嶺山脈雄偉氣勢之時，偶然發
現此地風景絕妙，於是便按落雲頭，盡覽群山溝壑林草美景，一睹珍禽異獸驕
姿，遊歷數日不忍離去。如今九頭山坡的大塊岩石上，到處留有張果老坐臥的
印痕，有他的坐騎驢蹄印數枚，此地因而得名老道溝。拋開神奇的傳說，拭去

▲ 老道溝

歲月的塵封，據史料記載，一八三八年，一位來自武當山的道士，自號玉虛真人的張氏道人步張果老後塵，雲游到此，迷戀此地山清水秀，在九頭山頂搭建一石砌道觀，煉丹修術，並常到山下屯中收徒，傳經布道，為人祛病消災，後來失去了仙蹤。為了紀念這位道人，當地居民便把九頭山東坡一帶稱作老道溝。

其實，老道溝一帶是古代北方少數民族的游牧地，有溝溝壑壑、山山嶺嶺，也有山中平原和水泊，人稱「敖包」的牧人標記隨處可見。「棒打狍子瓢舀魚，野雞飛到飯鍋裡」是那裡原始生活、原始生態的真實寫照。

沿著張道人當年開闢的山路循山而上，老道溝風景便盡在眼前。蒼翠欲滴的濃蔭中，樟子松、小山楊、山裡紅、蒙古黃榆、山杏等形態各異，野雞、沙半雞、山兔、狍子等野生動物隱藏其間任意穿梭，雄健碩大的山鷹、禿鷲凌空飛翔，不時俯衝獵物，鷹獸搏擊場面或驚心動魄，或慘烈悲壯，讓人目不暇接，你會由此詮釋「弱肉強食」的準確含義。

穿越老道溝，登臨九頭山頂，別樣的風景令人心曠神怡：連綿起伏的峰巒有的直衝雲霄，有的俯首鳥瞰，有的遠眺蒼穹，有的招手期盼，引人無限遐思。山下溝谷中雲煙縹緲處便是一座座美麗村莊，陽光下，村莊被織錦般的植被襯托，在裊裊炊煙籠罩中，若隱若現，猶如海市蜃樓，又似蓬萊仙境。

老道溝風景四季變幻，魅力無限。春天，粉白的杏花和報春的野花色彩斑爛、競相綻放，芳香溢滿山嶺，引來蜂擷蝶舞；夏季，碧草連天裝飾其間，生機盎然；秋天，枝頭碩果炫耀著春華秋實，經霜的杏李枝葉如楓似火，煞是迷人，引得眾多攝影家和遊人頻頻按動快門；冬天，伴隨著撩人心魄的飛雪，老道溝便銀裝素裹，原馳蠟像，玉樹瓊花，把遊人帶入一個高雅聖潔的世界。

這就是極具誘惑力的老道溝，在你領略她的古樸神韻，瞭解她的自然純真之後，便會在奇妙的自然畫卷中，展開遐想的翅膀，回味老道溝的四季風情。

創業湖

　　奔流不息的洮兒河水，從大興安嶺高岳山脈深處走來，她一路歡歌攜雨興風，蜿蜒湍行，忽而東流，忽而南下，在流經的土地上孕育了眾多的兒女。萬種風情的創業湖就是其中的一個。

　　創業湖地處洮南城區西南四十五千米處，位於車力鄉境內，她北銜洮兒河，西吞額木特河，南與霍林河連接，與著名的向海自然保護區相融，流域面積一八三一平方千米，湖面水域二千三百多公頃，因湖中有風景秀麗的十八個島嶼而遐邇聞名。湖的四周，原始古樸，針葉林與闊葉林相接，古樹與蒙古黃榆蒼枝遒勁，碧野芳草萋萋，野花千姿百態，蓓蕾香飄四溢。一碧萬頃的湖面上，煙波浩渺，天光雲影，禽鳥翔集，漁帆點點，群島隱現。島嶼林草豐茂，岸邊蒲草蘆葦幽深。真是「湖水添時宿雨晴，野禽無處不春聲。萬株楊柳青如昨，全是東風染得成」。於是有人驚嘆真是鳥類的天堂，魚類的故鄉，人間的仙境。

　　傳說很久很久以前，張果老等八人得道成仙之後，常常組團雲游四方。一

▲ 創業湖

天，在去東海雲游時路過此地。當他們看到這片仙境般的草原濕地後，便按落雲頭，在水豐草美的濕地湖邊談經論道，不覺天時已晚。夕陽下，水面波光瀲灩，金光萬道。湖邊碧草連天，花香四溢，讓群仙流連忘返。八仙中唯一的粉黛何仙姑更是依依不捨，她採集了一束束鮮花製成了美麗的花環戴在頭上，懷裡抱著

一簇香氣襲人的花朵在湖邊忘情地奔跑。在眾仙升空惜別時，何仙姑把懷中的鮮花拋向大地，五彩繽紛的花瓣在長空中紛紛揚揚，徐徐飄落在湖中、大地，於是，科爾沁草原便有了大片大片的薩日朗、藍芍藥、孔雀藍……

據當地老人講，創業湖本來就是一個天然的水鄉澤國，原無名字。只是到了唐代，在太宗李世民東征突厥時路過此地，見這裡水豐草美，有沙丘密林，有空曠原野，既有生活保障，又可攻可守可退，就親率大軍在此湖畔安營紮寨。哪知到了雨季，洶湧的湖水時常像不羈的野馬東奔西突，漫野橫流，害得太宗東征大軍不時地拔營棄寨，而遺棄在澤國中的營寨就變成了今日湖中的諸島，十八大營盤，化作了湖中十八島。面對浩瀚的大水，官兵憂喜參半，當部下問及李世民此水何名時，唐太宗不假思索地說：「就叫闖野湖吧。」於是，這個無名的水鄉澤國就有了「闖野」的名字。三十多年前，勤勞勇敢的洮南人民以改天換地的雄心壯志，實施了規模空前「一站四庫」水利工程，欲使洮兒河水系化害為利，闖野湖亦在改造之中，於是這個水鄉澤國就具有了洩洪排澇、抗旱灌溉、養魚、旅遊等多項功能，並賦予它一個打上時代烙印的新名——創業湖。

創業湖地處科爾沁草原腹地，獨特的地理位置構成了奇特的自然景觀，是北方旅遊觀光、避暑的極品景區，一年四季遊人不斷。那幾十里長堤、百里水系、千頃林草，萬種風情，足以使遊客駐足傾倒。

「沾衣欲濕杏花雨，吹面不寒楊柳風。」當司春的女神降臨北國，創業湖便韶光煥發，千嬌百媚。甦醒了的湖面水天茫茫，碧波重重，浩無涯際，蔚為壯觀。岸邊蒲葦搖曳，俏影婀娜。叢中百鳥鳴春，共築愛巢。夏日炎炎，萬木蔥蘢，岸邊三百公頃白楊偉岸挺拔，百公頃垂柳枝葉披拂，天然次生林虬枝奔放，湖中十八島上生機盎然。湖面漁民和消暑的遊人蕩槳揚帆，同湖行舟，各取所獲。夏去秋至，蘆蒲絮飛，遷徙的候鳥，呼朋引伴地在此聚集。司空見慣的野鴨、大雁、鸕鷀、大鴇等三百多種鳥類自不必說，年年僑居半載的丹頂鶴、天鵝、蓑羽鶴、灰鶴、鴛鴦等十幾種珍禽也要告別北國。它們在地面、水

面上或追逐鳴喉，或暫短小憩，或翩躚起舞，眷戀之情油然而生，此景與空中的雁陣相映成趣，於是便使遊人頓時產生「晴空一鶴排雲上」的詩情畫意。秋盡寒來，創業湖為冰雪覆蓋，陽光下它晶瑩剔透，清潔澄明，金光閃耀，正所謂「百頃琉璃一望間」。遊人可賞冰雪，打滑溜，劃冰車，坐爬犁，玩狩獵，鑿冰垂釣。如果運氣好，還會看到漁民冬捕的壯麗情景：霧氣騰騰的冰洞，巨大的漁網，旋轉的絞盤，鮮活的鯉鰱，一定會勾起你品品鮮魚的慾望。春秋時節，有許多遊人常常在這裡留宿。入夜，萬籟俱寂，銀色的月光撒向大地，圓月的投影使你不得不仰望蒼穹，遙想起玉兔、桂樹和蟾宮。新燃起的篝火旁，遊人會咀嚼著烤肉、烤魚，斟滿驅寒的烈酒，舉杯邀月，欲與吳剛對飲，與嫦娥共舞……激情四射的篝火晚會，充滿原始味兒，使人樂不思鄉。

清晨，當你從城區出發去創業湖，沿洮突公路西行，途經大通風力發電廠風景區，約五十分鐘就到了創業湖。一路上，可以盡情領略大草原的廣袤，風電廠林立風車的舞姿，人工森林的茂密，野花的芬芳，天然蒙古黃榆的奇麗。來到湖邊停下車來你就會看到，蒼茫遼闊的創業湖向你圍來，輕快的遊艇已張開了臂膀，淡水鷗等百鳥奏起了和弦，迎接著五湖四海的遊客。遊艇劈波斬浪，在水面沿C型水路飛馳。

二十世紀九〇年代，這裡曾經進行了旅遊開發。湖中心設立過釣魚島，一踏上釣魚島就等於到了令人沉醉的土地。這裡沒有喧囂，沒有張揚，只有風輕浪吟。十座釣台躍然水上，似平台、似迴廊承載著斗笠漁翁、蓬頭稚子、年輕的「魚鷹」，當然也時有助陣的紅衣女郎。垂釣者時而手忙腳亂，時而如佛子坐禪。休息時，他們把酒臨風，凝視遠方，遙想當年，感慨古今；垂釣時，拴鉤理線，目凝浮子，心隨起落，人魚相溜，魚人相搏，天人合一，榮辱皆忘，好一幅北國垂釣圖！

十八島一島一景，水陸相連。你想看仙鶴嗎？那麼遊艇就會帶你駛向觀鶴島，看鶴舞雁飛，天鵝信步……

創業湖風景美不勝收。遊歷諸島如果感到意猶未盡，那就請你留下來，領略這裡的漁歌唱晚，感受篝火歌舞，臥聽浪吟濤鳴。

多彩的鬧牛山

從洮南市政府所在地出發，沿著平坦的柏油馬路向西北驅車行駛一六〇千米，便來到了風景宜人的鬧牛山景區了。

鬧牛山地處洮南市萬寶鎮境內，屬大興安嶺餘脈，為內蒙古自治區與吉林省界山，海拔高度六六一點四米。鬧牛山自然景色優美秀麗，群山環繞，山巒起伏，飄逸壯觀。關於鬧牛山名字的由來，民間有很多傳說。

鬧牛山原來叫樺樹山，因滿山以樺樹為主密林而得名。山上林草茂密，是虎、鹿、獐、熊、野豬等野生動物的樂園。山腳下有一小村叫樺樹村，非常貧窮。不知從哪一天開始，山上下來一頭壯牛，每天到村旁的一條河邊飲水，村裡人並未在意。一天，一個雲游道士到此看出了問題。他對村裡人說：「這是頭寶牛啊，如果大家幫我把它抓住了，村民就富了。」村裡人聽了將信將疑。道士說，要抓住此牛就要把這小村名改為「鐵椿子」，意思要拴住寶牛，然後

▲ 鬧牛山

再如此如此……村裡人同意改了村名，但從此那頭壯牛卻不見了。道士說不要緊，說著掏出一粒瓜子告訴大家：「我把這瓜子種在你們這裡，秋後能結五個瓜，我就用它來抓住那頭牛。但這瓜必須我回來後再摘下來，切記。」說完道士種下瓜子就回南方了。秋後，瓜秧果然結了五個瓜，但天冷了道士也沒回來，當地人怕凍壞了，就把瓜摘下來了。不久，道士回來了，他聽說此事，大吃一驚，說那瓜是神瓜，不會凍壞的，早摘不熟這牛就不好抓了。第二天道士拿上五個神瓜，帶著大家去山上尋找壯牛，在一個山窪裡果然找到了那頭牛，道士全力投出五個瓜打向那頭牛，最後一個瓜打掉了牛角，牛痛得「哞哞」亂叫，身放萬道金光。忽然，牛的前面山地裂個大縫，牛跳入地縫不見了。大家跑上去撿到了牛角，一看果然是金的。道士說，早摘的神瓜不好使了，不然定能抓到它。大家問牛哪兒去了，道士說，已化作「萬寶」藏入地下了。從此，抓牛的地方就叫萬寶，而山腳下叫鐵椿子的小村依然存在。但每天清晨，樺樹山裡都傳出那頭牛的痛叫聲，有時還地動山搖的，因而樺樹山也就改稱為鬧牛山了。如今，萬寶鎮地下有金、銀、銅、鐵、煤等礦藏，其中煤、銅已開採多年，看來那頭牛真的化作「萬寶」了。

第一「封山區」（幾大封山區之首）是鬧牛山勝景之一。作為進入鬧牛山風景區的入口，它在鬧牛山的陽坡，三個山頭呈半圓形向南展開，山林植被最好。封山區內長滿榛樹、山楂樹、山杏、樟子松等十餘種樹木，還有防風、黃芩、遠志、甜草等多種藥材，有黃羊、野雞、山兔、狐狸、野狼、狍子等野生動物繁衍生息。封山區景緻十分迷人，餘暉斜照，滿山好像被抹上一層淡淡的胭脂，使清純和美豔和諧在一起。

高粱溝山峰是鬧牛山的最高峰，最能突出鬧牛山的特色。如果你登上山頂，一覽眾山，會看到白雲像紗巾一樣在山腰間飄浮。鳥聲從山谷傳來，透過聽覺盈滿心中，以致於你一放歌喉，就有歌聲無窮無盡的流出。杏樹搖動纖巧的身子為你伴舞，松濤為你和唱。此時你會感到萬物備於你，你是世界的主人。

老鵠子山也是景區的重要景點。山上岩石林立，形狀奇異。入雲的山峰，陡峭的山崖，幽深的峽谷，令人流連忘返。山上有日本占領時遺留下來的山洞，可開發作為遊人山上休息，也可在空閒地段栽花種草。

　　鬧牛山的多姿多彩，令無數人嚮往和留戀。

　　今有詩句讚美道：

　　大興安嶺蒼勁的巨腕，

　　挽起父愛支撐的群山。

　　鬧牛山的雙肩，

　　披著綠色和金黃交替的衣衫。

　　春來重巒疊翠，

　　秋至層林盡染。

　　走進山的原始和自然，

　　彷彿祖先離我們並不遙遠。

　　啊！

　　多彩的鬧牛山。

▲ 鬧牛山腳下

洮兒河畔的明珠——四海明珠度假村

　　四海明珠度假村，如夢如幻。不論你仰望、俯視，還是左顧、右盼，迎接你的可謂無處不是美景，以至許多觀光者感嘆：人在村裡走，如同畫中行。

　　這裡擁有成片的原始次生林，銀杏、蒙古黃榆、薩日朗等奇花古樹，綠草如茵，野花似錦。還有野兔、錦雞、靈貓等出沒其間，湖邊細沙如氈，美在神祕，美在自然，使人彷彿來到了一個別樣的世界，盡情享受那份原始的野性。陽光之下，四海明珠度假村就是整個天地。四海湖的水晶瑩剔透，彷彿能帶你進入一個平生難得見到的神祕空間，一叢叢、一束束盛開的鮮花覆蓋著整個岸邊。站在滑沙場的頂端觀看日落，更能撩起遊人的情趣，紅彤彤的晚霞鋪滿半邊天，河水鮮紅閃亮，令人不禁浮想聯翩……站在岸邊，眺望月影，彷彿也能聽到鄉里人的祖先從矇昧時代步步走向文明的足音。

▲ 四海明珠度假村

這裡是天然氧吧；這裡有洮南至向海自然保護區高等級公路穿越而過；這裡西南與國家AAAA級向海濕地旅遊保護區毗鄰，北與古城洮南接壤，南有向海湖、北有洮兒河；這裡宛如一顆璀璨的明珠鑲嵌在湖水之間、草原之上；這裡景觀萬千，構成了一幅絢麗的畫卷，是觀光旅遊度假的好去處。

四海明珠度假村依託美麗的自然景觀，投資三百萬元，占地面積二十萬公頃，建成了夏季滑沙、游泳、垂釣、狩獵、騎馬、真人CS等大型遊樂項目；冬季依託東北特有的冰雪條件，建成了滑雪、滑冰、雪地摩托、冰車、雪中飛碟等各式冰雪旅遊項目。

美在其中，樂在其中⋯⋯

農家小院的休息大廳、超市、水吧、綠色餐廳、蒙古包、烤全羊、篝火晚會，可以品味鄉土氣息、蒙古風情。民間藝術品展廳彙集了東北特色的民間藝術珍品，可以品鑑關東文化之大成。健身房內的乒乓球、檯球等體育設施一應俱全。戶外健身廣場體驗在運動中呼吸來自天然氧吧的新鮮空氣，讓人陶醉，流連忘返。

百萬畝山杏林
——世界上面積最大的山杏林基地

　　是誰手執巨筆繪就群山翠、野嶺碧、河灘綠、村落青？是誰五年築起百萬畝綠色長城？是誰使「青山著意千秋綠，山杏馳名萬里香」……功績在山，英雄有名。古城北部半山區群眾會告訴你：那是靠洮南市委、市政府在北部半山區打響的「萬人治理千山建設百萬畝山杏基地」工程戰役的激勵，是靠洮南市廣大建設者心血和汗水的付出，是靠眾多治山造林英雄重整山河的無窮力量！靠這種力量，洮南市在集中連片的荒山上進行綠化，使昔日的荒山禿嶺層林盡染。

　　氣勢磅礴的大興安嶺呈東北西南走勢，在洮南北部留下了餘脈，使這裡有大小山頭一五一七座，風化的岩石黃白的土，一堆堆的碎石，寸草不生，使之成為吉林省西部有名的半山區。

　　洮南市北部半山區早在二十世紀五六十年代曾一度漫山遍野長滿山杏，這裡曾喬木、灌木茂密叢生，草茂林豐、魚肥水美、鳥語花香的靚麗景觀，洮南曾經擁有過，可謂山秀水美的豐饒寶地。山，曾是這裡人們的驕傲和依託。到了七八十年代由於發展理念不科學，占全市面積百分之三十的北部半山區，人為濫砍濫伐，私開亂墾，生態環境遭到致命的掠奪和破壞，水土流失嚴重，生產條件惡劣，連年遭受乾旱、風沙等自然災害侵襲，旱年莊稼絕收，人畜飲水困難。這裡又成了窮山惡水。

　　出路何在？必須順應自然，保護資源，進行種植業結構戰略性調整，變對抗性抗災為適應性避災。此時，山杏重新進入了洮南決策者們的視線。

　　二〇〇二年洮南市確定了「以北部半山區為重點，以杏治山、以杏治旱、以杏致富，到二〇〇七年建成百萬畝山杏基地」的戰略決策。二〇〇四年七月十九日，一場讓千座荒山疊翠披綠，萬頃禿嶺生金吐銀，再造北部山川秀美的

生產、生活、生存、生態環境的史無前例的「萬人治理千山建設百萬畝山杏基地」工程戰役在洮南市北部半山區打響。

　　洮南大地掀起了一場造綠風暴。在那金河畔，在昂岱山、鬧牛山、野馬山腳下、山上，「萬人造千山」。山杏成林，明顯地改善了這裡的生態環境，大面積的山杏林引來多種鳥類在此棲息，野雞、山兔等小動物不時出現在林間地頭，使這裡的荒山煥發出新的生機。杏花時節來到這裡踏青賞花，呼吸這裡純淨的空氣，彷彿喝到甘冽清涼的泉水，讓人頓覺神清氣爽，流連於樹叢花間，身邊蜂飛蝶舞，猶如置身人間仙境，偶爾驚起的小鳥或跳過的野兔，似乎想給你一個小小的驚喜。你若是來得晚些，可以親自採摘青杏，一枚枚青杏珠圓玉潤、青翠欲滴，藏在林間葉下，你可以尋來最嬌嫩的一顆含在嘴裡，齒頰留香，無限野趣讓人久久回味。

　　如今在一千多座連綿起伏的禿山上，生長著百萬畝山杏。那可是一道獨一無二、不可複製、十分亮麗的風景線。那景觀、那神韻，實在不可多得。若真到此走一走，看一看，不虛此行，不枉此生。這是世界上面積最大的一片人工造成的山杏林基地。

　　每到仲春時節，山杏花便競相怒放，滿坡雪海，如初夜的繁星，閃著亮，眨著眼，燦若星河，伸展到無限的遠方。那指甲般大小的花朵，邊緣是白色的，接著是粉白色，再往裡是鵝黃色的花蕊，底部是紫紅色的花蒂。那顏色自然過渡，渾然一體。

　　待到初夏，杏花開始謝落，繼之而來的是紐扣大小的青杏。每棵樹能結幾斤、十幾斤、幾十斤，密密匝匝，隱藏在紫枝綠葉之間。七月，這裡是杏核成熟的季節，也是採摘的良機。姑娘們的歌聲在林間流淌，小夥子們的笑語在杏山飄蕩，孩子們嬉戲的身影在林間閃現。山岡上人歡馬躍，你呼他喊，向杏核要財富、要效益。每年這裡都向國家交售百萬斤杏核。人們既飽嘗了杏核的甘美，又獲得了較好的經濟效益。

　　在杏林裡賞秋，照樣是一大快事兒。楓葉流丹秋山上，那山杏林越是到了

老秋，杏葉被晨霜一染，越是動心動魄。有的像香山紅葉，紅得似火，燒得你心驚肉跳，有的赤色如丹，讓你心中總有些沉甸甸成熟之感。如若仔細看，秋天的杏葉與春天的決然不同，深綠深綠的，泛著光澤，像綠雲一樣塗抹著這裡的高天闊地，綠得叫人驚心動魄。綠色覆蓋著滄桑，使這片沃土顯得更加神奇。林間蟲鳴幽幽，蜂飛蝶舞，百鳥高歌。此時聽聽秋聲是愜意的，看看秋色是溫馨的，品品秋韻是暢快的。彷彿秋天是從山杏林中冒出來的。穿過一棵棵山杏樹，繞過一簇簇花草，在綠葉間湧動。你便會感到山杏林中的秋天是粗獷的，同時也是細膩的；是豪放的，同時也是極富柔情的；是激越的，同時也是舒緩的。

冬季，紅消香殘，山杏樹不光是花兒落了，連葉子也謝去了。紫紅色的樹幹裸露著，光禿禿，晶瑩閃亮，滿世界裡都是紫色。冬季遊山杏林需仔細，杏樹的枝條上掛著疏密有致的黑色骨朵，那便是胚芽。就是這小東西孕育著杏花、杏仁和果實。稍不留意便會放過這小小景緻，那就可惜了。因為這小小的胚芽就是生命，它要通過搏擊嚴寒才能走向春天，走向成熟。

山杏林的營造使這裡的生態得到恢復。冬天你到這裡觀賞雪景。一場大雪過後，把林子洗禮得更純潔無瑕了。在白雪皚皚、銀雕玉碾、冰封雪裹的世界裡，山杏樹更紫更亮了。許多平時看不到的動物也會來湊熱鬧。不時能看到慌忙逃竄的野兔，攜兒帶女的山雞，成群結隊的喜鵲，還有鋪天蓋地的百靈鳥……

百萬畝山杏林，你裝點著古城洮南廣闊遠景，把根基牢牢紮在沙石的縫隙裡，飽嘗著大自然的風風雨雨，一代又一代地挺立於山岡之上，世世代代造福於人類。

雁門關外野人家，不植桑榆不種麻。
百里難覓梨棗樹，三春哪得杏桃花。
不毛之地禿瘡鹼，狂風肆虐起黃沙。

如今綠浪封山裡，碩果滿枝墜地壓。
鳥雀歡歌唱寥廓，洮南大地盡飛花。

　　這是洮南人用青春、血汗、智慧澆灌的成功與希望，更是一道原生態的風
景線。

第五章

文化產品

奔騰的洮兒河，從亙古洪荒走來，生生不息，綿延流淌，百折不回，孕育著古城的文化底蘊。一首激昂的《青年墾荒隊隊歌》沒有被塵封，仍迴蕩在古城大地——「穿過那無邊的原野，越過那重重的山岡，高舉起墾荒的旗幟，奔向遙遠的邊疆……」

一部部書刊，一篇篇文稿，一曲曲讚歌，一幅幅畫卷，一個個影像，一件件民間藝術品……在古城面世，又從古城流傳開去，記錄著洮南市文學藝術工作者、愛好者們奮鬥的足跡，飽含著他們的汗水和心血，描繪著洮南人的夢想。

《白城日報·洮南週刊》《瀚海風》

二〇〇四年一月一日根據上級指示，將《洮南日報》併入《白城日報》，更名為《白城日報·洮南週刊》，《白城日報·洮南週刊》是市委機關報，編排的內容圍繞市委市政府中心工作，弘揚主旋律，揚清激濁，對鼓舞士氣，凝聚人心，促進經濟和社會發展起到了不可替代的作用。

二〇〇九年十月，根據形勢發展的需要，洮南創辦了另一張百姓的報紙《瀚海風》。《瀚海風》為四開四版，每週一期。《瀚海風》是一張面向老百姓的報刊，除一版「時政要聞」外，其他版面為「法制時空」「休閒娛樂」「文藝綜合」等，主要欄目有《周聞天下》《法律講堂》《大案追蹤》《史海鉤沉》《異域採風》《健康養生》《經濟信息》《長篇連載》《可愛的家鄉》等一系列貼近百姓的欄目，使許多讀者愛不釋手，讓眾多百姓足不出戶就瞭解天下大事，掌握法律知識，學會養生保健，瞭解國內外風情民俗，閱讀國學精粹，瀏覽本地作家、作者文學藝術精品，熟悉家鄉的歷史文化，每期都為廣大讀者送去精神食糧。

《洮南宣傳》

這是全省唯一的縣（市、區）級黨委機關刊物。承載思想理論宣傳、書寫洮南時政文化，是其矢志不渝的宗旨。

二〇〇六年一月，在深入貫徹落實黨的十六屆五次全會、市委十二屆九次全會精神，全面部署「十一五」開局之年，《洮南宣傳》走進了各級黨政機關的辦公室，從此開始了她融入經濟建設、服務改革發展的歷程。

《洮南宣傳》緊緊圍繞市委中心工作，唱響經濟建設主旋律，打好跨越發展主動仗，為各級黨政幹部特別是領導幹部提供談發展、論改革的重要平台，使其具有了時政類期刊的主導特色。傳播正能量，宣傳好典型，講述洮南老百姓自己的故事，展示美好洮南的多維景觀，使其增添了一抹絢爛的文化色彩。飽覽古城大事，關注洮南發展，足以令讀者賞心悅目。

《洮南宣傳》茁壯成長的歷程，是全市各級黨委部門通力合作的結果。藉助於領導論壇、工作研究這個角落，對業務工作進行階段性總結和拓展性研究，既在各條戰線排兵佈陣、指導工作，又能徵求意見、促進工作，在各個領域構築起武裝頭腦、指導實踐、推動工作的堅強堡壘。同時，通過重要言論、領導訪談和本期關注等信息，方便快捷地對中央、省和白城市委以及洮南市委、市政府的重大決策部署有所瞭解，對一系列重大社會熱點、難點問題如何把握有所知曉，既拉近了普通黨員與上級黨委的距離，又進一步增添了對這本期刊的珍愛熱情。

《洮南宣傳》始終站在時政前沿，把握總基調，奏響思想發動和理論武裝的集結號。始終心繫家鄉風土，飽蘸濃墨重彩，書寫洮南風情。始終胸襟博大，兼容并包，博采眾長。從黨的十六屆五中全會開始，一直到黨的十七大、十八大和十八屆二中、三中全會，以致於更久遠的將來，持續跟進的是深入學習貫徹中央全會精神的專欄，結合省、白城市委全會精神，立足洮南省域強

縣，不斷掀起一個又一個振興發展、跨越趕超的新熱潮。一道道文明風景線，一個個最美洮南人，一條條省市信息，一篇篇精品力作，一塊塊學習園地，一幅幅經濟傳真，一縷縷詩情畫意，一首首風雅小頌，一期期短暫回憶，一幕幕滄桑巨變，讓人們擁抱這個城市倍感自豪，讓人們駐足媒體廣場流連忘返……截至二〇一四年年底，已連續出版發行四十期。

▌《府城文藝》

　　二〇一二年的冬季，在古城洮南，一朵文藝奇葩綻放了她的風采，文學藝術界迎來了自己的文藝季刊《府城文藝》的誕生（這本季刊發行至省文聯、白城市五個縣市區，以及域外兄弟市縣文聯、全市農村鄉鎮、市直各部門以及廣大的文藝工作者、文藝愛好者等）。這是令洮南文藝界歡欣鼓舞的大喜事兒，因為大家有了自己的文藝陣地。

　　《府城文藝》創刊號，開闢了名家名作、古城小說、文藝評論、散文品茗、古城詩韻、生活品讀、文藝動態等欄目，內頁還設計了文化宣傳、藝術鑑賞等彩頁內容。季刊以提升家鄉洮南文化品位、展示洮南文藝作品、塑造洮南文化形象為主旨，力爭對全市文化發展和文藝發展傳承做出充分翔實的展現和宣傳。

▲《府城文藝》

▲ 編輯部成員合影

　　枝枝葉葉，文藝夢；點點滴滴，家鄉情。創刊之後，開始廣泛徵集廣大文學文藝愛好者的精品力作，幾經修改潤色，共同商討，切實提高作品質量，為打造文化精品、推動文化繁榮、加強文化建設、加快洮南文藝發展與傳承、開創「文化品牌」、突出文藝特色進行了積極的探索：季刊對全市開展的「草原之夏」系列文化活動、豐富多樣的群眾性文化活動以及日益發展壯大的社區文化、校園文化、廣場文化，進行了多層次、多方面、多樣化的反映，對群眾的精神文化需求、群眾文化活動創新形式，進行了及時的跟蹤宣傳；季刊對天恩地局、德安禪寺、關東文化古街等歷史文化遺產的保護和開發建設，都通過《史海鉤沉》欄目進行了回顧和探尋；為加強對手繡、蛋雕、煙盒貼畫等主要非物質文化遺產項目及傳承人的保護，深入挖掘民間藝術資源，積極扶持和推進各類民間工藝品市場化形成，促進文化產業發展壯大，著力打造文化品牌，也進行了綜合反映；對日常節慶文化、旅遊文化、特色產品文化、民間工藝文化等特色品牌和文藝精品創作品牌的宣傳和打造，把文化資源特色轉變為品牌

▲ 省文聯領導到府城文藝編輯部調研

優勢進行了超前的調查和預測；對開展的各類書畫展、藝術展、藝術名家走進洮南等活動，進行了及時跟蹤報導和信息反映。

「一枝獨放不是春，萬紫千紅春滿園。」《府城文藝》創刊以來，堅持「百花齊放，百家爭鳴」的雙百方針，以文藝創作為載體，新人新秀不斷湧現、精品力作層出不窮，有力地提升了洮南的知名度和影響力，極大地推動了全市文學藝術創作和文藝事業的繁榮與發展。《府城文藝》的創刊得到了省文聯領導的認可，市文聯在二〇一四年初獲得「吉林省文藝創新先進集體」榮譽稱號。與此同時，二〇一四年初，季刊全面改版，新增了《文苑精品》《域外來風》兩個欄目，對全國上下文學藝術界的名家精品、洮南白城以外的精美文章進行刊載，以饗家鄉文藝愛好者和廣大讀者。《府城文藝》以其獨有的文藝創作為紐帶，吸引文藝隊伍不斷壯大。廣大文學藝術工作者、愛好者利用《府城文藝》這塊陣地，紛紛投稿，截至二〇一四年年底，《府城文藝》期刊共出版發行了九期，發表散文、詩歌、歌曲、繪畫、書法等各類文藝作品四百餘篇（幅、首）。

小說集——《萬平小小說》

多年來，全市著名作家和廣大文學愛好者，以一腔火熱的深情，多方位、多側面、多角度，用手中的筆創作出與時代要求相呼應的高質量的小說作品。小說集《萬平小小說》就是眾多小說作品的代表之一。

二十世紀九〇年代初，劉萬平開始動筆，二十多年來，已創作百餘篇作品。萬平的小小說，善於抓住我們身邊事件的聚集點、人物的閃光點，把焦點對準人，選擇人物一兩個精彩細節，展示人物突出的性格元素。不雕琢，不刻意運用技巧，語言樸實，敘述平淡，體現了小小說「以少勝多，凝練含蓄」「篇幅短、文字少」的藝術特徵。

▲ 《萬平小小說》封面

先看他的開篇之作《上炮》，寫農民賣農產品難：戴墨鏡青年打聽好了新來的收購員對農民挑肥揀瘦的「蠍虎」勁，便進去叫他姐夫套近乎，並順手塞在他衣兜一點「小意思」，取得了好感後便將小四輪開過來，很順利地檢了斤取了款。他「向收購員擺擺手，小四輪冒著煙突突地跑了」。收購員又嚴格地收了幾份甜菜，便草草地停收了，他急於去看那點「小意思」，費了很多周折也拆不開那個紙包，最後用牙叼繩使勁一拽，只聽「嚐」的一聲響，一股黑煙崩到他臉上……這是貨真價實的「炮」！小說僅千餘字，可謂精短，可它留給讀者的思索很多。他寫農民的機智，他不認識收購員卻叫他「姐夫」，反正一個「官姐夫」也無甚損失，又親自給他點上一支黑貓香菸，親切地讓他中午到家裡喝兩盅，客氣一陣後便塞給他一點「小意思」；收購員美滋滋地接受了這「小意思」……農民就這樣順理成章地給收購員上了一「炮」！將「姐夫」崩成三花臉，向損人利己者開了一炮，對索賄者的警示留在那兩顆白白的虎牙

上。小小說情趣盎然的譏諷，耐人尋味。

在他的小小說作品中，寫牛二系列的《牛二進城》等五篇，通過對牛二各個側面的描寫，把一個樸實憨厚、聰慧、自以為是的農民寫得淋漓盡致，其逆來順受的阿Q精神也寫得很到位，令人含淚苦笑。

《改選》是另一種幽默：大家都對工會主席豎大拇指，認為他是工人的領袖，誰也代替不了他。老劉認真地關心職工生活，對新一屆差額換屆他更是認真。他認真總結上屆工作，又印紅選票又忙乎佈置會場，大家覺得所謂差額選舉不過是走形式，工會主席非老劉莫屬。選舉出來了，老劉零票。大家面面相覷。大家都以為不差自己一票，都沒給老劉畫圈；老劉更高風格，自己更沒投自己的票。這是一個多大的笑話！人們把這種習以為常走形式的選舉已當成兒戲，捧腹之後又令你陷入認真的深思中。

劉萬平的小小說，涉及人們生活的方方面面，人物也是形形色色的：從縣長、局長、鄉長、村主任、農民、市井過客到同學、朋友、鄰里、親屬，男男女女，老老少少無所不包。在寫感情的篇章裡，幾位女性寫得都很成功，也很感人：二嫂、堂嫂、黑牡丹、金嫂、女兒嫂等是作者著力傾注深情而塑造的。多麼美好的女性啊！只因為她們都有人生的羈絆，美好中都透著淡淡的淒惶和苦澀，所以才感人至深。這是需要功力的。特別要提到「女兒嫂」：嬌在舞廳陪客，嬌陪的大哥過生日，大家稱嬌為小大嫂，一杯杯地為五十歲的大哥祝酒，好不熱烈。此時又一中年男人拉著一位婦人進了包房，大家又讓婦人為大哥大嫂祝酒。婦人說什麼也不肯祝酒，以致急哭了，她迅即跑出包房，嬌也跑出包房，連聲喊媽。原來這婦人是來接嬌的親娘……多麼悽楚的女兒嫂！漆黑的夜，電閃雷鳴，雨下得更大了，可怎麼也澆不斷那苦澀的母女之情啊！

縱觀劉萬平的小說，有對社會不良現象的針砭，有善意的開心和幽默，也有辛辣的諷刺。當然，人世的親情、友情、愛情、同情、悲情、豪情都流露在劉萬平的筆端。劉萬平小小說給我們一個完整的空間，讀後似有置身其中的感覺。劉萬平小小說給了我們一面鏡子，既能照見別人，也能照見自己，讓人們體味生活的苦辣酸甜的同時，也不斷地反省社會和反省自己。

散文集——《歲月流筆》

　　全市的散文作者深入生活，深入內心，深叩靈魂，從多角度展開思索，從多層面開展創作，以《白城日報·洮南週刊》《瀚海風》《府城文藝》等當地報刊為文學園地，大膽探索，熱情抒發，佳作頻出，結集出版。賈東昇散文集《歲月流筆》就是典型的一例。

　　《歲月流筆》最大的特點是對生活的有感而發。賈東昇在書中多次提及自己寫起東西來往往是「無拘無束，信馬由韁」，這正是他真情實感的自然流露。一個人如果在寫作的時候能保持無拘無束的狀態，說明他對生活的觀察已經積累到「份兒」了。無拘無束，其實正說明他得意地馳騁在思考的原野上，縱馬狂奔，這是寫作的最佳境界。

　　讀著賈東昇那些如《三月的小雨》《家鄉的小河》《雪飄阿爾山》等篇章的時候，彷彿看到他行走在北方清新的原野上，身邊的一切都進入他的視野，也進入他的心中。於是，他便借用「瘦弱的筆觸」傾情紓解，用真誠記錄對自

▲《歲月流筆》封面

然的熱愛、對生活的感悟和對情感的眷戀。

　　從他寫作狀態的「無拘無束」，從他遣詞用字的精到和恰當，從他抒情敘事的真誠和坦率，能體會到他的才情四溢。一個人只有具備豐富的生活積累和敏捷的文思才情，才能達到這種境界，接下來便會是「信馬由韁」。表面上看，這種思維和表達方式是見到什麼就寫什麼，是順著生活的思路去表現生活，其實不然，作者是沿著自己的理性思考去記錄和表述，而這種理性恰恰是作者情感與精神的表現形式。

　　貫穿全書的是作者矢志不渝的故鄉、故土、故人的情懷，是黝黑的土地，是白髮的親娘，是老舊不堪的村莊……這是所有人幾乎一生的眷顧。然而，在賈東昇的筆下，展示出的則是一幅幅絢麗多彩的人生畫卷。當讀完賈東昇的《家有老母》《煙雨童趣》《夢中的小村莊》等，才一下子體會到一個人其實是多麼珍惜情懷。他的文字真切地記錄和描述了親人和故鄉的情懷，這是這部散文集的又一個突出的風格。

　　自古以來，寫情的文字很多。但賈東昇寫得質樸和厚道。他沒有把情做過多的描繪，而採取直敘的形式，這樣它的感染力便越發強烈。把情感寫得自然、寫得直白、寫得真誠，這是一種功力，也是最難得、最珍貴的。一個人如果能夠保持住這個能力，並且熟練地運用這個能力，他就有可能成為一個「家」；而一個「家」如果能夠掌握並熟練地運用多種這樣的能力，那麼他就有可能成為一個「大家」或者「大手筆」。

　　黑土黑，黃土黃，咱們都是一個娘。是遼闊的松嫩平原，是肥沃的黑土地，是親親的爹娘把咱們養大。今天，行走在文學的道路上，只要不忘爹娘、不忘故土、不忘過去的時光，就會有出息。

　　流逝的歲月像飄蕩的時光一樣一去不復返了，然而愛的種子要永遠地埋在人們的生命裡。

詩集——《夢裡飛歌》

　　全市的詩詞作者本著「文章合時而著，詩歌合事而作」，用動人的筆觸，描寫、記錄正在發生的家鄉巨變。近年來，在《詩刊》《詩選刊》《詩歌月刊》《吉林日報》《綠野》《白城日報》等多家重點報刊上共發表詩歌作品四百餘首。廣大作者筆耕不輟，創作活動佳音頻傳：張公的現實主義詩歌作品《誰的母親》在一九九五年詩刊雜誌社舉辦的全國「金鷹杯」朗誦詩大賽中獲得一等獎；出版的詩集更值得稱道：如陸中蘭的《夢裡飛歌》，在省內外得到文學專家們的好評。

　　《夢裡飛歌》是詩人的第一部詩集。毫無疑問，書中展現的是她對詩初戀的一腔情懷，是她在漫漫詩路上開始跋涉時留下的最初的幾步足跡。其情懷是真誠、真摯的，其足跡是踏實、堅實的。

　　《夢裡飛歌》共分四輯，為「陽光燦爛」「情感星空」「夢裡飛歌」「雨中淚花」。每一集都傾注了詩人汗水和心血。

　　詩來自生活。這個命題，雖有人想否定，但純屬徒勞。「飢者歌其食，勞者歌其事」，自古而然。但詩是心音的「再現」，所謂「言為心聲」，蓋即指此。因此說，詩是客觀生活作用於詩人心靈之後的產物。詩人陸中蘭也深諳此理，她說：「生活中的諸多人、事、物，常常在我的心靈深處上下翻動，讓我不由自主地提起筆來，為之畫上一幕幕水墨丹青。」

　　陸中蘭是一位鄉村中學女教師，她熟悉自己周圍的現實生活，並被這生活不斷感召，使她也不斷用詩筆對這生活謳歌。在她的筆下，有默默耕耘，經歷坎坷的老民辦教師；有生龍活虎充滿朝氣的應屆畢業生；有教研評比答辯的感受；也有童年生活難忘的記憶；有自己親人的形象，也有朋友的面影。總之，她的詩筆涉獵範圍十分廣泛。

　　陸中蘭的詩寫得最為動人的無疑是她的那些「獨抒性靈」「寄予情感」之

作。古語說「情動於中而行於言」（見《毛詩》大序）。抒情詩，尤其不能寡情，更不能無情。「重逢的微笑／只有你我能聽懂心底疼痛的呻吟」「今夜斑斕的星輝早已為我收斂了歡快的翅膀／杯影裡只有冰涼的月亮與我無聲對飲／還有我滴滿淚水的紅裙子」；「好想現在就靠上這棵樹／搖落蛛網織成的苦澀／好想現在就變成一片葉／使憂鬱的樹幹擁有快樂的光澤／好想現在就生出一雙翅膀／隨同我心愛的人共飲桂花酒的香醇／唱一曲默契而抒情的天上黎明」；「心與心的吻／雖隔著天／隔著海／也像連著線的風箏／永遠地悄悄地纏繞在一起／為愛的天空留下一種溫柔和美麗」……不需更多摘引了，這些飽含情感的詩句，足以使讀者深受感動了。陸中蘭詩中，這類作品大都收在第二輯「情感星空」和第三輯「夢裡飛歌」中。的確，這個「星空」既寬闊又美麗，這些「飛歌」既浪漫又抒情。請看《網‧桃‧茶》一詩：

女人是網
常常把男人的夢捕獲
而當夢醒來時
他卻從網眼中溜走了

女人是桃
貪心的男人把它吞進口中
卻把核吐出來
任它赤裸裸地跌入深冬

女人是一杯熱茶
她用熱情滋潤男人的心
只有那隻空杯子
才永遠屬於她自己

▲《夢裡飛歌》封面

這是詩人陸中蘭從女人的獨特視角對男女雙方關係的觀察、體驗、分析、研究，也可以說是她的獨特發現與認識。雖然不能說這種發現與認識完全準確、正確，但至少為讀者提供了部分真實，可供參考與佐證。細品此詩，令人不禁感到有幾分酸楚和苦澀，也不禁為詩中的「女人」深感同情與憐憫。

報告文學集——《綠色的求索》

　　全市的報告文學創作緊貼現實，貼近生活，緊跟時代步伐，彰顯社會熱點，多以謳歌新時代、新生活、新人物、新事物為主要表現內容，不斷地拓展創作題材，以全景式、問題式等方式兼容新聞、文學的筆法，風格各異，時剛報告文學集《綠色的求索》是其中具有典型的代表作，在洮南文苑百花齊放中獨具魅力。

　　黨的十一屆三中全會之後，在這改革開放和經濟建設的時代滾滾洪流中，洮南的各項事業輝煌紛呈，日新月異，兩個文明建設經驗顯著，英模輩出。火熱的生活為廣大文學藝術工作者提供了空前良好的創作背景。而時剛這一時期的作品，則正是應和時代的客觀需要而產生的。《綠色的求索》所收集的二十四篇作品，共同反映了洮南各階層人民在建設中國特色社會主義道路上，在建設家鄉四個現代化進程中，所體現的精神風貌和創造的英雄業績。作品通過對諸多典型的報導，及時而準確地宣傳了這一時期黨的中心工作，鳴和著時代潮流的主旋律，謳歌了在這主旋律感召下盡心竭力積極進取的殷殷赤子，反映了各條戰線高歌猛進中的捷報成果，點綴了家鄉漲滿生機的芳草地。

　　研讀時剛報告文學，其藝術特徵主要反映在四個方面。一是開頭引人入勝。如《古城之劍》開頭：「劍，一個灑脫、遒勁、閃爍著雄性的靈光的『劍』字嵌於兩米之長的條幅間……」作者在反映古城公安戰士保衛家鄉安定和平的戰鬥之端，先用公安局長楊玉武辦公室一幅書法開筆，動中有靜，靜中又有蘊動，以文藏劍，以武展文，很容易把讀者吸引到文章中來，並推進所敘「劍之光」「劍之武」「劍之韻」之中去。二是懸念製造新奇。如《燃燒的生命》從「一個真實的你，站在讀者面前」寫起，不由得首先把讀者帶進「他是誰」的懸念中。《墨綠環抱的土地》全文製造了三個懸念：1.于連貴去哈爾濱看病——那麼他病從何來？結果會怎樣？2.曾經集體經濟實力較厚的四家子村面臨「分田分畜真忙」，村支部書記于連貴該怎樣對待？3.于連貴病重了，鄉親們已經張

羅為他做棺材——他能倒下嗎？通過製造這些懸念，作者再用倒敘或插敘、補敘等手法，敘寫出于連貴的為人事蹟，最後再帶給讀者一個驚喜——于連貴未被死神奪去生命，他拎著一兜藥踏上了歸途，又回到了家鄉墨綠環抱的土地上。如此結構，嚴謹巧妙，引人入勝，峰巒跌宕，耐人尋味。三是故事情節構築曲折有致。如《「城管司令」素描》第一部分寫劉啟雲的親情，而側面寫他的事業心；第二部分寫他走馬上任當城管隊長，如何搖旗擎炬；第三部分寫他對同志的友情，如何關心他人；第四

▲ 《綠色的求索》封面

部分寫他曾受過處分，又如何成為優秀黨員和模範幹部。如此交錯情節，逐層釋疑，步步深入，有情有致，才使一個人血肉情懷豐滿，呼之慾出。四是環境勾畫想像合理：1.時代大環境。以《旌旗，他們剛剛接過》為例，作者這樣交代的歷史環境：「浩蕩的幹部大軍，行進在億萬人民中……從中央到地方，從領袖到職員……西元一九八二年，北京市昌平縣沙河鄉任用的選聘幹部，為幹部大軍輸送了新鮮血液。」通過資料及想像，為讀者首先展示了幹部制度改革的時代背景和現實需要。2.人物活動環境。天津知青來到洮南所接觸的第一環境是「茫茫的科爾沁草原，靜靜的蛟流河水，還有密林掩映的鄉村」。與天津大都市相比，一方是「水上公園」「光潔的馬路」「摩天大廈」，一方是「荒野」「土道」「簡陋的房屋」。然而「滾燙的火炕」「清涼的大碗茶」「火盆邊的老白乾」「優美的東北大秧歌」驅散了城裡娃們的煩憂，大隊長請來的醫生，老媽媽親熬的草藥和做的荷包蛋，暖熱了這一知青的胸懷，從此這一環境伴著韓沐風走過了自己的青春驛站。而水稻技術員張海所置身的環境則是如歌所道的「誰說江南勝塞北，我說塞北格外美，迷人水鄉幅幅畫，身在畫中心兒醉……」人物生長離不開環境。事實上，也正因有了這些環境的再現，時剛筆下的人物才能顯得如此生氣勃發，達到了理想的境地。

歌曲集——《綠野放歌》

　　全市的音樂舞蹈事業蓬勃發展，各類文藝活動空前活躍。湧現了一大批優秀作品，並在國家和省、市各級比賽中獲獎。結集出版的《綠野放歌》就是音樂作品方面的突出代表。

　　《綠野放歌》是一本歌曲集，由洮南報社社長朱守仁作詞、洮南市戲曲創作室副主任李福貴編曲，他們一詞一曲，合作十餘年，共同創作出「頌改革、贊家鄉」的歌曲八十餘首，《綠野放歌》選發了其中的六十首，由白城市音樂家協會於二〇〇七年編輯出版發行。

　　《綠野放歌》中的歌詞古典豪放，多以歌頌家鄉的青山、秀水、大平原、黑土地為主，歌頌洮南古城的百餘年發展史，歌頌改革開放的巨大成果，歌頌勇於改革創新、拚搏奉獻的創業人為內容，憧憬著家鄉更加美好的明天；其曲優美動聽，具有很強的地域特色和濃郁的鄉土氣息，受到了業內人士的高度評價。

▲ 《綠野放歌》封面

　　《綠野放歌》中的歌曲，無論是演唱還是聆聽，都令人感到親切，每一首歌的音樂都準確地詮釋了歌詞所要表現的主題與情感，開掘並深化了歌詞的內涵，創造出美的意境。無論是鏗鏘有力的進行曲，還是輕盈優美的圓舞曲，無論是山水吟唱，還是青春戀歌，無論是對開拓者的禮讚，還是對父老鄉親的深情抒懷，都能使人們在各具特色的音樂旋律中得到美的享受。《洮南古城我的家》準確地表現了洮南發展和創業人奉獻精神和對明天的美好憧憬。歌曲自創作以來，

曾數十次被合唱團選用，在大型演出活動中演唱。《我愛家鄉的洮兒河》《洮兒河戀歌》《我愛洮南好風光》《紅妹子辣妹子》《我的大平原我的黑土地》《貴客你請到我家鄉來》《百靈鳥》《鬧牛山上的五角楓》《我的大沁塔拉》《釀酒謠》《紅高粱》等歌曲，已成為一些優秀歌手在舞台上經常演唱的歌曲，得以流傳。其中，二重唱《我愛家鄉的洮兒河》曾在吉林省和白城市所舉辦的創作歌曲大賽中獲得一等獎。

《綠野放歌》歌曲集並非一日之功創作完成，而是經過多年的精心挑選、斟酌損益後彙集而成，它詮釋了二位詞曲作者無比熱愛生活、熱愛家鄉、熱愛祖國大好山河的心路歷程，它的問世不僅填補了洮南自創歌典集的空白，更成為全市詞曲創作的引領。

蛋雕——蛋殼變成的藝術品

蛋雕是近年逐漸興盛起來的一種民間手工藝品。蛋雕工藝品有多種，一種是用雕刀在表面顏色較深的雞蛋殼上雕刻人物、山水、花鳥等圖案，圖案成形後其效果類似於美術中的素描或線條勾勒；另一種是選用質地較厚的鵝蛋、鴕鳥蛋等禽蛋作為材料，以淺浮雕或鏤空的手法進行雕

▲ 十二生肖蛋雕

刻。蛋雕作品完成後，還要進行清除蛋液、消毒等處理。蛋雕作品種類繁多，有人物肖像、花鳥魚蟲、京劇臉譜、詩文字畫等。

洮南民間藝人于澤紅憑藉嫻熟的微雕技藝，把數百個雞蛋殼變成了精美絕倫的藝術品。

三十年前，十五歲的于澤紅在長春上學。學校開設第二課堂，教孩子們篆刻技巧。于澤紅學得比較認真，安靜的時候喜歡篆刻。二〇〇八年，他在電視上看到一檔電視節目，內容跟民間手工有關。于澤紅靈機一動，如果把雕刻技巧用到雞蛋殼上，他也能創作出好作品。當時正值北京奧運會舉辦前期，于澤紅把第一件蛋雕作品鎖定為福娃系列。幾週過後，包括會徽、吉祥物在內的六枚「奧運蛋雕系列」作品新鮮出爐。

看著他面世的蛋雕作品，親戚朋友都感到奇特，覺得相當好看，這使他感到很欣慰。從那以後，他便開始盯上了蛋殼，潛心研究起蛋雕技藝，並在題材創新方面下足了功夫。

出於創作需要，于澤紅買蛋時的「說道」特別多，要標準的橢圓形，顏色

紅而深，表面無雜物浸染等，這些「指標」缺一不可。

　　于澤紅的蛋殼微雕共分三步：首先要用針管把蛋黃、蛋清抽空；然後在蛋殼表面勾勒出畫面；最後用專業刻刀雕出立體圖像。說起來容易，做起來難。雞蛋殼易碎，稍有不慎，就會前功盡棄。一枚蛋雕用時最短兩三天，稍複雜些的要七八天。每一個作品都不知道要弄壞多少個雞蛋。

　　把選好的素材融入自己的想法，雕出的東西才有特點和靈性，於是各種畫冊和影像資料都成為他創作的源泉。由於功底紮實，技術嫻熟，于澤紅的蛋雕作品越來越豐富，代表作品有毛主席套像、十二生肖像、中國十大名花系列等。此後，他又開發了鵝蛋鏤空雕刻和鴕鳥蛋雕刻項目。

　　二〇一〇年八月十日，于澤紅的蛋雕技藝被列入「白城市非物質文化遺產」保護名錄。

▲ 鴕鳥蛋雕

▌鋁箔書法藝術品

　　喝完的易拉罐有用嗎？弄那麼多廢棄的易拉罐能做啥？身為幼兒教師的曹偉平給出的答案是拿來「鑄字」。六年多的時間裡，曹偉平利用自製工具和易拉罐外皮，雕刻了全部公開發表的毛主席手寫體詩詞作品。

　　曹偉平在洮南市一家幼兒園做教師。一九九九年，她參加了一個玩具、教具大賽，當時就琢磨，什麼樣的玩具教具能讓小朋友開心呢？她最後上交的作品是一個用易拉罐製成的機器人，成本少，構造簡單，卻拿到了比賽的一等獎。從那以後，曹偉平開始跟易拉罐結緣。

▲ 曹偉平

　　那幾年，用易拉罐編織小花籃、筆筒很流行，她想做不一樣的，要有自己的特色。曹偉平的父親喜歡毛主席詩詞，時常拉著她去書店買相關資料。買的次數多了，曹偉平突然從各式各樣的詩詞選集中找到了靈感。上面手寫體的狂草蒼勁有力，曹偉平想，把這些書法藝術用易拉罐的鋁箔表現出來，效果一定特別震撼。

　　打定主意，曹偉平把堆在家裡的易拉罐都翻了出來，洗乾淨，剪成長方形備用。二○○九年春天，曹偉平開始嘗試製作毛主席的手寫體詩詞。她廣泛收集材料，認真揣摩毛主席的書法精髓，一次次摸索、一字字對比、一點點總結，終於完成了第一件浮雕書法作品《多想》，隨著手法的純熟，《努力向前》《青鋒》《百花齊放・推陳出新》等數件題詞作品躍然眼中。

　　起初，曹偉平的想法是，選用易拉罐的銀色鋁箔做面，按字跡剪形，然後

黏貼到木板上，完全保持主席書法在紙面上那種恢宏磅礴的氣勢。試做後發現，由於鋁箔是平的，剪出來的字沒有立體感，工整有餘，氣勢不足。想來想去，曹偉平把竹筷子削成不同粗細的扁形頭，在鋁箔字的背後扣槽，再翻過來黏貼，書法的質感立刻顯現了出來。

她早期做的都是毛主席的題字，技法成熟了開始做詩詞長卷。她的第一件毛主席手寫體詩詞作品《為女民兵題照》，整整用了一個月的時間才完成。隨後，《題所攝廬山仙人洞照》《卜算子·詠梅》《七律·長征》等作品相繼完成。作品中將毛主席詩詞瀟灑飄逸、大氣磅礴的氣勢表現得淋漓盡致，讓人歎為觀止。最大的一幅作品是毛主席於一九六三年寫的《滿江紅·和郭沫若》。

二〇一〇年，經有關部門評審，以曹偉平鋁箔鑄字命名的手工技藝被列入白城市非物質文化遺產保護項目。二〇一二年五月十八日，白城市博物館在世界博物館日為她舉辦一場曹偉平鋁箔書法展。

▲ 作品《清平樂·六盤山》

煙盒黏貼畫

煙盒黏貼畫創作分三個步驟：第一步蒐集煙盒，原料準備好；第二步在紙上畫畫，先在紙上畫好圖案，接著剪下來；第三步剪貼，按照圖案形狀將煙盒剪好，最後，將剪好的煙盒黏貼成畫。

被人丟棄的廢棄煙盒，經過巧手一「折騰」，就變成了一幅幅栩栩如生的黏貼畫。既有斷橋邊許仙相逢白娘子，也有大觀園裡寶玉偷看林妹妹……畫中人物和風景精巧細緻、惟妙惟肖。仔細看了才會發現，這些畫雖不是筆墨之作，但整幅畫看上去既有油墨的色彩內涵，又有國畫的章法神韻，堪稱精美藝術品。劉國輝就用一雙這樣的巧手，貼出了數百幅巧奪天工的煙盒黏貼畫。

▲ 劉國輝

▲ 作品《辣椒紅了》

　　一九八三年，當時劉國輝在洮南市人民電影院做宣傳員，日常工作是為即將上映的影片繪製宣傳海報。那時的電影院觀眾抽菸、嗑瓜子都習以為常。劉國輝忙完手裡的活，經常幫同事打掃衛生。有次電影散場，他操起一把掃帚進了放映廳，掃出一大堆廢棄的煙盒。各種牌子、各種顏色的煙盒在燈光照射下五彩斑斕，簡直就是一幅畫。他生在藝術世家，從小耳濡目染，對色彩相當敏感，眼前的煙盒激起了他的靈感，他決定用這些東西作畫。掃出來的煙盒都被他收回了家，擦淨晾乾。

　　恰巧當時劉國輝在電影院畫的海報是《七品芝麻官》。他把煙盒剪出需要的形狀，再黏貼到白紙板上，一個搖頭晃腦的縣令形象就出來了。眼看煙盒貼出來的「芝麻官」人見人愛，同事朋友搶著要。

　　那幾年，親友都覺得劉國輝瘋了，他自己花錢去北京、天津等地的名勝古

蹟轉了好幾圈，還以為旅遊呢，等他回來才知道，人家就是去撿煙盒了。洮南香菸的品種太少，大城市的旅遊景點有來自全國各地的旅行者，自然能帶來各地的香菸，那些廢棄的煙盒正是他需要的。他自己粗略算了一下，二十多年裡，他一共出門「旅遊」十幾次，每次都花二千多元錢，這在當時可不是一筆小數目。可劉國輝覺得自己的錢沒白花，他撿回來的煙盒裝了兩麻袋。創作原材料豐富了，作品自然也就多了。

劉國輝的煙盒黏貼畫大多是利用業餘時間完成的，週期比較長。近二十年的時間裡，他從《紅樓夢》《西遊記》等古典名著中選取素材，創作了六百多幅煙盒黏貼畫。其中，僅四大名著系列就用了八年零四個月的時間。《水滸傳》中的人物最多，整個作品完成後，算一算一共用了一千多個煙盒。而近幾年，他把黏貼畫的取材方向放到了本地鄉土特色上，一幅名為《辣椒紅了》的黏貼畫把洮南地方特產紅辣椒和豐收的農家院表現得淋漓盡致。很多看過這幅畫的人很難相信，上面所用顏色取自一百多個國產品牌的香菸煙盒。

一九九三年，劉國輝早期創作的《七品芝麻官》《門神》等七幅作品曾分別在加拿大、日本巡迴展出，並進行了國際藝術交流，讓不少老外看得目瞪口呆。同年，劉國輝在洮南舉辦了「劉國輝煙盒黏貼畫展」，開創了洮南市個人舉辦藝術作品展覽的先河。一九九五年，作為非物質文化遺產傳承人，劉國輝被中國文聯授予「中國民間藝術家」稱號。二〇〇一年七月，他的作品《梅竹》入選中國當代書畫藝術家大型辭典系列之《中國書畫藝術博覽》一書。

手工縫繡畫

手工縫繡畫是在刺繡的基礎上發展起來的，因此手工縫繡畫的工藝要求是：順、齊、平、勻、潔。順是指直線挺直，曲線圓順；齊是指針跡整齊，邊緣無參差現象；平是指手勢準確，繡面平服，絲縷不歪斜；勻是指針距一致，不露底，不重疊；潔是指繡面光潔，無墨跡等污漬。刺

▲ 叢翠蓮

繡說起來容易，事實上絕非想像中的那麼簡單，而是需要超常的耐力。一幅作品少則七八天，多則幾個月甚至一年。洮南的刺繡作品針法簡練，延續了傳統的拉繡工藝，還綜合了蒙古族的「倒牽牛」針法、「疙瘩」繡法、滿族的「車撐」針法等十幾種，而且色彩鮮明，粗獷豪放，風格獨特。淳樸的技藝手法不僅弘揚了本土的民族文化，同時也凸顯了地域特色和濃重的時代氣息。

洮南刺繡的領軍人物叢翠蓮，全國婦女手工編織協會會員，吉林省旅遊產品設計協會會員，她興趣廣泛，喜歡繪畫、刺繡、剪紙、黏貼，她給自己起筆名婧霞，寓意就是「女子有才能，大器當晚成」。二十出頭，下鄉插隊當知青，她充分發揮特長，為那裡的農民畫家具，為辦農業科技展畫幻燈片，畫那裡的青山綠水，宣傳那裡的風土人情，多次參加由市文化館舉辦的美術書畫展並獲獎。時任縣文化館美術組教員、現為中央美術學院民間藝術系教授的陳開民曾親自教她畫素描、畫速寫。五年的農村生活和那段豐富的經歷為她日後的藝術創作打造了深厚的根基，也增強了她對藝術追求的決心和信心。

一九九九年，她走進了下崗女工的行列。這給她重新創業提供了機緣。於

是，她刻苦鑽研刺繡技藝，廣泛收集民間藝術珍品，並虛心向老藝人請教。經過一段時間的苦苦研究、細心揣摩、精心繪製，一幅幅精美的藝術作品脫穎而出。她的作品題材豐富，圖案從民間傳說、歷史人物、神話故事、四季風景、北方民俗等諸多方面節選人物和場景。構圖新穎，無論刺繡的人物、動物，還是仙人仙境及風俗畫，都活靈活現，楚楚動人，讓人耳目一新。憑著良好的藝術天賦予功底，她開始嘗試以膨體紗線為主要原料的刺繡工藝。

她的代表作品《十二花神》耗費了她近一年的時間才完成，這幅長約二米、寬一點二米的作品，畫面上的十二位花神形態飄逸，栩栩如生。經過幾年的不懈努力，她先後有三幅作品被白城市聾啞學校購置用於教學。作品《關羽》《戲劇臉譜》入編洮南《清雅齋書畫作品集》；作品《八仙過海》在《吉林日報》上發表；作品《三羊開泰》在《天工》雜誌上發表；她的作品民俗系列以及《洮南我美麗的家》分別被洮南市博物館和白城市博物館收藏⋯⋯

▲ 省市縣相關領導考察手繡作坊

二〇〇二年，叢翠蓮的刺繡工藝品開始走出國門，並由此引來了無限商機。她的代表作品《十二花神》《金陵十二釵》在白城市第三屆生態旅遊節暨首屆文化節上榮獲一等獎，並被白城市旅遊局選送到澳大利亞文化節上展出，得到了國際友人和海外華人的一致好評，在國內外引起了不小的轟動。一時間，洮南的刺繡天下揚了美名。二〇〇七年她的刺繡作品作為旅遊產品參加第三屆東北亞博覽會，當天就被搶購一空；二〇一三年五月末，在中國（北京）國際服務貿易交易會上，市文聯帶其作品參展，她的近二十件以十二生肖為主題的手繡作品「小孩肚兜」當場被紛紛搶購。

　　二〇〇六年，叢翠蓮獲得了由吉林省版權局頒發的知識產權證書；二〇一〇年七月，在吉林省婦聯組織的首屆婦女創業就業手工藝品展覽大賽中獲最佳工藝獎，叢翠蓮手繡作坊被命名為「吉林巧姐」手工藝品基地。

　　叢翠蓮手工縫繡畫於二〇一〇年八月被列入白城市第二批非物質文化遺產保護項目，於二〇一一年十一月被列入吉林省非物質文化遺產名錄；二〇一三年十一月，叢翠蓮被吉林省文聯、吉林省文化廳、吉林省民間文藝家協會特授予「民間文化藝術突出人才」榮譽稱號。

▲ 手工縫繡畫作品

彰顯三維立體效果的手繡

在古城洮南，董麗瑋的手繡不同於十字繡，又不同於蘇繡，如此的納繡既有小家碧玉的秀色可餐，也有大家閨秀的豪爽氣派，她用南北交融的繡法，通過多年的摸索、完善和改進，逐漸地形成了自己獨有的風韻。在具有爆發力的視覺衝擊下，每一針都會令人思緒萬千──那凸凹有致、立體的一組組圖案，真是讓人大飽眼福的同時也更加愛不釋手……

董麗瑋的手繡煥然一新，她一改以絲為細的舊觀念，用充滿少數民族韻味的個性化裝飾手法，再糅進東北人粗獷豪放的視覺理念，大膽地利用現代粗絲線、厚緞料，根據不同的圖樣，一起並用了平針、包梗針、緞針、長短針、打籽針、三角針、鎖針等針法。從而表達出東北人對手繡藝

▲ 董麗瑋

術的理解。多年來她創作的作品，如京劇臉譜、布上油畫、名人書法、奇花異草等系列都得到了專家的一致好評，特別是她曾經用兩年時間創作的寫意畫──《群鶴圖》得到省內外觀者的高度讚譽。整個作品的畫面呈現出恢宏大氣、跌宕起伏、高雅古樸、凸凹有序的浮雕式效果。有種「納」出來的美感，真正突出了內容的特點，技法也完全區別於國內外其他繡種。

二十世紀九〇年代末期，她將自己創新的手繡作品一次次推向了全國各大展會，結果是銷售前景和社會反響都十分看好。二〇〇二年她應邀參加了「中國·長春第二屆民間藝術博覽會」；同年六十餘幅作品參加「中國·長春工藝品禮品博覽會」，手工彩繡被評為優秀禮品；二〇〇三年她應邀參加了「中國·長春國際薩滿研討會」，手工納繡《狐神》《鹿神》《雪神》《火神》等作

品得到國內外與會者的一致好評；二〇〇四年她應邀參加了在遼寧省美術館舉辦的中國·瀋陽第二屆中韓藝術博覽會，其作品得到了魯藝師生的高度讚譽，一致認為這種新增的納繡藝術是中國當代繡品中用線、用色最大膽、最具爆發力且最具創造性的作品；二〇〇五年她應邀參加了中國·長春第三屆民間藝術博覽會，並被評為優秀展位，本人被評為優秀民間藝術家，同時被指定為白城市非物質文化遺產項目傳承人；二〇〇六年、二〇一三年她先後兩次在白城吉鶴文苑和白城市博物館舉辦個人手繡作品展，二〇〇六年作品被白城市領導帶往深圳參加文博會，其後她連年被邀參加全國各類大展。二〇一二年被評為「吉林巧姐」。

董麗瑋的手繡作品先後被白城市博物館、吉林市博物館收藏，並在北京、廣州、長春、延邊、吉林、白城等地被國際友人購買和收藏，其作品《關東四神》被長春文化部門推薦去法國進行文化交流。

彩繪葫蘆雕

　　一個小小的葫蘆，不僅能變成千姿百態的彩雕藝術品，還走出來一條獨特的藝術創作之路。五顏六色的彩繪葫蘆雕，有姿態各異的《金陵十二釵》，有生動活潑的《十二生肖》，有神祕的《美人魚》，有《三國演義》《西遊記》《八仙過海》中的人物，還有許多美麗的圖案配以吉祥文字，如福、壽、祥、和、平安如意……

　　這些彩繪葫蘆雕出自劉秀平之手。劉秀平，一九七四年一月出生在普通的農民家庭，從小就喜歡畫畫，常常偷偷地在書本的空白處、操場的空地上畫自己喜歡的圖案。班主任老師批改作業時，無意中發現她作業本背面畫滿了畫，瞭解情況後，老師為她買了一個本子訂在後面，這件事一直激勵著她，也使她更堅定了追求藝術的信心。

▲ 劉秀平

初中時，美術老師發現了她的繪畫才能，時常抽時間為她輔導；她在高中時參加了美術班，並考取了長春工業美術設計學校。這期間，她對美術有了廣泛的涉獵，長春的兩年是她藝術的吸氧階段，為以後的藝術創作埋下了秀筆。

　　一九九六年從長春工業美術設計學校畢業，被分配到洮南彩印廠，工作三年後，由於企業改制，她成了一名下崗女工。後來她在洮南商業大樓包租了兩節五金櫃檯，搞小電器零售業務，在賣貨的空閒，她開始在葫蘆上精心描畫。她從電視上看到有位民間藝人在葫蘆上勾畫，她不想步其後塵，大膽嘗試用廢舊銅絲在葫蘆上黏貼圖案，效果不錯，但難以表現精細部位。「何不用浮雕的辦法？」她的腦子裡出現了這個大膽的想法，馬上進行實踐，果然效果極好。剛開始雕刻的小葫蘆多是送給朋友和同學，後來一個開飾品店的朋友把她的作品《金陵十二釵》拿到店裡擺放，沒幾天被人以三百元買走，同時留下了訂單和連繫電話。

▲ 葫蘆雕展示

作為一名普通的下崗女工，多年來，劉秀平用手中的一把刻刀，在困難中前行，創作出幾百件葫蘆雕作品，在省內外頗具影響。二〇一三年，劉秀平當選洮南市民間藝術家協會副秘書長，這年她的彩繪葫蘆雕在白城舉辦的生態旅遊節上展出並受到好評。她的作品「彩繪葫蘆雕」在吉林省第二屆旅遊商品設計大賽上獲得銅獎。她的葫蘆娃雕刻獲得吉林省版權局頒發的葫蘆雕刻工藝知識產權證書。二〇〇七年她的葫蘆雕刻工藝品在鄭州舉辦的旅遊交流會上展出，受到好評並廣泛訂購。後來，她的事蹟在吉林電視台、白城電視台和洮南市電視台滾動播出。她的葫蘆雕刻被列入省級非物質文化遺產保護項目。

▲ 葫蘆雕刻工作室

▎夜光剪紙

夜光剪紙，又叫螢光剪紙。具體說就是採用夜光材料製成的裝飾藝術品。它是由夜光（螢光）材料層和塗在夜光（螢光）材料層之後的不乾膠塗層組成。夜光剪紙通過不乾膠塗層黏貼到其他介質表面。新型夜光剪紙（螢光剪紙）與傳統剪紙相比，其優點在於神祕、趣味性強。與傳統剪紙相比，夜光剪紙更具觀賞性、藝術性、趣味性。夜光剪紙使用的夜光材料無毒，不含任何有害物質，安全可靠。正是這種後現代藝術，讓傳統民間剪紙走入更多的尋常百姓家。它好像一個「平面」的花燈，在夜

▲ 張睿臨

晚更加璀璨奪目。因此也更具有收藏和餽贈的價值。以其獨特的藝術性加之觀賞性，在裝飾、美工、投資等各領域有著廣闊的市場前景。

洮南夜光剪紙的代表人物是張睿臨，她是洮南市第一小學美術教師、洮南市民間藝術家協會副秘書長，從事剪紙藝術多年，她的剪紙藝術已經申報了非物質文化遺產。她創作的長達十米的剪紙作品《百虎圖》，運用了全新的創意和手法，是她剪紙藝術生涯的一座里程碑。

當十米長的畫卷緩緩展開時，映入眼簾的是藍色背景之下形態各異的白色老虎，或坐或臥、或跳或跑，有猛虎下山，也有仰天長嘯，更有閃轉騰挪、做撲咬之勢者，每隻都活靈活現。而卷首的第一隻頭戴王冠的上山猛虎，更是將百獸之王的風範與威嚴表現得淋漓盡致。《百虎圖》最大的亮點是一反傳統剪

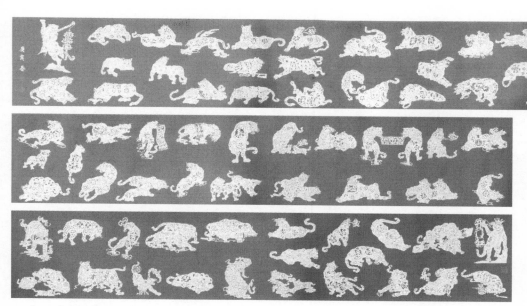

▲ 作品《百虎圖》

紙的煩瑣方式，採用了一種較為新穎的剪紙手法，作品線條流暢、簡約，又不失圓潤、飽滿的表現力，具有極強的時代氣息。此外，張睿臨還將中國傳統書法藝術與現代POP字體相結合，融入剪紙作品中，使得文字充滿時尚又不失傳統書法的風骨。這幅作品的另一亮點是全圖的藍白配色使作品的整體格調更顯高雅，充分地體現出民間藝術的深邃內涵。

第六章

文化風俗

古城洮南，彷彿是一首牧歌，古城的民間傳說、方言和民族語言形成的地方文化，承載著地方的特色文明，蘊藏著地方的智慧、技藝、信仰、風俗，特有的文化風俗在這首舒緩的牧歌中悠然瀰漫。

許多古老的傳統習俗像是八百里瀚海無處不在的種子，深植在人們的心中，影響和淨化著一代又一代洮南人的心靈，像穿越時光的隧道向現代的人們默默訴說著八百里瀚海的一方山水萬種風情。

節日影像

春節──迎年守歲看春晚

春節，是農曆正月初一，又叫陰曆年，俗稱「過年」。這是中國民間最隆重、最熱鬧的一個傳統節日。春節的歷史很悠久，它起源於殷商時期年頭歲尾的祭神祭祖活動。按照中國農曆，正月初一古稱元日、元辰、元正、元朔、元旦等，俗稱年初一；到了民國時期，改用西曆，西曆的一月一日稱為元旦，把農曆的一月一日叫春節。

春節是中國一年中最為隆重的節日，不同的地域和民族有著不同的風俗，洮南人過春節講究也有很多。

春節到了，意味著春天將要來臨，萬物復甦草木更新，新一輪播種和收穫季節又要開始。人們剛剛度過冰天雪地草木凋零的漫漫寒冬，早就盼望著春暖花開的日子，當新春到來之際，自然要充滿喜悅載歌載舞地迎接這個節日。辭舊迎新、祈福迎祥的慶典幾乎都集中在除夕舉行。著新裝，放鞭炮，貼對聯、年畫，全家一起祭祖，焚香秉燭、廣陳供品，向宗親三代叩首，表示辭歲。隨後，舉行家宴，長輩們坐在上首，晚輩們團團而坐，取「闔家團圓」之意。飯果必須豐富，讓人有充實感，預示來年豐衣足食，事業興旺。這頓飯是對年菜的首次品嚐，可以葷素一齊上。席間，老少互相祝願，兄弟間推杯換盞，盡情享受天倫之樂。飯後男女老少都要徹夜不眠，進行不同的娛樂活動，謂之「守歲」。孩子們歷來是隨心玩耍，大人們則坐在一起玩紙牌、打麻將。娛樂中以鮮果、糖果、乾果雜拌兒等為副食，邊吃邊玩，盡情享受，直至「接神」。二十世紀八〇年代開始，人們把中央電視台春節聯歡晚會也當作年夜的大餐，盡情地享用，看到引逗處，會笑得前仰後合。午夜，此起彼伏的鞭炮聲，響徹夜空。「遍天銀花繡，闔街硝煙濃。」伴隨聯歡晚會的鐘聲，即宣告舊歲已去，

新年來臨，這正是「五更分二年」的莊嚴時刻，全家互道「新禧」，晚輩們要給長輩們叩首拜年，長輩們必給未成年的小孩兒「壓歲錢」。最後，全家吃一頓餃子，謂之「五更餃子」「團圓餃子」。在百十個餃子裡，只有一個放有硬幣，謂之吃到這個餃子的人一年諸事順遂。

元宵節──喜鬧元宵品湯圓

元宵節是中國的傳統節日，早在二千多年前的西漢就有了。元宵賞燈始於東漢明帝時期，明帝提倡佛教，聽說佛教有正月十五僧人觀佛舍利、點燈敬佛的做法，就命令這一天夜晚在皇宮和寺廟裡點燈敬佛，令士族庶民都掛燈。以後這種佛教禮儀節日逐漸形成民間盛大的節日。該節經歷了由宮廷到民間、由中原到全國的發展過程。

正月十五為元宵節，也稱上元節，習稱燈節。在諸多節慶中，元宵節很重要，俗稱正月半。掛紅燈、放鞭炮、吃元宵、賞花燈、扭秧歌、走百病等習俗在洮南市沿襲至今，個別農村還在延續送燈祭祖，家家用麵做成碗狀的燈，在麵碗裡倒上油，用線做捻兒，掌燈時在屋外的窗檯上、大門墩上、倉房前一一點上，還要用鋸末子拌上油從家門口到墓地的路上，每隔一段距離點上一墩，豆大的微光連成一片，很壯觀，此時天人共享叫「送燈」。元宵節敬神活動在建國後被解除。

元宵節是中國的傳統節日，所以全國各地都過，大部分地區的習俗是差不多的，但各地也還是有自己的特點。

洮南人在大年三十就開始點長壽燈，徹夜通明。從大年三十到正月十五元宵節，幾乎每家每戶都要掛紅燈籠，到了晚上就要點亮燈籠，而且要點一宿，不能關燈，意味著益壽延年，香火不斷。

正月十五這天，家家餐桌上的主食是元宵。

清明節──祭祖掃墓踏柳青

清明節又叫踏青節，在仲春與暮春之交，也就是冬至後的第一○八天，中

國傳統節日之一，也是最重要的祭祀節日之一，是祭祖和掃墓的日子。中國漢族傳統的清明節大約始於周代，距今已有二千五百多年的歷史。清明最開始是一個很重要的節氣，清明一到，氣溫升高，正是春耕春種的大好時節，故有「清明前後，種瓜種豆」「植樹造林，莫過清明」的農諺。

氣清景明，清明標示著一年中空氣清爽、草長鶯飛、景色宜人的時節。清明既是節氣又是節日，這在二十四節氣中絕無僅有，除了農事之外，清明還有掃墓、踏青、祭祀等特殊的內涵，洮南人過清明與中國其他地區有相同的掃墓、踏青等習俗，而形式上又有一些特有的習慣。

在洮南過清明時多數人家要祭奠掃墓，這也是清明節最重要的活動。舊時多土葬，每逢清明，距墳近者，都要躬親祭掃，給逝者上墳，上墳時燒紙錢、培土，並把紙錢用土壓於墳頭；而距墳遠者，備香箸、酒餚，望空致祭。

在建國後，每逢清明節，學生、職工、幹部集體祭掃烈士墓或到烈士陵園悼念烈士，進行愛國主義教育。

因地理氣候原因，洮南市較中原地區寒涼，所以清明比春分、驚蟄等節氣更蘊含春天到來的意義，這一天也是洮南人通常的春遊踏青之日。清明期間，氣溫轉暖，只要無雨，一般都會有人放風箏，在風中手握絲線，放飛哀愁，體會著牽掛和懷念……

洮南市道路通暢、通訊便利，現代化的生活方式很容易影響到相對偏遠的鄉鎮村莊，使得當地一些民俗已經漸趨遠去。人們感嘆工作和生活壓力越來越大，越來越嚮往自然，當清明被定為法定假日，這塊土地上的人們又可以在清明的掃墓、春遊、植樹中與自然親近，密切著他們同大自然與生俱來的和諧關係。

端午節——品味粽子佩香囊

農曆五月初五端午節，是中國最大的傳統節日之一。端午亦稱端五，「端」的意思和「初」相同，稱「端五」也就如稱「初五」；端五的「五」字又與「午」

相通，按地支順序推算，五月正是「午」月。又因午時為「陽辰」，所以端五也叫「端陽」。五月五日，月、日都是五，故稱重五，也稱重午。中國民間過端午節是較為隆重的，慶祝的活動也很豐富，從早晨天濛濛亮開始，一直持續到正午才結束。

桃南民間過端午節的節俗別有情趣。端午節到來的前幾天，大街上隨處可以聽到賣粽子的吆喝，端午節家家吃粽子。在端午節臨近的時候，那些心靈手巧的姑娘們，把自己的片片心意，繡成五顏六色玲瓏剔透的荷包，裝進香草掛在衣裙上，陣陣清香沁人心脾。

白髮蒼蒼的老奶奶，總是在端午節清晨，面帶笑容地掀開孫子輩小孩子的被子，把煮熟的雞蛋，放在小孩子的肚皮上滾來滾去，把孩子逗得咯咯直笑，然後才把皮剝掉給小孩子吃。端午節那些心靈手巧的孩子媽媽們更是別出心裁，她們用麻紮成小巧玲瓏的「小掃帚」「小葫蘆」，用五色花布做成小辣椒、小黃瓜、胖娃娃、荷包、小紗燈等各種小玩意兒，然後用五綵線連起來拴在兒女們的衣鈕上。他們還總是趁著嬰兒熟睡的時候，悄悄地把五綵線拴在孩子的小手脖上。

用綵線紮成的大大小小的色彩繽紛、造型精美的紙葫蘆，下面垂著絲線穗和飄帶，繫在楊柳花枝上，掛在房簷底下隨風飄動，為端午節增添了一道美麗風景。民間掛紙葫蘆還有一段故事來歷：據說唐朝起義軍首領黃巢曾得到一位老太太的幫助。黃巢臨走時對老太太說：「日後兵荒馬亂時，你就做個五彩紙葫蘆掛在門上，我就能搭救你。」後來恰巧是五月初五端午節這天，黃巢率大軍攻進長安，老太太和她的鄰居掛上了彩紙葫蘆，都得到了起義軍的保護，這段節俗傳奇一直流傳至今。

端午節清晨，人們起大早，仨一夥兒，倆一串兒，帶親掛友，有步行的、有開車的、有騎著自行車的，去野外採摘這裡的一種草本植物艾蒿，把採摘的艾蒿帶回來，再買上一兩個紅色的葫蘆一同掛在自己家的大門上，象徵著一年的吉利。

中秋節——飲宴賞月吃月餅

中秋節，中國傳統節日，為每年農曆八月十五，傳說是為了紀念嫦娥奔月。「中秋」一詞，最早見於《周禮》。根據中國古代曆法，一年有四季，每季三個月，分別被稱為孟月、仲月、季月三部分，因此秋季的第二月叫仲秋，又因農曆八月十五這一天在八月中旬，故稱「中秋」。到唐朝初年，中秋節才成為固定的節日。中秋節一般有吃月餅、賞月的習俗。

此夜，人們仰望天空如玉如盤的朗朗明月，自然會期盼家人團聚。遠在他鄉的遊子也借此寄託自己對故鄉和親人的思念之情。所以，中秋又稱「團圓節」。

據說此夜月球距地球最近，月亮最大最亮，所以從古至今都有飲宴賞月的習俗。回娘家的媳婦是日必返夫家，以寓圓滿、吉慶之意。

在洮南設宴賞月仍很盛行，人們把酒問月，慶賀美好的生活，或祝遠方的親人健康快樂，和家人「千里共嬋娟」。

中秋節的習俗很多，形式也各不相同，但都寄託著人們對生活無限的熱愛和對美好生活的嚮往。

草原盛會 —— 那達慕

在眾多形式的民間體育項目中，從規模、形式和趣味性上看，還當數呼和車力蒙古族鄉和胡力吐蒙古族鄉的草原盛會 —— 那達慕。

二〇〇六年八月二十八日，胡力吐蒙古族鄉草原盛會如期舉行。會場佈置得煥然一新，巨大的紅色氣球拉起一條條巨幅綵帶標語，蒙漢兩種文字表達著同一個內容：「熱烈慶祝胡力吐蒙古族鄉那達慕大會隆重召開」「建設小康社會，建設和諧胡力吐」……上方的橫幅會標：「胡力吐蒙古族鄉第二屆人民那達慕大會」引人注目。主席台上鮮花簇簇，紅的欲滴，藍的耀眼，烘托著人們的喜慶。天空中不時地傳來百靈鳥的叫聲，和著高級音響播放的歌曲，一起高唱。

▲ 那達慕盛會

身著豔麗民族盛裝的草原兒女來自四面八方，喜慶的臉上洋溢著歡欣的笑容，談笑風生，表達著內心的喜悅，傾訴著美好的祝福與心願。

　　大會主持人高亢而洪亮的聲音傳遍會場內外，隨著一聲大會開始的指令下達，禮炮轟鳴，鮮紅的國旗在莊嚴的歌聲中徐徐升起，大會正式開幕。各級及有關項目政府、各方面代表相繼發言表示祝賀，衷心祝願胡力吐鄉人民那達慕大會圓滿成功。伴著運動員進行曲和大會解說員的鏗鏘語調，主席台前走過一組組受檢方隊：兒童方隊舉著綵球、舞著綵帶；身著蒙古服飾的姑娘們楚楚動人，步履輕盈；披紅掛綠、身體強壯的摔跤隊員們跳著摔跤舞步，給人留下強悍之美；騎著駿馬的草原兒女威武地從廣場正面穿行而過，讓人們看到馬背民族的英姿；二十多輛彩車，讓人耳目一新，精神為之一振；迤邐前行的蒙古原

▲ 那達慕會場一角

始交通工具勒勒車，載著生活用品，跟隨車隊的後面緩緩地前行，這是過去的回憶，這是歷史的縮影。

開幕式結束後，即進行體育競技項目。悠揚的蒙古長調為摔跤比賽拉開了序幕，這是歷次那達慕大會最為精彩的場面。隨之進行的有拔河、賽馬、投布魯、賽摩托、田徑運動等三十餘種賽事活動。

在大會歷時三天的時間裡，不時有高蹺隊表演、安代舞表演、啦啦隊表演……重頭戲大型歌舞把草原盛會——那達慕推向高潮，讓人們長時間沉浸在歡歌笑語中，沉浸在豐收的喜悅裡。

那達慕大會是一種民間的更是民族的體育盛會，這種運動形式傳承了千百年，流傳到今天，還將傳承下去，這是民族的瑰寶。

▲ 摔跤

扭秧歌

　　小時候各家都沒有電視。逢年過節，小孩子們都會隨大人或約上三五個小夥伴上街去看秧歌。那是不花錢就能尋到的最大樂趣。早飯後，只要聽到鑼鼓聲一響，小孩子們就會立刻衝出房門，奔向鑼鼓聲響的方向，迅速擠進人群，踮起腳，拔起脖兒，不錯眼珠地盯上了秧歌隊，並隨著擁擠的人群一起跟著秧歌隊往前走，什麼時候秧歌隊解散了，才戀戀不捨地往家走，或者奔向另一條街的秧歌隊。那是看完了這伙看那伙，今天看了明天還要看。

　　那時的秧歌有高蹺，也有地蹦子，還有抬桿。每個秧歌隊員都穿紅掛綠，描眉化妝，包頭戴花，並裝扮成民間傳說或神話故事裡的各種人物，如《西遊

▲ 扭秧歌

記》裡的唐僧、沙僧、豬八戒、孫悟空，《白蛇傳》裡的許仙、白娘子，其形式豐富多彩，有耍龍燈、舞獅子、跑旱船、跑驢、花鼓等，真是叫人看得眼花繚亂，百看不厭。小孩子們都愛看那長著大耳朵、長嘴巴的豬八戒，更愛看那揮舞著金箍棒扭得最歡的孫悟空。而最搞笑的則是每支隊伍後邊壓軸的那幾位，有男人裝扮臉上抹著厚厚的胭脂、手拿著特大煙袋的老太太，還有戴著氈帽的老頭兒，也有年輕歡快的小夥子。他們邊扭邊做出各種惹人發笑的姿態，並互相逗鬧著。喇叭吹得越響，鑼鼓敲得越歡，他們扭得也就越帶勁兒。忽而往前，忽而錯後，遲遲不肯隨隊伍往前走，惹得人群爆發出陣陣笑聲。秧歌打場時，更是有看頭。跑旱船的老漢拿著船槳圍著旱船，有模有樣，不緊不慢地劃著。跑毛驢的晃動著驢身上的響鈴，一個勁兒地逗著旁邊的小媳婦兒。手拿金箍棒的孫悟空，腳踩高蹺，如履平地，蹦跳著，並不時在地上用高蹺劃起道道白印，一會兒跑前，一會兒跑後，把個孫悟空演得活靈活現。這叫看秧歌的哪能挪動腳步！扭秧歌的渾身是勁兒，看秧歌的心裡便充滿了節日的喜慶，忘記了平日裡的煩心事兒和奔波了一年的勞累。

那時，不僅農村，城裡也扭大秧歌。有一年，全縣各鄉鎮的秧歌隊一起湧向城裡，從東門到西門，排滿了五里街路，那場面的壯觀、熱烈、火爆，令人至今難忘。

如今，人們的生活好了，茶餘飯後，街頭巷尾，天天會看到一夥一夥的秧歌隊，那是人們特別是一些老年人為了活動筋骨，而用扭秧歌的形式在鍛鍊身體。農村各鄉鎮村屯也都有自己的秧歌隊。從城裡到鄉村，幾乎可以天天看到大秧歌，就像天天在過年一樣。

古城裡的少兒遊藝

誰的人生記憶裡會少了一段快樂無憂的少兒時光？誰的少年時光之中會沒幾樣無法忘卻的遊戲？誰的遊戲時光之中又會少了幾樣珍愛的玩具？每個人記憶的梗上都三三兩兩開著娉婷的花兒，開得最嬌豔的那朵大概就是少兒時的遊藝光陰。

早些年，女孩子喜歡玩兒一些嘎拉哈、翻繩兒、跳口袋等，男孩喜歡玩兒打瓦、扔坑、彈玻璃球、打冰嘎之類的遊戲。

嘎拉哈，源自滿語，是舊時代北方（尤其東北）小女孩的玩具，是羊的膝蓋骨，只是後腿有，共有四個面，以四個為一副，就是獸類腿骨和脛連接的那塊骨頭，把它蒸煮刮淨，塗上各種顏色，叫「子兒」。農曆正月初一到十五，女孩不准做針線活兒，閒著沒事就到各家串門，結夥玩「嘎拉哈」。玩法很多，有「彈子兒」「數子兒」「摸珍兒」……「嘎拉哈」的四個大面兒分別叫「珍兒」「驢兒」「坑兒」「背兒」。「摸珍兒」的玩法，是用手巾把眼睛蒙上，在扔起一個小布袋的同時，用手把「嘎拉哈」擺成「珍兒」，在沙袋落地前接住。

翻繩就是幾個女孩坐在火炕上，用線繩結成繩套，套在兩隻手指上，可以結成各種各樣的花樣。另一個用雙手接過去，翻成另一種花樣，如此反覆交替進行，變化無窮，如翻成船形、麵條形等，直到一方翻不出花樣為止。跳口袋就是在室外在地上畫幾個方格，用一個裝了細沙或糧食的小布袋，從第一格開始用單腳踢，另一腳離地，踢進一格後，再踢第二格，依次踢完，而屈起的腳不落地為勝利。

男孩子玩的遊戲相對來說要激烈、冒險些。打瓦是把瓦片立成一排，在距離四米處畫道線。幾個孩子玩，把一瓦片放在頭頂上，往前走，走到立瓦處，一低頭，讓頭上的瓦片掉下來，把地上的立瓦片砸倒為勝出。扔坑，多數是男孩子玩。這種遊戲的玩法是，在地上挖兩個坑，相距十米左右遠，用石頭往坑

裡扔，如一方扔到坑裡，另一方沒扔到，則扔到者為勝，都沒扔到則距坑近者為勝。打彈弓，是需要子彈的，而子彈大都是晌午和著稀泥，用手團的一個個泥球。一邊團著，一邊看著太陽，待泥球一個個曬乾曬硬了，就一把把塞進口袋裡，拿著各自用橡皮筋兒和樹杈做的彈弓四處找目標，誰射得準，誰就是將軍了，可以雄糾糾、氣昂昂地走在隊伍最前面。

男孩女孩混在一起玩的遊戲場面要更熱鬧壯觀些，比如老鷹捉小雞、藏貓貓、搶機靈等等。玩老鷹捉小雞時，是一人扮做「鷹」，一人扮做「雞媽媽」，其餘的都是「小雞」。「小雞」依次排在「雞媽媽」身後，每個人扯著前一個人的後衣襟。「老鷹」要想辦法抓「小雞」，「雞媽媽」則要想辦法護著「小雞」。被「老鷹」抓走的「小雞」要貓腰背手走一圈，然後站到一旁觀看。反覆多次，直到「老鷹」把「小雞」抓完為止。

搶機靈，是在空場上參加遊戲的男孩女孩分成兩隊，各站成一橫排，間隔十幾步遠，叫作「對陣」。遊戲開始，由一方叫陣，另一方應戰。「叫陣」方可以喊對方「陣」裡的任何一個人的名字。喊到誰，誰就要過去，並用力衝撞對方的隊列，撞不開，就算被降服了，要參加到對方的行列裡。如果撞開了，就「擄」回一個人來。如此反覆，直到一方將對方的人全部「降服」，就算是勝利了。

藏貓貓也是古城裡孩子常玩的遊戲，一人伏在牆上數數，數到約定的一百或五十便開始尋找，然後按照約定，最先被找到的人，或全部躲藏的人被找到後，重新以猜拳的方式定出下一個尋找者。如此往復。

古城孩子們的遊戲還有很多，例如滑冰車、打冰嘎、跳繩等。孩子們玩的天性是不能被東北寒冷的氣候所抑制的，也沒有被貧瘠的生活壓抑，相反在大雪紛飛的冬天，東北孩子們還能找到南方孩子所不能找到的快樂。

時光飛逝，古城進入新的世紀以來，人民的生活發生了翻天覆地的變化。物質生活水平的提高，新技術的應用，新知識的普及，給新時期的孩子們在拓展了新視野的同時，也給他們帶來了巨大的遊藝空間。商場裡琳瑯滿目的玩

具：芭比娃娃、遙控車、滑板車、遊戲機……驚險刺激的大型遊藝場，網絡世界，鳥語花香的公園動物園，乒乓球館，籃球場地……各種體育器械完備的運動會場。新型的遊戲項目真的是千奇百怪，應接不暇。這些雖讓孩子們玩的天性得以淋漓盡致的展示發揮，但也刺激著孩子們尚未成熟的心理。物質上的飛躍，隨之是精神上更高層次的追求。社會更注重孩子在玩的品位上日趨藝術化。逐漸培養著孩子們在舞蹈、音樂、運動、科技上面的興趣。鮮活的世界，使古老的遊戲日漸塵封。

為了適應時代發展的要求，引導少兒遊戲有個健康長期的發展，由洮南市委宣傳部、市科協、市教育局聯合舉辦的一年一屆青少年科技藝術大賽，已經連續舉辦了二十二屆，大賽以熱愛祖國、熱愛生活、熱愛科學為主題。二十二年來，在全市各中小學、幼兒園的積極參與下，大賽影響面逐年擴大，作品質量不斷提高，湧現出一批又一批優秀的科技藝術後備人才。反映了全市青少年飽滿的精神面貌和積極的進取精神，激發了全市中小學生對理想、信念的執著追求和對科學對未來的美好嚮往。大賽的作品涉及廣泛，書法有硬筆、軟筆；繪畫有水粉、水彩、國畫、油畫、電腦畫、紙版畫等等；攝影有黑白、彩色；小製作有雕刻、泥塑、黏貼、模型、裝飾掛圖等等，還有民間傳統藝術剪紙。每年參賽作品都在近千件，本市邀請書畫家進行評選，評出的優秀作品上報白城市和吉林省進行參賽，都取得了很好的成績。有近萬名學生兒童參加此活動並獲獎。通過這些科技活動，孩子們進一步提高了科技意識，培養了藝術修養，展示了洮南市兒童的精神風貌和藝術水平，引導孩子們在遊藝之中健康有益地成長。

古城洮南蔚藍的天空下，肥碩的黑土地上，一代又一代洮南人，和漫山遍野的綠豆、辣椒、西瓜種子一樣，陽光肆意中，喝著洮兒河水，一起生長著，拔節著，延伸著，無數個黑夜白晝，那一聲聲種子炸開的裂響，一顆顆稚嫩的綠苗破土而出，歡快而自由地成長，世世代代，生生不息！

流行的印記——洮南人的穿著

　　翻開人類歷史浩繁的卷帙，服飾文化是不可或缺的濃墨重彩的一筆。郭沫若先生說：「衣裳是文化的表徵，衣裳是思想的形象。」服飾不僅折射出個人的修養內涵、思想情趣，更大的作用是它承載了一個民族的社會文化，是一個民族千百年來思想傳承的印記。

　　少數民族服飾　位於八百里瀚海的洮南市，早在四千多年前的新石器時代就已經有人類在這裡繁衍生息。從古至今，滿漢回蒙朝等多民族的兄弟姐妹生活在這塊廣袤富饒的土地上，用各自民族特色文化傳承本民族的歷史記憶，又在發展過程中不斷融合滲透其他民族文化，形成新的文化體系。

　　無論是勇猛彪悍的馬背民族——蒙古族，崇尚潔淨的朝鮮族，還是有旗人之稱的滿族和信奉伊斯蘭教的回族以及人口眾多的中原漢族，男女服飾的原始形制都和裙子密切相關。這一形制源於遠古時代人們用獸皮或樹葉裹腰形成的

▲ 少數民族服裝

習慣。蒙古族人無論男女服飾都以長袍為主，彰顯著草原風情的蒙古長袍是游牧民族草原文化的縮影。蒙古長袍融合了蒙古族男人的渾然大氣和蒙古族女人的精細沉穩的風格，在科爾沁草原眾多民族服飾中獨放異彩。相對於蒙古族尚青黑色的特點來說，素有「白衣民族」的朝鮮族的服飾清潔、乾淨、樸素、大方，充分體現了朝鮮族人民的淳樸、善良、勤勞的美德。滿族服飾同蒙古族一樣以長袍為主，因為他們被稱為旗人，所以滿族人所穿的長袍又被稱為旗袍。

▲ 少數民族服飾

從中國服裝發展史來看，滿族人的服飾形制最為龐雜繁縟，它既是封建等級制度的代言，又是滿族傳統文化的剪影。而漢族人的長袍、青衫、馬褂、皮襖既有本民族的個性又兼容了其他民族服飾的共性。

漢族服飾　歷史的車輪揚起塵囂湮沒了無數鮮活的記憶，然而服飾作為一種文化在繼承和發展中推陳出新，在美觀和實用性上不斷地更新和進步，人們一面追求美感，一面改進服飾的舒適度，這就使得居住人口絕大多數為漢族的洮南服飾文化有了更貼近東北自然環境和人文環境的豐富內涵。時間進入二十世紀九〇年代，隨著人民的生活水平和社會文化程度不斷提高，服飾文化也有了更新的內容。

童裝。一九九〇年後，兒童的衣著已經不再是式樣單一的手工縫製，那些印著英文字母、漢語拼音、數字加減法等智力開發型的服飾成了兒童服飾的主流。春天，牛仔系列的服飾在街頭巷尾隨處可見；夏天，太陽裙、公主裙、針織套服和棉、紗套服將孩子們裝扮得同夏花一樣多姿多彩；秋天的運動衫、夾

克衫；冬天的太空服、羽絨服，顏色搭配合理，面料考究，圖案新穎，做工精細。這些服裝既注重了兒童的年齡特點，也適應了兒童的審美需求。到了二十一世紀，棉、麻、絲綢、化纖織物、混紡等面料成了兒童服飾面料的首選，兒童服飾的樣式繁多，童裝的需求從美觀開始向個性化發展。

學生裝。一九九〇年後，校服均為運動服，這一傳統一直延續至今。如今，學生日常穿著除了學生服外，已經從一九八八年後的男生著夾克衫、中山裝、西裝，女生多著裙裝發展到個性化十足的各種時裝和品牌運動裝。冬季禦寒的服飾也從厚重的棉服、太空服、呢大衣發展到了當今流行的樣式輕薄、禦寒效果極好的羽絨服、皮衣、羊毛呢大衣。現在，無論是城鄉，已經很少看到手工縫製的千層底布鞋，取而代之的是旅遊鞋、運動鞋和皮鞋。二十世紀九〇年代，冬季禦寒，男生多戴耳包，女生扎圍巾，二十一世紀初，男生的耳包在樣式和顏色上有了個性化的設計和更新，女生多戴毛線編織的帽子，色彩豔麗，花式新穎。

青年裝及流行服裝。青年永遠是文明進步的代名詞，這一點從各個時代的青年服飾上就能充分地體現出來。

一九九〇年春，亞運會即將召開，坐落在科爾沁草原右翼的洮南市街頭，有關亞運會的運動服、牛仔服、夾克衫漸漸成了流行的主題。夏季，能夠彰顯女士美麗妖嬈的裙裝開始走向市場，連衣裙、短裙配上高彈的長筒襪和寬鬆的外套，在古城的服裝市場開始熱銷，與此同時，彈力襪、錦綸絲襪、交織襪漸少。冬天，羽絨服以夾克式的新穎款式在青年人中流行開來，毛料、混紡料黑、藍色西服套裝也成為時尚。

一九九一年春，白、銀灰、沙灘色、貝殼色為主調的帆布、針織服裝開始登場。夏季，個別青年的襯衫、圓領衫、T恤衫上有了中文或者外文書寫的「煩死了」「別理我」「你愛我嗎」「別吻我」等語言文字，在當時這是不被理解的流行趨勢，然而，服飾文化和許多流行元素一樣，都帶有時代的特徵和走向，回過頭看這類的服飾文化所帶給我們的啟示，其實是當代洮南人個性的覺

醒和釋放。秋天，燈芯絨服裝再次流行，而最值得一提的是，洮南市第二毛紡廠的混紡料花格套裝不僅在洮南流行起來，也影響了洮南附近的一些城鎮的服裝市場。

一九九二年，通花絲織上衣和短裙、半透明外衣罩胸圍式上衣、黑色絲織連衣內衣罩黑色長裙、配印花外套、黑色半透明連身內衣外罩黑色長袍等開始盛行。同一時期紫、紅、黑、鈷藍色金絲裹裙也開始流行。大花方巾（也稱港巾）搭配著牛仔服、夾克服、羊毛衫、短呢大衣彰顯時尚的魅力，駝絲錦和緞背料西裝也開始在市場上走俏。

一九九三年，長褲套裝再度風行，女青年選擇褲腳寬到一尺的裙褲、緊腿喇叭褲、短裙者漸多，體型褲漸少，駝絲錦西服流行，T恤衫盛行到頂峰。各種色彩鮮豔的格、條、花襯衫，被男青年駕馭。秋季，羊毛夾克服和犛牛衫流行。

一九九四年，女方格套裝、皮裝流行，皮外套、皮背心、皮裙成為時尚。著情侶裝、緊腿喇叭褲、短裙者漸多，流行內穿長衫，外套短背心、馬甲。少數人穿蠟染、燙畫服裝。冬天，高檔裘皮在女裝市場的高端消費群體中悄然登場。校嗶套裝開始流行。

一九九五年，流行褲腿長及腳踝的貼身九份褲、褲腿長及膝上的少女褲、淑女寬鬆褲和彈力腳踏褲及睡衣式休閒裝、女士同料套裙等。男裝流行寬鬆褲。男女著裝成為時尚潮流。東北的冬天，青年人開始拒絕棉褲，少數女青年在冰天雪地裡選擇了呢、皮、毛線裙來展示風采。

一九九七年，流行休閒服飾，皮裝成為時尚。冬天，太空棉服和棉襯衫流行，軍警毛料大衣風行。

二〇〇〇年以來，服裝式樣開始變得五花八門，女士服裝質地越來越薄，上衣越來越小。男士的服裝以休閒裝為主，正式場合西裝仍是男士服飾的首選。隨著世界商品的流通，歐美風格服飾和韓國等國外的流行的服飾也進入洮南，蠶絲、皮裝、貂絨、羊毛呢、絲綢等面料開始占領高檔服裝市場。同時，

雪紡和棉麻面料的服飾成了百姓日常衣著中的首選。

二十世紀九〇年代初，男青年穿三節頭、青年式皮鞋；三交叉、雙條槓、網眼條編、鏤空等涼鞋。塑料、泡沫涼鞋已不多見。軍勾、警勾、短靴、長筒靴等棉皮鞋流行。旅遊鞋、運動鞋和各式布鞋也成為街上流動的風景。珠光革、亞光革、黑色磨絨、合成革船形皮鞋成為女青年的流行。一九九二年，漆皮皮鞋在各個鞋店占領皮鞋市場，坡型、酒盅、羊角、象鼻、圓柱跟盡情演繹著女士皮鞋的風采。仿水晶、鑽石等飾物取代了傳統的蝴蝶結成為鞋頭飾物。前滿後露的涼鞋取代了前空後露式，改變了人們對於涼鞋的傳統認識。冬季，軍勾、彩皮軟鞋、短靴、棉皮鞋、運動鞋、旅遊鞋、布鞋滿足了各種人群的需求。一九九六年夏，鏤空網眼皮涼鞋上市。

男青年多不戴帽子。少數人春節戴上爵士帽、禮帽。夏季出行，為了避免陽光的炙烤，會選擇涼帽和旅遊帽。冬季，曾經在東北盛行一時的皮毛已經鮮見，粗毛線編織的長圍巾、條格薄絨圍巾、絲巾等流行。名牌腰帶、領帶、高檔皮手套、高檔皮鞋成為男生的「四小件」。女青年春秋扎圍巾，夏戴草、竹、塑編遮陽帽，冬圍各式圍巾和織帽。少數人戴裘皮圍巾和平頂裘皮帽。皮鞋、手包、圍巾、手套是女青年的「四小件」。

當代洮南青年人，追隨潮流，引領時尚，很多人不再遵循人穿亦穿、人棄亦棄的著裝規律，而是追求新、奇、怪，以別人不敢穿、穿不到為榮，常打破季節和傳統習慣以驚人之舉為美，著裝的新奇已經不侷限於歌廳、酒吧、咖啡廳、髮廊等服務行業，街頭巷尾，彰顯個性的前沿時裝款式隨處可見，鍾愛低胸短裙引人側目者有之，喜歡棉麻休閒舒適者有之，講究名牌彰顯自信者亦有之。

中年裝。一九九〇年以來城內中年裝更替基本同青年裝同步，春秋流行夾克、羊毛衫、羊絨衫、西服、呢大衣、休閒服、風衣等。夏季，多穿襯衫、T恤衫。中年婦女裙裝者頗多。冬季，羽絨服、皮夾克、皮大衣、裘皮大衣、軍棉襖、褲、仿真羊毛褲、羊絨休閒服伴著洮南人度過一個又一個寒冷的日子。

一九八八年前後，農村中年人多穿城裡人過時的或子女淘汰的舊式衣服，夏戴草編涼帽，冬穿棉鞋、戴棉帽、棉手悶，少數人在室外勞動時仍有扎腰帶的習慣。一九九七年後，這種狀況明顯改觀，基本同城內中年人同步。

老年裝。一九九〇年以來，城內老年人穿夾克、運動服、羊毛衫、休閒服者居多，穿西服、扎領帶者增多。夏穿襯衫長褲、T恤衫；冬著棉襖棉褲、羽絨服及棉、毛、呢大衣等。經濟條件好的老年女性，對服裝款式、花色、面料要求較高，做工考究，重視寬鬆合體、搭配和諧。農村老年人穿中式服裝，大多講究款式和面料，傳統的大棉襖、二棉褲被生活日新月異的洮南人徹底淘汰。

如今，走在洮南市的街頭，任你火眼金睛也無法從著裝猜測出人們的民族和職業，形形色色的服裝演繹的服飾文化，滿足了人們的審美需求。服裝的變革宏觀上說引領了生命的意義，體現了社會經濟的發展。微觀上說，它促使人們宣揚自我，獲得別人的注意和稱讚。而此時，服裝已經完成了人們從生理需求到心理需求的完美過渡。

「民以食為天」——洮南人的飲食

任何時代，任何地區，任何民族，任何人都不能沒有飲食。它雖然已經成為人類生活中習以為常的東西，但是在民俗學上有著不容忽視的意義。合理的飲食結構和優良的飲食習慣，既有營養學價值，又有美學價值。洮南市各民族的飲食，不僅滿足了洮南市各族人民的生理需要，而且在長期的歷史發展過程中，由於社會生產力的發展，經濟生活和文化生活的不斷改善，使得洮南市各民族人民的飲食文化也變得豐富多彩。

漢族飲食 主食以五穀雜糧豐富餐桌。洮南漢族人以糧食作物為主食，以各種動物食品、蔬菜作為副食的基本飲食結構，這與藏、蒙等民族的飲食結構形成了鮮明的差別。此外，在長期的民族發展中形成了一日三餐的飲食慣制。一日三餐中主食、菜餚、飲料的搭配方式，既具有一定的共同性，又因不同的地理氣候環境、經濟發展水平、生產生活條件等原因，形成一系列的具體特點。

近年來，洮南市漢族主食發展變化巨大。一九九三年前，城鄉居民多以玉米麵餅、玉米、高粱米為主，細糧較少。一九九四年以來，城鄉主食均以大米、白麵為主，輔之以粗糧調劑生活。

米食有乾飯、粥、二米飯、黃米飯、八寶飯數種。粥與乾飯是米食慣例，水飯是特殊習俗。即將米飯做成稠粥，加涼水即成水飯，清涼爽口，為夏季消暑食品。二米飯以大米為主，加些小米、高粱米、黃米或用大米與小米合煮做粥，農家多摻芸豆、小豆、綠豆，頗增香味，營養豐富。青玉米烤吃、煮吃。青玉米汁與雞蛋合蒸是嬰兒的理想食品。產婦、病人多食小米。

麵食主要有小麥粉做的餃子、包子、合子、花捲、饅頭、豆沙包、油餅、烤餅、麵條、肉火燒等。餃子多以豬、牛、羊肉與芹菜、白菜、韭菜、酸菜等為餡，亦有魚肉餡。豬肉、雞蛋、蝦仁加少量韭菜製成的三鮮餃子更是家庭美

食。一九九六年後，境內飯店餃子餡，多達十幾個品種，並漸成家庭美食。每逢節假日或來客人多吃餃子，除夕夜、正月初五早晨皆吃餃子，親人出遠門時吃餃子視為吉祥的習俗。花捲、饅頭、包子也是家常麵食。春餅（薄餅）包上綠豆芽、肉絲、乾豆腐絲、韭菜或大蔥與醬，吃起來別有風味。合子，由兩片薄麵皮包上或用煎餅做皮溫火烙製而成。玉米麵餅子（俗稱「大餅子」），用玉米麵摻黃豆麵（俗稱「雜和麵」）貼在鐵鍋蒸烤（俗稱「鍋貼」）。其他麵食品有窩窩頭、糊糊、疙瘩湯、煎餅、蕎麵餄餎、元宵、黏豆包、火燒、單餅、豆麵卷子、切糕、涼糕（糯米麵）、麵包、各類糕點等。

菜餚中清淡葷素美味俱全。近年來，隨著生活水平的提高，洮南市城鄉居民菜餚品質漸次接近。日常菜餚有豬肉燉粉條、乾豆腐卷生蔥、熗芹菜、焯菠菜蘸醬、小蔥拌豆腐、白菜燉凍豆腐、燒茄子、豬肉燉豆角、攤黃菜、皮凍、炸花生米、水晶肘子、白菜燉土豆、蒸茄子拌醬、鯰魚燉茄子、鯰魚燉豆腐、醬牛肉、醬驢肉、熘肉段、木樨肉、鍋包肉、麻辣豆腐、燒雞、紅燜肉、茄子燉土豆、酸菜燉豬肉、地三鮮、熘三樣、熘肝尖、熘肚、熘蹄筋等。近年來，醬骨頭、魚頭、驢肉等風行城鎮飯店。具有地方傳統獨特風味的菜餚有熏貓肉、酥鐵雀、醬沙半雞、羊湯、全羊宴、全狗宴等。全羊宴、羊湯均為秋令食品。產婦有吃雞蛋習俗，並常用鯽魚湯、鯰魚湯、雞湯、豬蹄湯催奶。五香雞蛋、乾豆腐卷、新疆風味烤羊肉串、朝鮮族風味鹹菜及烤明太魚片、雞骨架、雞頭、魚、鴿子等成為城市街頭小吃。

茶酒以濃茶烈酒見長。酒和茶是漢族主要的兩大飲料。酒文化和茶文化在這裡源遠流長。數千年來，構成漢族飲食習俗不可缺少的部分。除酒和茶兩種主要飲料，某些水果等製品也成為不同地區、不同季節人們的飲料。洮南城內居民喝茶者由紅茶為主轉為花茶、綠茶為主；有的隨季節選用飲茶品種。洮南農村仍以紅茶為主，花茶、綠茶較少。城內居民飲酒由高度白酒為主轉向低度白酒、啤酒或果酒者漸多，農村仍以高度白酒為主，飲啤酒者日增。

滿族飲食 主食以黏米餑餑為上品。洮南滿族人以稻米麵粉為主食，肉食

以豬肉為主，常用白煮的方法烹製，如滿族名菜「白肉血腸」。冬季寒冷，沒有新鮮蔬菜，常以醃漬的大白菜（即酸菜）為主要蔬菜。用酸菜熬白肉、粉條是滿族入冬以後常吃的菜。過節的時候吃「艾吉格悖」（餃子），農曆除夕時，要吃手把肉等。他們還保留了餑餑、湯子、薩其馬等有民族特殊風味的食品。滿族接待客人，不避內眷，家庭女性成員都可參加對客人的敬酒等活動。給客人上菜必須成雙成對，客人一旦接受婦女的敬酒，就必須喝乾，否則被認為是不禮貌的。滿族最突出的禁忌是不准殺狗，禁吃狗肉，禁穿戴帶有狗皮的衣帽。滿族信仰薩滿教。祭天、祭神、祭祖先時，以豬和豬頭為祭品。洮南市滿族一方面與漢族飲食習慣相融合，如吃大米、小米、麵食等等；另一方面仍有自己的特點，如喜吃甜食、餑餑、酸湯子、薩其馬、火鍋等有民族特色的食品。

用黏米做成的餑餑是洮南市滿族人最愛吃的麵食。這種餑餑顏色呈金黃，有黏性，味香可口。蘇葉餑餑是用黏高粱麵和小豆的豆泥混合拌勻，外用蘇葉包起來蒸熟的。這種餑餑有一種蘇葉的特殊香味，別具風味。黏糕餑餑是用大黃米和小黃米浸泡之後磨成麵，在黃米麵中間包上一些豆泥蒸熟後製成的。這種餑餑用油煎著吃，或蘸著糖吃，既香又甜。黏食還有豆包、切糕、黏火燒、油炸糕等。吃黏食時，常拌精煉豬油和白糖，為冬季傳統食品。夏季，黏食有豆麵卷子、涼糕及「格格豆」（子）。糕點有薩其馬、金絲糕、牛舌頭餅、驢打滾、卷糕、鬆糕等。

洮南的滿族還有吃水飯的習慣，即在做好高粱米飯或玉米子飯後用清水過一遍，再放入清水中泡，吃時撈出，盛入碗內，清涼可口。這種吃法多在夏季。

菜餚以肉類為主，菜類為輔。洮南市滿族菜餚與漢族無明顯差別，唯忌食狗肉。傳統菜餚主要有禽席、壇燜肉、手把肉、白肉血腸、火鍋等。

洮南的滿族人殺豬最講究的是吃血腸。每逢殺豬請客時，都說是吃血腸，不說吃豬肉。豬肉的做法講究白片，即白片肉。白片肉中五花肉為上乘。豬肘

子的吃法也是白片，即所謂的片肘花。肉食除喜食豬肉外，還喜食牛、羊肉及野雞、鹿、河魚、哈什蟆等。蔬菜除日常食用的家種白菜、辣椒、蔥、蒜、土豆外，尚按不同的時節，採集蕨菜、刺嫩芽、大葉芹、槍頭菜、柳蒿、四葉菜等山野菜及木耳、各種蘑菇等，或炸或熬或燉，吃法不一。

洮南市滿族人冬季菜餚主要是酸菜和小豆腐。洮南冬季寒冷，時間較長，為備足越冬蔬菜，除貯藏白菜蘿蔔外，家家都醃製酸菜。酸菜是秋天將新鮮的青菜在缸中發酵而成，味酸。燉，炒，生拌涼菜，做湯，做餡都行。豬肉燉酸菜是北方滿族常吃的菜餚。農村逢年節人們愛吃白肉血腸酸菜。小豆腐是將大豆磨碎，加入適量乾菜煮熟，然後團成團放室外冷凍，用時拿一團放入鍋內加熱，拌醬而食。製作小豆腐的由來，據傳是滿族先祖居住的地區，食鹽和滷水很昂貴，做小豆腐不用加滷水，久而久之，這種吃法便成為滿人的習慣並沿用至今。另外滿族釀製的大醬也是頗有歷史傳統的。

蒙古族飲食　主食——蒸、炸、煮、烙類食品。在洮南市蒙古族集居區可用小麥麵、蕎麥麵做出各種各樣的食品，主要有蒸、炸、煮、烙四種工藝：蒸類食品有蕎麵蒸餃，炸類食品主要是炸果，煮類食品有圖古勒湯、貓耳湯、肉麵湯等；烙類食品有餡餅、蔥花餅、千層餅等。

蒙古族餡餅是一種風味麵食，距今已有三百多年的歷史。最早是以蕎麥麵製皮，牛羊豬肉為餡，將蕎麵和成軟麵，揪一塊放在手裡，捏成薄皮，填餡後團成圓形，然後拍成薄餅，直到餡顯而不漏，烙熟後食用。它以麵稀、皮薄、餡細為特點，烙製後形如銅鑼，外焦裡嫩，餅面上油珠閃亮，透過餅皮可見裡面肉似瑪瑙，菜如翡翠，紅綠相間，煞是好看。用筷子破開餅皮，熱氣升騰，香味撲鼻，引發人們強烈食慾。近代多用白麵、豬肉、酸菜製作。蒙古族餡餅是上等地方美食，是洮南市蒙古族人家招待貴客的主要食品之一。每到蒙古族家庭做客，他們以餡餅這種麵食，作為最好飯食招待來客。漢族有句俗語「好吃不如餃子」，蒙古族有句常話「好吃不如餡餅」，看來餃子和餡餅是同等上乘佳品。

菜餚——手把肉全羊席。手把肉，因吃手把肉不用筷子，左手把肉，右手執蒙古刀割肉吃而得名。先將整羊按部位拆解，然後白水煮，不加任何調料煮熟後即可食用。

全羊湯。從羊的各個部位取適量的肉，加入適量的內臟，均切成小塊合在一起，熬製成湯，吃時加鹽、薑汁等調料，味道鮮美。大同小異的還有羊髒湯、羊骨湯等。

茶酒——奶酒奶茶為席中一品。洮南市蒙古族擅飲白酒，奶醋、奶茶、奶酒在蒙古族集居區偶見食用。喜飲紅茶，每天早飯前，先飲茶。有「寧可一日無肉，不可一日無茶」的諺語。

主食以冷麵和米糕為主。洮南市朝鮮族人喜歡食米飯，擅長做米飯，用水、用火都十分講究。各種用大米麵做成的片糕、散狀糕、發糕、打糕、冷麵等也是朝鮮族的日常主食。近年來以大米和小米為主。鹹菜是日常不可缺少的菜餚。朝鮮族泡菜做工精細，享有盛譽。有吃狗肉的習俗。常用一種叫「麻格里」的家釀米酒來招待客人。餐桌上，匙箸、飯湯的擺法都有固定的位置。如匙箸應擺在用餐者的右側，飯擺在桌面的左側，湯碗擺在右側，帶湯的菜餚擺在近處，不帶湯的菜餚擺在其次的位置上，調味品擺在中心等。婚喪、佳節期間不殺狗、不食狗肉。

朝鮮族人主食以冷麵和米糕見長。盛夏，朝鮮族家家都吃冷麵，即使是冬天冷麵也會得到許多人的青睞。這種冷麵是用蕎麥粉和澱粉壓成的，有的也用白麵或米麵。麵條壓成後，直接放到開水裡煮熟，然後用涼水浸涼，撈出後加上牛肉、狗肉、蛋絲、辣椒、芝麻、香油、蘋果梨絲等，澆湯冷食即可。製作冷麵，關鍵在湯，故有「七分湯，三分麵」之說法。湯有肉湯、豆汁湯、泡菜湯等，最上等的要算野雞湯了。做好的湯，一定要待其冷卻後撇油，以去掉腥味。冷麵滑潤筋道，甜中有酸，香裡透辣，清涼爽口。所以朝鮮族人不論男女老幼，一年四季都愛吃。

米糕的種類很多，有打糕、切糕、片糕等。打糕是朝鮮族逢年過節，紅白

喜事招待賓客時所不可缺少的主食。打糕，顧名思義，就是用手工打出來的。打糕的具體製作方法是，先把糯米蒸熟，然後用木槌在木臼裡打成糕團，有兩人打的，也有一人打的，一般要打上半小時左右，然後取出切成片狀，放上小紅豆沙麵，再蘸上蜂蜜或白糖，吃起來噴噴有味。

狗肉烹製佳餚為上品。洮南市朝鮮族的菜餚有泡菜（俗稱朝鮮族辣白菜）、各類小鹹菜、狗肉等。辣椒是朝鮮族每餐必備菜餚。

泡菜又叫朝鮮族辣白菜，是朝鮮族世代相傳的一種佐餐食品，清香爽口，有解膩解酒、助消化、增食慾之功效，在洮南市朝鮮族的家庭之中，不論粗茶淡飯，還是美酒佳餚，都離不開辣白菜佐餐，沒有這道味道鮮美的小菜，總會覺得有些缺憾。

洮南市朝鮮族愛吃狗肉。在朝鮮族中流傳著這樣一句話：「狗肉滾三滾，神仙站不穩。」用狗肉來烹製菜餚，是朝鮮族烹飪中的一大特色。朝鮮族用狗肉為原料可以做出許多高雅美味的菜餚，如狗肉絲、狗肉大塊、砂鍋狗肉，以及各種湯菜。

洮南各民族飲食民俗、飲食文化的形成、發展和傳承，悠悠綿長，色彩紛呈。當我們把飲食民俗作為傳承已久的文化現象來對待時，就會發現它的研究領域十分廣泛。今天，當洮南市各族人民的物質生活不斷提高時，研究飲食民俗對弘揚洮南地域文化具有積極的現實意義。

餐桌上的特色

百年名品——楊麻子大餅　「君吃大餅到楊家，首屈一指人人誇，得天獨厚飽口福，老輩掌櫃號『楊麻』」，這是在洮南久遠流傳的一首民謠。楊麻子大餅已逾百年歷史，它演繹的故事就像它自身的味道一樣——膾炙人口。

清光緒二十一年（1895年），河北撫寧人氏楊玉田因家遭旱災，攜家眷闖關東來到科爾沁草原蒙扎克圖王旗屬地——沙吉蓋毛都（洮南原名），以荷擔賣餅為生。光緒三十年（1904年），洮南設府。光緒三十二年（1906年），楊玉田返回故里，把烙餅秘法親傳楊氏後人，第二代傳人楊田、楊慶繼承祖業，在洮南府當時最繁華的主街「七間房」開楊麻子大餅店鋪，並在配方烤製技術上提煉精華。逐漸的，其名聲遠播至各州、府、縣。時任洮南知府的孫葆瑨對

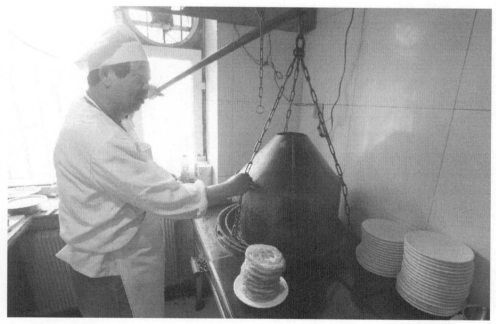

▲ 楊麻子大餅製作

楊麻子大餅讚賞有加，並親題「關東第一餅」幾個大字贈予楊家。

　　清末民初，洮南府已是東北地區軍事要塞，商賈雲集之地，僅府城內就有大小商號千餘家。當時，奉系軍閥張作霖、吳俊升都曾多次品嚐過楊家大餅，便流行此民謠：「關東三省楊家餅，首屈一指誰能行，色味俱佳冠古城，大帥百姓樂此中。」

　　一九五六年，全國合作化後，楊麻子大餅鋪併入國營企業經營。由楊氏二代傳人楊慶、楊田重操祖業。

　　黨的十一屆三中全會，楊氏家族如沐春風！

　　楊氏第三代傳人楊福才、楊福貴、楊福成堂兄弟仨繼承祖業，使楊麻子大餅的技藝更精湛。在和麵、下劑、沾油、擀麵、甩片、抹酥、捲餅、烙、烤、成型等各個環節上都有改進，質量大有提高，特點更加突出。楊福才、楊福貴、楊福成分別在洮南、長春、白城開楊麻子大餅店。第四代傳人楊福才之女

▲ 楊麻子大餅入選「非遺」名錄

楊敏和侄女楊春玲技藝高超。二○一三年，楊敏被吉林省飯店餐飲烹飪協會評為「吉菜烹飪名師」。唯有她承接了洮南楊福才大餅本店。第三代傳人楊福貴和楊福成的後代紛紛開起了多家連鎖店。分布在吉林省、遼寧省、黑龍江省、湖北省、內蒙古等地，在眾多的國際性烹飪技術賽事上，眾評委對楊麻子大餅嘖嘖稱讚。二○一二年楊福才、楊福貴、楊福成在北京參加烹調會議，受到了中國烹調協會主席楊柳的接見。

「楊麻子大餅」採用上等麵粉、豆油，經油煎、烙、烤而成，其精華特點：以炭火為炊，用吊爐煎烙，提起成條，落盤成餅，外焦裡嫩，色味俱佳，香酥可口，如配以雞蛋羹或鮮湯佐餅，更覺味美宜人。為保護飲食文化成果，楊氏家族於二○○三年將楊麻子大餅在國家工商行政總局分別註冊為「楊福才牌」和「楊麻子牌」。

二○○三年，楊麻子大餅店在吉林省烹飪大賽中被授予「吉菜名店」、在中國菁英杯大獎賽中榮獲「麵點金獎」。二○○五年，第三屆東方美食國際大獎賽獲「銀獎」，同時獲「中華新旺麵點」。二○○六年榮獲「白城市知名商標企業」稱號。二○○九年被評為白城市「第一批非物質文化遺產」，並列入白城市非物質文化遺產保護名錄，又被國家評為「中華老字號」。

楊麻子大餅，不僅給美食家們帶來了美味，更為舌尖上的古城飲食文化帶來了永續的亮點。如今，在洮南的楊福才大餅店門前還懸掛著由時任知府的孫葆瑨題寫的古樸華貴的金色匾額──「關東第一餅」，昭示著小城自古以來的人文氣息。

義合肉火勺　洮南義合肉火勺，經過一百多年歷史滄桑的古城小吃，始終暢銷不衰、受人青睞。

清朝末期，祖籍河南省玉田縣的劉子田來到東北後，到洮南落腳謀生。選擇了洮南城內七間房北街路南，現在的富文東路十五號處兩側開設義合醬肉館。自製醬肉、燒餅、大米粥以及各種水酒，待客熱情周到，招待靈活方便。買肉者指哪兒切哪兒，要肥選肥，要瘦擇瘦，喝粥一碗半碗均可，散酒不用可

▲ 義合肉火勺

拆瓶買零，名副其實的「義合」，生意越做越火。由於經營得法，天天顧客盈門。「想吃肉火勺，來晚撈不著。喝碗大米粥，醬肉頂火勺。」這句順口之言足以說明義合肉火勺對食客的誘惑力。

義合醬肉的經營，對肉火勺的製作起到了決定性的作用。整個選料配方精細，鹵、煮、燻製過程工藝精良，藥料投放適度，火候講究，採取了「緊火粥、慢火肉、功夫到了味自夠」的加工方法，形成了風味獨特的醬肉。自問世以來銷量有增無減。日積月累，湯油儲量劇增，如若陳年存放有害無益，不如當年想法利用，既避免遭損，又能增加效益。店主劉子田便以「湯油和酥麵、溫水和軟麵、豬肉蔥丁餡、肥瘦三七開、加上花椒麵、劑口封閉嚴、先烙後烤麵、成型即鼓蓋」的方式製作肉火勺。當您咬開之時，當即散發出特殊的蔥香味，湯油和酥的藥香，肥而不膩的脂油香，瘦而不柴的肉香，烙烤之後的焦香，食之頓覺皮酥裡嫩，滿口生香，誘引食慾，一飽為快。

功夫不負有心人，義合肉火勺從問世那天起，一百多年來，一直受到人們的喜愛和歡迎。

品不夠的美味——古城八中碗大菜　「舌尖上的中國」，來源於祖國各地不同的飲食文化。古城洮南有著自己的故事。

她遼闊的幅員、便利的交通、富足的土特產品、發達的商賈貿易和外埠交往的頻繁，給古城廚行帶來了興旺發達的契機。由於與奉派遼陽一帶的廚藝高手溝通交流，出現了一大批廚行的名師巧匠。古城名震東北三省的「四大名山」「兩條河」「一座橋」，即：孟慶山、王仲山、徐萬山、聞福山、楊佰河、於連河、何鵲橋等。古城廚行的堂、案、灶、活祖輩先師，給古城後人留下了許多膾炙人口的燕菜席、魚翅席、海參席、大菜席等，有些大型宴席已載入史冊，雖未被列入經、傳、史、記，卻在民間廣為流傳。

鄉土宴席之一的八中碗大菜，是源於洮南地方土特產品、畜禽、瓜果蔬菜的豐富，經過精心加工調製，採用蒸、煮、燉、燜、燴、扒、扣等烹調方法，根據宴請人的期許和經濟條件，組合成不同檔次的席面，用之於紅白喜事、親朋團聚、歡慶年節、喬遷新居、接風洗塵、送別餞行、酬恩謝情，為加深情誼，實現宴請功能。

一九八七年，白城地區飲食服務公司舉辦的「吉菜」研討會上，洮南「四大名山」之一的王仲山之子王澤春師傅（原靖安縣福仙居酒樓主灶）和省特級廚師孫德明師傅相聚，回顧了在洮南廚行從藝的歷史，並提供了許多有關民間傳統宴席的珍貴資料。本著正本清源、不數典忘祖、保持傳統本色、挖掘真實素材的原則，洮南府廚行外做領班的名師菅海鳳（時年92歲）和白城久香村飯店主灶廚師徐國成兩位老師傅，翔實地講述了洮南民間傳統大菜的始末淵源。以下是八中碗大菜的搭配——

八中碗（一），此席多用於城鎮鄉村庶民百姓居家操辦紅白喜事或逢年過節殺豬待客會親友。

四涼菜：

肉麵腸子、豬頭悶子、肉皮凍子、涼拌水子。

（肉絲白菜、乾豆腐絲、夏季可用黃瓜）

八中碗：

火連片燉寬粉（豬肉切火連片）、肉片熬海白菜、湯燴豬下水、燒燉勺肉塊、小雞燉土豆、清蒸四喜丸、蝦皮燉豆腐、青菜氽白肉。

主食：高粱米豆飯、白麵饅頭、水酒（60度老白乾）

八中碗（二），此席檔次略高。

四涼菜：

豬頭肉、片心肝、醬排骨、蒸千子。

八中碗：

肉絲燉金針（黃花）、清燴豬肚片、小雞燉蘑菇、扣蒸紅燜肉、海底四飄丸、湯燴葛仙來、荷花白花捲、肉帽雞蛋羹。

主食：大米飯、花捲、水酒。

八中碗（三），此席用於大型宴會，檔次較高，也稱八中碗四響盤。

四涼菜：（三拼）

炸製菜：炸千子、炸丸子、炸排骨。

燻製菜：熏雞、熏魚、燻肉。

風乾菜：臘肉、火腿、板鴨。

拌水菜：雞絲、凍粉、蜇頭、海米黃瓜。

八中碗：

芙蓉海參、清蒸雞塊、燴江珧柱（干貝）、湯燴什錦（蘭片、金針、木耳、蘑菇）、元寶肘子、四喜蒸丸、蒸八寶飯、清水白菜。

主食：兩道點心、米飯、蒸餃、水酒（60度老白乾）。

傳統美食文化滋養和哺育了世世代代的古城人，他們有的在如火如荼地參加家鄉建設，有的奔忙於異鄉，有的在海外深造學習、從商。逢年過節，登高思親。小城的一道菜、一碗飯、一張餅、一杯酒、一絲菜香，都會讓他們想起

一段愛情故事、一段刻骨銘心的真情、一部企業興衰史，讓他們浮想聯翩，讓他們潸然淚下……那淚水飽含著他們的思戀、懺悔、眷戀、苦澀、幸福和溫馨。

美食家族資深成員——趙氏叉烤肉脯　趙氏叉烤肉脯二十世紀六〇年代由趙氏研發，流傳至今，由趙氏後代成立洮南市強宇食品加工廠進行生產加工，是依託洮南市豐富的牧業養殖資源建立起來的一家食品加工企業。她以「質量第一，顧客至上」為宗旨，聘請高級科研人員和技術人員負責生產。產品從源頭抓起，產品選用優質的豬里脊肉為原料，經多味中藥醃製、烘乾、烤熟精製而成，一般是每條長一五〇毫米，寬十五毫米，厚三毫米。產品呈深紅褐色，風味獨特，油潤光澤，肉質細嫩、鹹中有甜、甜中有香、香而不膩，回味香濃，攜帶方便，保質期長，是旅遊、宴席、節日餽贈的上好佳品。趙氏叉烤肉脯自上市以來，深受古城人的青睞！產品暢銷白城、長春、內蒙古等地，還流傳至日本、韓國等國家。

產品已申請並獲得了國家知識產權局的專利，並被吉林省旅遊局評為優秀獎，二〇一三年被白城市人民政府評為「白城市第四批非物質文化遺產保護項目」；洮南市強宇食品加工廠在二〇一四年被吉林日報社、吉林省綜合事務監督評選委員會評為「省百姓口碑金獎單位」。

洮南香酒　洮南水資源豐富，水質清澈純淨而甘潤甜美，黑土地盛產紅高粱，籽粒飽滿。譽滿關東大地的「洮南香酒」就是用這樣的水、這樣的高粱釀造而成。它宛如開在千里草原的一朵奇葩，迎風綻放，香飄四海。

洮南市洮南香酒業有限公司位於吉林省西北部的科爾沁草原腹地，始建於十九世紀初，幾經風雨，歷盡滄桑，至今已有百餘年歷史。

洮南香酒，自一九六三年被命名為「吉林名酒」以來，多次被評為省優、部優。在輕工部酒類大賽中被評為優質白酒，獲銀杯獎；榮獲「吉林省名牌」「吉林省名酒」稱號；在中國食品協會白酒產品檢測中，被授予國家質量檢測合格、全國質量信得過食品等稱號。洮南香酒以其高貴純正的品質、精美的裝

▲ 洮南香酒展示櫃檯

▲ 洮南香酒展示櫃檯

潢、合理的價格覆蓋了東北的大量市場，贏得了一大批消費者。

悠悠歲月酒，滴滴洮南情。洮南香已成為洮南人餐桌上不可缺少的佳釀。

吉塔辣醬　「紅冠神州，辣譽全球」。吉塔鮮食辣椒醬是金塔集團在二〇一〇年推出的突破傳統辣椒醬製作工藝的全新產品。作為中國鮮食辣椒產品的第一品牌，以鮮食為主打特色的「吉塔」牌鮮食辣椒醬異軍突起。「吉塔」牌鮮食辣椒醬以其獨有的產品理念、原料優勢、研發技術、專業設備及營銷團隊優勢表現出了品牌的巨大潛力及影響力。

吉塔鮮食辣椒醬選用金塔集團在科爾沁草原黑鈣土種植基地精心培育的國際知名的金塔牌新鮮辣椒為原料，採用具有特殊生物活性的益生菌，在破碎的新鮮辣椒漿體中進行接種和發酵，形成具有微酸性、香醇可口的新鮮生物活性辣椒漿料，再經分離、純化、萃取等現代食品加工技術和日本現代化、先進生產線科學加工秘製而成。通過特效乳酸菌的生物發酵作用，使辣椒素在人體內

▲ 吉塔辣醬

消化時快速分解，從而使產品具有辣味柔和、綿長、適口性好、吃後不上火、辣口不辣胃的特點。該項技術在國內和國際尚屬首創。

與傳統辣椒醬相比，「吉塔」鮮食辣椒醬具有如下特色：一是新鮮原料，充分保留了新鮮辣椒中的胡蘿蔔素、維生素C、蛋白質等營養成分。二是生物活性技術。通過特效益生菌的生物發酵作用，增加了易於人體吸收的生物活性物質，口感好，營養豐富。三是微克碎籽。使辣椒籽中所含有的油脂、不飽和脂肪酸、磷脂、聚合脂色素及多種礦物質等有效物質充分為人體吸收。四是低鹽。減少血液中Na的含量，預防糖尿病、高血壓疾病的發生。五是非油炸。減少脂肪含量，保留各種元素，減少疾病的發生。六是無防腐劑。確保產品營養、綠色、天然。七是辣度可選。輕辣、重辣等辣度滿足不同人群對於辣醬食品的需求。八是美容保健。紅辣椒中的抗氧化劑可防止自由基對皮膚的破壞，

▲ 吉塔辣醬製作工藝

令皮膚顯得光澤，辣椒素能加速新陳代謝，達到燃燒體內脂肪的效果，從而起到減肥作用。九是食品安全。嚴格控制粉碎、發酵、加料、滅菌、分裝等工序，按照歐盟食品安全標準，確保辣椒醬品質及衛生。

萬寶粉條（絲）　這裡是吉林省西北部的一個鄉村，地上萬物叢生，地下萬千礦藏，因而得名的「萬寶鎮」正在走向繁榮，因為生產粉條而得名的「粉條之鄉」正在顯現魅力……

據史料記載，萬寶鎮早在二十世紀二〇年代就開始生產粉條，至今已有近百年的歷史，過去是養家餬口的副業，現在是脫貧致富的主業。由於保持著傳統的製作方法，粉條產品具有條形均勻、條體亮白、口感筋道、耐煮燉、不化條、不混湯的特點，屬於吉菜主料，吉林特產，遠近聞名。全鄉現有粉坊近一百戶，年生產粉條一千五百萬千克，年可創產值上億元，粉坊戶成為周邊鄉村上數的富裕群體，萬寶鎮成為東北地區最大的粉業基地。

▲ 萬絲牌粉條

二〇〇六年末，經過招商引資、整合相關資源，建立了龍頭企業，即「吉林省萬絲粉業有限公司」，註冊了「萬絲牌」商標，實現了精品包裝，獲准了「生產許可」。這個龍頭企業的成立，是粉條產業從傳統作坊式向現代公司化轉變的代表，是從粗放生產向精細加工轉變的標誌，是從有品無名向打造品牌轉變的跨越。此後，在打造品牌上，以「萬絲」為牌子，做到眾口一詞，眾人一曲，唱起「萬絲粉業萬絲牌，萬寶鎮村萬寶來」主題曲，唱響「傳承百年粉業，打造名優品牌」主旋律。

　　運用市場經濟手段，建立信息平台，建好專門網站，做好網上宣傳，通暢信息交流；培養中介人隊伍，使粉條生產與外界用戶搞好對接，擴大銷售市場；發揮粉業協會作用，建立專業合作社，增強民間組織功能，提高組織化程度，促進產業化發展。採取各種形式，積極向外推介。藉助省內「農博會」「東北亞博覽會」等有關展會，積極展出「萬絲牌」粉條產品，並通過各種途徑向更大範圍進行推介，擴大知名度，提高美譽度。

　　公司的發展與時俱進，品牌的效應與日俱增。二〇〇七年，經過中國質量萬里行名牌推廣中心和中國市場品牌戰略管理聯合會共同評定「萬絲牌」粉條為「中國粉絲十佳名優品牌」。二〇〇八年，企業被省內有關質檢機構和媒體聯合推薦為「吉林省名優食品企業」，並在《東亞經貿新聞》上專欄展示。在農博會上，「萬絲牌」粉條被評為「名牌產品」。二〇〇九年初，「洮南萬寶粉絲」製作工藝被列入白城市人民政府第一批非物質文化遺產名錄。二〇〇九年末，「洮南萬寶粉絲」被國家工商總局審定為地理標誌證明商標。二〇一〇年十月，「洮南萬寶粉絲」製作工藝被列入吉林省人民政府第三批非物質文化遺產名錄。二〇一二年一月，「萬絲牌」被評為吉林省著名商標；二〇一四年，「萬絲牌」被評為「吉林老字號」。

▌動人的故事傳說

八百里瀚海的傳說

以洮南為中心，人們都習慣地叫八百里瀚海。

古時候，這一帶是海，可後來又怎麼成為今天的瀚海呢？

話說海岸有一個村莊，離村不遠的山腳下，有戶人家，小夥子名叫孟良，孤身一人。他忠厚老實，勤勞勇敢，箭法能百步穿楊。他父母早逝，家窮，沒成親，他沒別的什麼心思，幹一天活一躺下就能睡著。

這天，他夢見一位白鬍子老頭向他道喜，說海裡龍王看中了他，選他做女婿，並說了如何才能進海入龍宮的辦法。他大喜，醒來是夢。他又睡，又是如此，一連三夢。他將信將疑，世上哪有這般美事？

第二天，他還是按白鬍子老頭的指點，帶上弓箭上了山，走了約有三里之遙，果然見有棵孤零零的白楊樹，樹下果真有一紅一綠兩隻公雞在鬥架。他搭箭張弓，射中紅公雞。他取下公雞雙眼，按白鬍子老頭吩咐，朝大海走去，大海真的給他分開一條水路。他順路走去，一會兒就到了水晶宮。有魚兵領他進宮，宮門前，龍王親自等候迎接他。

他剛坐好，龍王喚出女兒來見他，他一見，驚呆了，不相信自己的眼睛，世上還有這等漂亮標緻的姑娘？他還以為在夢裡，直到入了洞房，他才相信是真的。

第二天清晨，龍王把他們夫妻叫到房中，送給他三件寶貝：水盒、冰盒、火盒，就讓他們回家過日子去了。

當孟良帶著龍女走到自家住地時，他以為走錯了門，前邊是一座四合大院，青磚瓦房，雕梁畫棟，好不氣派。龍女說：「這就是咱的家，是父王為咱們準備的。」孟良好不喜歡，回身跪地朝大海方向感激地磕了三個頭後才進了

新家。

村中有個叫吸血鬼的惡霸聽了這事，好不眼饞，連眼珠子都紅了，他讓手下惡奴找來孟良。說：「就憑你窮小子，能蓋上那麼好的宅院，還娶上天仙似的老婆？是偷來的還是搶來的？不說實話，衙門口見！」

孟良知道吸血鬼和衙門口是臭氣相通，只好一五一十地說了。

吸血鬼聽後，眨巴了一陣三角眼，皮笑肉不笑地說：「你這話是真的話，那你媳婦就是龍女了。你這話唬沒長牙的孩子去吧！讓你媳婦給我繡個五丈見方龍飛鳳舞波濤滾滾的掛簾來，明天就要。不然，你就是撒謊。那可就對不起了，衙門口見吧！」

孟良愁眉苦臉回了家。龍女聽了說：「你就放心睡吧。」他疑疑惑惑地睡下了，早晨醒來一看，龍女真的把掛簾繡好了。

孟良拿著掛簾去吸血鬼家。吸血鬼一看驚呆了。「我這樣富有，還沒見過如此漂亮的掛簾。」那龍那鳳活的一般，波濤翻滾，像要隨時潑下來。好久，吸血鬼才緩醒過來。他眨眨眼，咧開嘴笑著說：「孟老弟，把你媳婦找來讓我見識見識。你媳婦來這兒一天，我給你一百兩銀子。」

孟良見吸血鬼沒安好心，惱怒地轉身走了。

吸血鬼惱羞成怒，親自帶幾十個惡奴氣勢洶洶地去追孟良，一會兒就把孟良家圍個水洩不通，大喊不交出龍女，就火燒房子。

孟良夫妻拿著三個寶盒上了房頂，見此情景，氣得兩人咬牙切齒。於是打開水盒，剎那間，大水從盒裡奔湧而出，頃刻淹沒了吸血鬼和惡奴。他們又打開冰盒，水立刻凍成冰；再打開火盒，轉眼間這群惡人都成了灰。從此，這一帶百姓過上了太平日子。

後來，因為孟良水淹吸血鬼用了一半的海水，老龍王又老死了，無人管理，漸漸地海水乾枯了，這兒就成了今天的八百里瀚海。

洮兒河、蛟流河的傳說

　　發源於內蒙古索岳爾齊山的洮兒河，穿峽出谷，進入松遼平原，在洮南境內與蛟流河相會，匯入月亮泡，瀉注嫩江。

　　相傳很古很古的時候，草原是一片浩瀚無際的海洋。海洋深處，有兩條黑、黃蛟龍居住，興風作浪，吞食水族，危害百姓。玉皇大帝知道後，派太白金星下界降伏二蛟，壓在石山底下，石山頂上用符印鎮住，委託一對在山下居住的年輕夫婦看管。從此，滄海變桑田，花木繁茂，茫茫沙海變成鶯飛蝶舞的草原，百姓從此安居樂業。

　　又過了好多年，這對夫婦年近花甲，生了一個兒子。夫婦老來得子，歡喜非常，對兒子寵愛備至。兒子古怪刁頑，老夫婦稱為「淘兒」，淘兒去哪兒都行，就是不準到北邊山腳下去玩。

　　十餘年後，老夫婦年逾古稀，行動不便，牛羊均由淘兒放牧。一天淘兒放牧北山，正在尋花捕蝶，怡然自樂。忽聽山腳下有人呼叫，非常奇怪。淘兒循聲去找，見巨石下壓著兩個獨角暴眼的怪物，淘兒害怕，轉身就逃，呼救之聲頻頻傳來，淘兒停住腳步，好奇心大於恐懼，漸漸走近二蛟。二蛟求淘兒相救，淘兒見巨石高達千仞，無計可施。二蛟說，只要將石頂符印揭去，即能逃脫壓身之厄。淘兒好奇心起，忘記了父母告訴他的話，攀上巨石，見符印金光閃爍，隨手揭起，只聽天崩地裂般一聲巨響，石山崩裂，二蛟騰空飛起，一時雷電交加，大雨傾盆，山洪滾滾來，淘兒被巨浪捲走。二蛟所經之處，洪水洶湧，巨浪滔天。

　　正當二蛟肆虐逞兇之際，太白金星疾馳而來，擊斃二蛟，二蛟身軀扭動，化成兩條河流。

　　因淘兒誤揭符印，故名「淘兒河」，另一河取名「蛟流河」。

　　老夫婦老來喪子，不飲不食，相對哭泣。後化為兩座山石，淚化山泉。山頂端噴水的取名「老頭山」，由兩山夾角處噴水的名為「老婆山」。二泉均流

入洮、蛟兩河，故後人以兩山為二河之源。

寶貝坑的傳說

非常非常古老的時候，這裡原是一片無邊的大海，海水瓦藍瓦藍的。大海生養著各種各類的龜呀，蝦呀。海水輕輕蕩著波紋，如同我們草原羔羊的毛一樣柔軟可愛。人們都知道火神爺風神婆非常凶惡暴戾，是他們對大海進行肆虐和踩躪，使大海的水被火燒乾了，海底風吹起一堆堆黃沙。

天宮裡有一位心地善良、性格剛直的藍芍藥仙子，下決心要把這地方變成百花爭豔、草豐樹茂的綠色大草原。她偷偷把天庭中百花、綠草、樹種播進這片焦土中。她整日整夜在這裡看護侍弄，芽兒冒出地面，綠色覆蓋了土地，這一下觸怒了火神爺。不由分說，對藍芍藥仙子施威展術，恨不得一口火把她燒死。藍芍藥仙子便和火神據理辯駁。凶殘的火神哪裡肯聽，他們拚殺起來，打了好長時間，藍芍藥仙子因乾渴，漸漸只有招架之功，沒有還手之力。她敗倒在地上，火神爺正要下毒手，千鈞一髮之際，只聽空中一聲大喝：「住手！」南海龍王小太子德龍路過這裡，見勢上前解救。火神對著癱倒在地的藍芍藥仙子正要噴火，德龍嘴裡一道亮光飛到她身邊，變成一片清涼涼的水圍住藍芍藥仙子，任憑火神怎麼噴火，奈何不了仙子的一根毛髮。火神爺暴跳如雷來找德龍，風神婆子也趕來為火神爺助戰，結果雙雙被德龍打敗。火神爺被砍去了半個嘴，從此他噴火勁頭小多了；風神婆子的胳膊被削掉了一隻，剩下一隻手搧風，風力弱多了，火風二神逃回天庭向玉皇告了德龍一狀，玉皇不分青紅皂白把德龍貶下人間，化為頭朝東南、尾朝西北、彎彎曲曲幾百里的山岡。人們永遠懷念德龍，把這山岡起名叫德龍崗。

直到現在，德龍仍然用它的身子擋著風神婆子吹來的西北風。藍芍藥仙子感激德龍的救命之恩，決心留下來陪德龍，草原上的人們忘不了這位慈善、剛強的仙子，給她起了個蒙古名字叫「呼和車力」，呼和是藍色，車力是芍藥，漢語就是藍芍藥。德龍嘴裡的寶珠化為清水保護了藍芍藥。這汪永不乾枯的水

就是現在的寶貝坑。

寶貝坑確確實實是塊寶地，奇妙的是洪水橫流的季節，坑裡是滿滿的一下子水，久旱無雨，大地龜裂的年代，坑裡依然是滿滿的一下子水。

寶貝坑也是蒙漢民族通商友好的驛站。寶貝坑邊上的一條古道，西通內蒙古的太本、大廟、通遼、勾拉門沁，東過洮南、白城，直到東山裡。在這條古道旁三五里地也有一個「敖包」。（就是過路的人修起的土堆，作為路標）。寶貝坑的「敖包」又高又大，蒙古族的勒勒車隊浩浩蕩蕩，把皮貨運進內地，漢族的馬車成百輛把糧食、布匹運往蒙古族居住的地方。東來西往做買做賣都要在寶貝坑打尖歇腳，講買講賣互通有無，交流信息。最主要的是在這裡加足人畜飲用水，寶貝坑為漢蒙通商增進友誼起了重要作用。

那金的傳說

那金河畔至今流傳著南方人捉金魚的故事。據說很久以前，在現在的那金群昌南一個山腳下（現群昌水庫大閘門東）有一個水泉，常年流著清澈的泉水。說來也奇怪，這泉水夏涼冬熱，哪怕是嚴冬也不結冰。人們常常在早晨或傍晚看見泉水冒著騰騰的熱氣。

附近的牛羊專愛喝這清泉水。

一天，兩個南方人從遠處來到這裡，一看到泉水，有點納悶，於是，他倆決定留下來，要弄個水落石出，就在離泉子不遠的地方搭起帳篷，住了下來，每天都進行細心的觀察。

一天中午，他倆吃午飯，只見泉眼附近的水裡閃著金光，走過去一看，水裡有兩條渾身閃著光亮的小金魚，正在嬉戲遊玩。當他們近前一步再看時，金魚卻無影無蹤了。

他倆認定這對魚是寶魚，為了得到寶魚，就長期待了下來，自己動手種菜種糧，還在泉邊栽上了密密的楊柳樹，以便用樹叢掩身觀察金魚的活動。一晃過了兩年，他倆曾幾次發現過金魚的活動，有時在夜靜時聽見它們的戲水聲，

有時在月光下隱約看見閃閃的光亮。可是由於小魚十分機警，他倆始終不得靠近。這一天，他倆想了個辦法，先離開這裡，等它們大膽地出來活動後再捉。

又過了幾個月，金魚見沒人盯梢捕捉了，便又放心大膽地出來遊玩。一天子夜，這兩個南方人悄悄地藏在樹叢中，聽到水中有響聲，看到水中有光亮，他們屏住氣，沒有動。等金魚游近，他倆便用事先準備好的撈魚工具，各自朝光亮處猛撈過去。這一下，一條被捉住了，另一條一躍逃走了。他們把捉到的拿在手裡一看，果然是條寶魚。兩個人知道另一條不會捉到了，就帶著捉到的金魚高高興興地回南方去了。從這以後，泉水再也不流了。

那麼另一條金魚呢？據人們講，當夥伴被人捉住後，含悲在水邊不遠處的石砬子上粉身自盡了。打那以後，曾有人在石砬附近河裡淘過金子，日久天長，人們就把這條淘過金的河叫「那金河」，管這條河流域方圓幾十里的地方叫「那金」。

泉井的傳說

洮南市境內有座海拔四八八點一米的昂岱山，山腳有個村子叫益泉。其實這個地方原叫水泉，因村裡有一眼泉井而得名。提起來，這裡還有一段傳說呢。

很早以前，這個村只有幾戶人家。村裡沒有井，人們吃水得到十里外的那金河去挑。一天，村裡有個名叫張義的小夥，在村頭的樹叢中突然發現一泓清泉，喝一口，清甜涼爽。於是，他興沖沖地跑回家拿把鍬挖開了，越挖水越湧，他又搬來石頭砌好。由於太累了，他坐在泉井旁睡著了。夢中，他看見村中老少跑來挑水，朦朧中，又彷彿聽到有位姑娘在喚他：「張義，醒醒！張哥，醒來！」張義猛睜開眼睛，身邊真的站著一位年輕貌美的姑娘，只見這姑娘身著乳白色的外衣，腳穿白絨鞋，秀氣的臉龐上有一對迷人的小酒窩。張義呆住了，是夢嗎？他用牙咬嘴唇，疼！不是夢，怎麼從天上掉下個女子？正當張義茫然不知所措時，白衣姑娘啟動雙唇，柔情地說：「你知道我是誰嗎？」

「不知道。」「我叫白妹，是你方才挖泉井把我救了。我因犯天條壓在這四百年了，咱倆有緣分，你若不嫌，咱們就結百年之好吧。」

「張義找到泉井了！」「張義得了個好媳婦！」不一會兒，兩件喜事傳遍了附近村屯。慶升村有個財主李貪，不僅貪財，更貪色。聽說鄰村張義得了個美女，他的兩個眼珠半天沒動一下。飯吃不下，覺睡不著，想了好幾天，終於想出了一個壞主意。

這一天，李貪帶著幾個狗腿子騎著高頭大馬，威風凜凜地來到水泉村。一進村直奔張義家，碰巧張義不在家。白妹見來了幾個壞蛋，心中有數，臉裝笑，讓座倒水，李貪盯著白妹，恨不得馬上摟過來。他架著二郎腿，神氣十足地問白妹：「你丈夫呢？」「在地裡幹活。」「告訴他，他挖井的地方是我家祖傳的墳塋地。壞了風水，我要把他送官。不過，嘿嘿，不經官也行，得把美人讓給我。」說著，伸手去拉白妹。啪！李貪挨了個嘴巴，呸！一口唾沫吐在李貪的臉上，李貪惱羞成怒，喝令狗腿子快動手。幾個狗腿子一擁而上把白妹綁在馬背上，李貪騎在馬上，揚揚得意，盤算著回家後的美事。誰知路過泉井時，馬背上的白妹忽然不見了，李貪氣急敗壞，叫手下的人用土把泉井填平，然後揚長而去。

張義回家，不見愛妻，趕到泉井，殘狀在目，白妹無影，張義痛不欲生，哭昏在地。恍惚中聽見人聲嘈雜，睜開眼看是村中老少在挖井，土石很快被挖出來，清澈的泉水汨汨而流。可張義，因憂傷過度不久離開了人間。

村中為了紀念張義，給他修座廟宇。又按照他的遺願，把墳埋在離泉井不遠的山岡上。一輩傳一輩，人們沒有忘記挖井人，沒有忘記白妹。據說，有人曾在泉井裡看見四尺多長的白蛇，也許，那就是白妹顯靈吧！

大泡子的傳說

洮南市，東昇鄉附近有一個大泡子。相傳這裡曾發生過一個美麗動人的故事。

很久以前，這泡子很大，但景緻並無奇觀，只有春天的青蛙和蒲草。在屯中有個王三小，死了母親，家中更無別人。他很傷心，幾乎是天天守在墳上。墳埋在水泡子北面，這是一片雜草叢生的荒地。

一天夜裡，王三小來到墳地，到半夜還哭泣。忽然一道紅光，接著便一片彩雲，向泡子面飄來，彩雲落入泡子內，水頓時一片光明，接著便是一大奇觀——

泡子中間，開著一簇荷花，像人工製成的大花壇，一群水鴨子游來游去，還有那一對鴛鴦在那兒歡樂地戲水。最美的算是那一對天鵝在水面跳著具有獨特風格的舞蹈。泡子越來越亮。那簇荷花更美了，荷花隨風擺動，含苞欲放的花骨朵更是迷人。

王三小看呆了，正在此時，那中間的荷花放出一股灼灼照人的紅光，光中閃出一女子，頭戴一朵大荷花飄出水面來到王三小身邊，嫣然一笑，叫一聲：「三小哥」後又飄回原處。紅光漸漸淺了，慢慢亮光也沒了。

王三小回到家一夜沒睡好覺，一閉上眼就看見那位女子。

第二天，王三小遊魂未定地來到水泡邊。水面如鏡，白茫茫、明亮亮。遠處的山、遠處的林都映在水中。奇觀依然存在。不同的是，他母親的墳前出現了一座海青房。門前站著正是那頭戴荷花的美女子，他們寒暄了幾句，進屋坐下，越嘮越近，一連幾天都如此。後來終於成為一對伉儷。別人都說王三小運氣好，說了個如花似玉的好妻子。

此事很快傳到縣官的耳朵裡，他派人去搶，一連幾日都是白天抓去晚上回來。王三小這時覺得奇怪，問妻子的來歷。妻子直言說：「我是西湖中的一棵荷花，受日月的精華。成仙得道，來此享受人間快樂，替窮人打抱不平，明日早起你到南面的狼洞山上等我。看見從這裡飄起彩雲你就閉上眼睛我會帶你走的。」

第二天，縣官親自出馬，把泡子、房子團團圍住，眼看著荷花仙子在荷花上飄來飄去。轉眼間，泡子飄起了彩雲。荷花、水鴨子……都隨彩雲飛走了，

連泡子裡的水也少了一多半，縣官一著急氣昏在地。王三小隨彩雲飄走不知去向，可縣官醒來卻瘋瘋癲癲。後來這個泡子裡什麼都沒了，水也越來越少了，但人們仍叫它大泡子，一直傳到今天。

臘月屯的傳說

傳說很久很久以前，臘月屯這個地方是一片荒無人煙的大草原。大約到光緒年間，有一個蒙古族人，姓吳名德冒的在此開荒占草，因他是臘月生人，人送外號叫臘月。臘月雇夥計六十多人，開荒占地三百多公頃。臘月為人善良，不偏待夥計，夥計們也都很對得住他。由於這一帶水源充足，加上幾年的風調雨順，使臘月這個大家族越過越富裕，很快地成了一個遠近知名的土財主。

有一天，正在地裡幹活的夥計們發現有一隊騎兵出現在草原的東北部，像離弦的箭，由遠而近，一會工夫就來到了近前。小夥計分不出是什麼兵馬，老夥計害怕地說：「這是日本兵。」一個留黑嘎嘎胡的日本兵用沙啞的嗓子叫喊著，同時手揮大刀在地上畫圈子。他這一喊，一比畫，騎兵立刻分成兩隊：一隊從北向南，一隊從東向南兜圈子。騎兵在前邊跑，後邊的埋樁子，插小旗。老夥計忙打發人回去報告當家人。約莫一袋煙的工夫，臘月帶著家人聞訊趕到。眾夥計們圍住了騎兵隊。這時，有一個像中國人的騎兵，用中國話喊：「這次日本太君到中國來，是幫助建立王道樂土，意思幫助你們搞建設。今天太君圈過土地，就是要在這裡安營紮寨。」夥計們急了：中國的地咋能讓你們日本兵占？便響起了一片怒罵聲。臘月走上前來，說：「我們不需要你們日本人的王道樂土。這塊土地，自古就是我們的，不管你們是什麼君，誰占一塊地也不行！」黑嘎嘎鬍子的日本兵又沙啞地喊了兩聲，然後那個像中國人的騎兵接著說：「太君說如不從死啦死啦的有！」說完，他們把兩個騎兵留下，其餘又朝東北方向跑去。

這時，日落西山，天色已到傍晚，臘月和夥計們望著被占領的土地，真是氣急了。他叫來幾個夥計合計一下，決定和日本人決一死戰，奪回被占領的土

地。只聽臘月一聲吼，眾夥計湧向日本兵。夥計們你一下，我一下，不一會兒，結束了一個日本兵的性命。另一個見勢不妙，騎馬逃命。

約莫到了半夜，只見火光衝天，滿屯雞鳴狗叫，臘月整個大院被日本兵包圍了，臘月被圍住，七個夥計被綁架，立刻就要開刀問斬。臘月挺身而出，面對刀光閃閃的日本侵略者，臘月沒有後退。當晚日本兵殘忍地殺害了臘月。鄉親們為了紀念臘月這位英雄，就把村子的名字改成了臘月屯。

金蟬的傳說

在洮南市聚寶鄉，野馬山東南十里的地方，有個叫金蟬的村莊。

相傳很早以前，有一天，人們正在田裡鋤草，忽見東南山雲霧繚繞，足足持續了半天多。雲開霧散，有幾個好奇的小夥子跑去看，只見平地長出一米見方的一塊大石板，石板上站著一隻蟬，和真的一樣，頭朝西北，一腿微蜷。

自從出了這隻蟬，每當要下雨的前三天，這個山上就放霧，人們一看見這山上繞上了雲霧，就知道要下雨了。這可給人們的生產和生活幫了大忙。從那以後，這件事就被人們當作神話傳開了，把這個村莊習慣地叫成了金蟬。

吉林文庫　A0703A15

文化吉林：洮南卷

主　　編	莊　嚴
版權策畫	李　鋒
責任編輯	林以邠

發 行 人	陳滿銘
總 經 理	梁錦興
總 編 輯	陳滿銘
副總編輯	張晏瑞
編 輯 所	萬卷樓圖書股份有限公司
排　　版	菩薩蠻數位文化有限公司
印　　刷	維中科技有限公司
封面設計	菩薩蠻數位文化有限公司

出　　版　昌明文化有限公司
桃園市龜山區中原街 32 號
電話 (02)23216565
發　　行　萬卷樓圖書股份有限公司
臺北市羅斯福路二段 41 號 6 樓之 3
電話 (02)23216565
傳真 (02)23218698
電郵 SERVICE@WANJUAN.COM.TW
大陸經銷　廈門外圖臺灣書店有限公司
　　　　　電郵 JKB188@188.COM

ISBN 978-986-496-265-5
2018 年 1 月初版
定價：新臺幣 420 元

如何購買本書：

1. 轉帳購書，請透過以下帳戶
　　合作金庫銀行　古亭分行
　　戶名：萬卷樓圖書股份有限公司
　　帳號：0877717092596
2. 網路購書，請透過萬卷樓網站
　　網址 WWW.WANJUAN.COM.TW

大量購書，請直接聯繫我們，將有專人為您
服務。客服：(02)23216565　分機 610

如有缺頁、破損或裝訂錯誤，請寄回更換

國家圖書館出版品預行編目資料

文化吉林. 洮南卷 / 莊嚴主編. -- 初版. -- 桃
園市：昌明文化出版；臺北市：萬卷樓發
行, 2018.01
　　冊；　　公分
ISBN 978-986-496-265-5(平裝). --
1.文化史　2.人文地理　3.吉林省
674.2408　　　　　　　　　　107002124

本著作物經廈門墨客知識產權代理有限公司代理，由時代文藝出版社授權萬卷樓圖書
股份有限公司出版、發行中文繁體字版版權。